FUNDAMENTOS DE SISTEMAS DE INFORMAÇÃO

```
A916f    Audy, Jorge Luis Nicolas
            Fundamentos de sistemas de informação /
         Jorge Luis Nicolas Audy, Gilberto Keller de
         Andrade, Alexandre Cidral. — Porto Alegre :
         Bookman, 2005.
            208 p. ; 25 cm.

            ISBN 978-85-363-0448-9

            1. Sistema de Informação — Administração.
         I. Andrade, Gilberto Keller de. II. Cidral, Alexandre.
         III. Título.

            CDU 004.5:658.1/.97
```

Catalogação na publicação: Mônica Ballejo Canto — CRB 10/1023

FUNDAMENTOS DE SISTEMAS DE INFORMAÇÃO

JORGE LUIS NICOLAS AUDY
GILBERTO KELLER DE ANDRADE
ALEXANDRE CIDRAL

Reimpressão 2007

2005

© Artmed Editora S.A., 2005

Capa:
GUSTAVO MACRI

Preparação de original:
DANIEL GRASSI

Supervisão editorial:
ARYSINHA JACQUES AFFONSO

Editoração e filmes:
WWW.GRAFLINE.COM.BR

Reservados todos os direitos de publicação, em língua portuguesa, à
ARTMED® EDITORA S.A.
(BOOKMAN® COMPANHIA EDITORA é uma divisão da ARTMED® EDITORA S.A.)
Av. Jerônimo de Ornelas, 670 - Santana
90040-340 Porto Alegre RS
Fone (51) 3027-7000 Fax (51) 3027-7070

É proibida a duplicação ou reprodução deste volume, no todo ou em parte,
sob quaisquer formas ou por quaisquer meios (eletrônico, mecânico, gravação,
fotocópia, distribuição na Web e outros), sem permissão expressa da Editora.

SÃO PAULO
Av. Angélica, 1091 - Higienópolis
01227-100 São Paulo SP
Fone (11) 3665-1100 Fax (11) 3667-1333

SAC 0800 703-3444

IMPRESSO NO BRASIL
PRINTED IN BRAZIL
Impresso sob demanda na Meta Brasil a pedido de Grupo A Educação.

Sobre os autores

Jorge Luis Nicolas Audy
Doutor em sistemas de informação pela Universidade Federal do Rio Grande do Sul (UFRGS) e pesquisador visitante do Decision Science and Information Systems Department da Universidade do Kentucky, nos EUA. Mestre em sistemas de informação e decisão pela UFRGS com especialização em gestão de artes e tecnologia multimídia (ILAT/IBM e Pontifícia Universidade Católica do Rio de Janeiro). Graduado em análise de sistemas de informação pela Pontifícia Universidade Católica do Rio Grande do Sul (PUCRS). É professor titular da Faculdade de Informática e do Programa de Pós-Graduação em Ciência da Computação da PUCRS, além de diretor da Agência de Gestão Tecnológica da mesma universidade. Suas áreas de interesse e pesquisa são planejamento de sistemas de informação, gerência de projetos de *software* e engenharia de *software*. Membro da Sociedade Brasileira de Computação (SBC) e consultor do MEC (Secretaria de Ensino Superior, Comissão de Especialistas da Área de Computação e Informática) e do Instituto Nacional de Estudos e Pesquisas Educacionais (INEP).

Gilberto Keller de Andrade
Doutor em Letras, subárea lingüística (PUCRS). Tem mestrado em ciência da computação (PUCRJ) e especialização em gestão de artes e tecnologia multimídia (ILAT/IBM e PUCRJ). Sua graduação é em matemática (PUCRS). É professor titular da Faculdade de Informática da PUCRS. Suas áreas de interesse e pesquisa são lingüística computacional e sistemas de informação.

Alexandre Cidral
Doutor em engenharia de produção pela Universidade Federal de Santa Catarina (UFSC), na área de gestão da qualidade e produtividade — sistemas de informação. Mestre em psicologia (UFSC), na área de psicologia e sociedade — práticas educacionais. Bacharel em ciência da computação (UFSC) e bacharel e licenciado em psicologia pela Associação Catarinense de Ensino (ACE). Licenciado em disciplinas profissionalizantes de informática pelo Centro Federal de Educação Tecnológica do Paraná (CEFET/PR). É professor do Departamento de Informática da Universidade da Região de Joinville (UNIVILLE), em SC. Suas áreas de interesse e pesquisa são implementação de sistemas de informação, aspectos humanos e sociais dos sistemas de informação, gerência de projetos, engenharia de *software* e educação tecnológica. É membro da Sociedade Brasileira de Computação (SBC) e consultor do MEC, no Instituto Nacional de Estudos e Pesquisas Educacionais (INEP).

Prefácio

A área de conhecimento de sistemas de informação (SI) abrange o estudo da disponibilização da informação dentro das organizações. Essa disponibilização consiste na articulação da tecnologia da informação (TI) com as necessidades de informação das diferentes áreas de negócio da organização, valendo-se dos princípios da Teoria Geral dos Sistemas (TGS). Neste livro, adotamos a visão de TI como dimensão tecnológica dos SIs. Além disso, os SIs apresentam uma dimensão humana e uma dimensão organizacional. Dessa forma, a abordagem mais adequada para estudar e desenvolver sistemas de informação é a abordagem sociotécnica, que propicia uma visão integrada das dimensões tecnológica, humana e organizacional. Parte-se do princípio de que as tecnologias devem se ajustar às demandas organizacionais, sendo projetadas e alteradas continuamente para se manterem ajustadas ao longo do tempo. Por outro lado, as pessoas e as organizações devem aprender continuamente, com o intuito de se preparar para o uso eficaz das tecnologias disponíveis e as mudanças organizacionais decorrentes.

As diretrizes curriculares dos cursos da área de computação e informática, propostas pela Comissão de Especialistas em Ensino de Computação e Informática da Secretaria de Ensino Superior do Ministério de Educação do Brasil (SESu/MEC), definem os sistemas de informação como uma combinação de recursos humanos e computacionais que inter-relacionam a coleta, o armazenamento, a recuperação, a distribuição e o uso de dados com o objetivo de eficiência gerencial (planejamento, controle, comunicação e tomada de decisão) nas organizações. Adicionalmente, os SIs também podem ajudar os gerentes e os usuários a analisar problemas, criar novos produtos e serviços e visualizar questões complexas.

A partir desse conceito, é possível identificar duas grandes áreas de atuação dos profissionais de sistemas de informação:

1. Inovação, planejamento e gerenciamento da infra-estrutura de informação e coordenação dos recursos de informação nas organizações; e
2. Desenvolvimento e evolução de sistemas de informação e infra-estrutura de informação para uso em processos organizacionais, departamentais e/ou individuais.

Este livro está dividido em duas partes. A primeira se dedica à Teoria Geral dos Sistemas, enfocando as bases conceituais da abordagem sistêmica e da modelagem do processo de solução de problemas (Capítulos 1 a 3). A segunda parte aborda as bases conceituais de sistemas de informação, concentrando-se na relação entre a organização, a informação e a tecnologia da informação, bem como no conceito e na tipologia e na implementação de sistemas de informação (Capítulos

4 a 8). Finalmente, o último capítulo apresenta e analisa aspectos éticos da área de sistemas de informação (Capítulo 9).

A QUEM SE DESTINA ESTE LIVRO

Dada a multidisciplinaridade dos sistemas de informação, são várias as possibilidades de uso deste livro, como podemos ver a seguir:

- A obra completa pode ser empregada como referência bibliográfica básica em disciplinas de teoria geral de sistemas e fundamentos de sistemas de informação, nos cursos de graduação em sistemas de informação. Além disso, o livro pode ser adotado nas disciplinas introdutórias de sistemas de informação em cursos das áreas de computação e informática, administração e engenharia de produção.
- Os Capítulos 1, 2 e 3 podem ser usados em disciplinas de teoria geral de sistemas de cursos da área de computação e administração de empresas.
- Os Capítulos 4, 5, 6 e 7 podem ser usados em disciplinas da área de gestão da informação e sistemas de informação nas organizações.
- Os Capítulos 5, 6 e 8 podem ser usados em disciplinas introdutórias de informática para cursos de outras áreas do conhecimento.
- O conteúdo do Capítulo 9 pode ser explorado em disciplinas de ética, sociologia e informática e sociedade.

Sumário

PARTE I TEORIA GERAL DOS SISTEMAS

1 Introdução à Teoria Geral dos Sistemas 13

Método científico e o pensamento sistêmico   13
Histórico da Teoria Geral dos Sistemas   18
Tendências da Teoria Geral dos Sistemas   20
A análise de sistemas   22

2 Sistemas 27

Paradigma entrada-saída   27
Tipologia de sistemas   35
Propriedades dos sistemas   36
"Visões" de um sistema   37
Ciclo de vida de um sistema   38

3 Modelos e a solução de problemas 43

Modelos   43
Aplicação de modelos em desenvolvimento de sistemas   46
Análise de sistemas e a tomada de decisão   57

PARTE II BASES CONCEITUAIS DE SISTEMAS DE INFORMAÇÃO

4 Organizações 71

As organizações: novas perspectivas e características   71
As organizações: novas abordagens   80
Durabilidade das organizações   83
A estratégia nas organizações   85

5 Informação 93

Dados, informação, conhecimento e competência   93
Aspectos estratégicos da informação   97
Sistemas de informação   98
A curva de aprendizagem e a transição de tecnologias   101
Integração da área de SI com outras áreas do conhecimento   102

6 Sistemas de informação 109

O conceito de sistemas de informação   109
Os tipos de sistemas de informação   117
Sistemas de informação como suporte à integração entre
   processos de negócio e funções empresariais   123
Sistemas de informação como suporte ao processo decisório   127
Sistemas de informação como elemento estratégico para a
   organização empresarial   129

7 Implementação de sistemas de informação 135

O ciclo de vida dos sistemas de informação   135
A implementação de sistemas de informação   139
O sucesso na implementação de sistemas de informação   144
As medidas do sucesso da implementação de sistemas
   de informação   145
Os problemas da implementação   147
Um modelo para avaliar a efetividade dos sistemas
   de informação   148

8 Tecnologia da informação 155

O conceito de tecnologia da informação   155
Tecnologias de *hardware*   156
Tecnologia de *software*   170
Tecnologia de comunicação   178

9 Aspectos éticos em sistemas de informação 191

A evolução dos sistemas de produção e o papel da informação
   e do conhecimento na atualidade   191
Aspectos morais, legais e éticos dos sistemas de informação   194
A conduta ética do profissional de sistemas de informação   197

PARTE I

Teoria Geral dos Sistemas

1
Introdução à Teoria Geral dos Sistemas

OBJETIVOS DE APRENDIZAGEM

1. estabelecer uma relação entre o método científico e o método sistêmico para a solução de problemas;
2. compreender a evolução da teoria geral dos sistemas;
3. reconhecer o papel desempenhado por alguns pesquisadores na evolução rumo a uma teoria geral dos sistemas;
4. identificar as principais características dos sistemas *hard* e *soft*;
5. conceituar o processo de análise de sistemas em sentido amplo.

MÉTODO CIENTÍFICO E O PENSAMENTO SISTÊMICO

O mundo em que vivemos é marcado por avanços tecnológicos nas diferentes áreas de conhecimento. Essas tecnologias têm levado à formação de profissionais altamente especializados: muitos deles trabalham nas mesmas organizações. Gerenciar empresas com esse perfil tem se caracterizado um grande desafio para os cientistas da administração. A formação de profissionais com "visões" generalistas, com capacidade de realização de trabalho em equipe, com conhecimentos transdisciplinares e atuação interdisciplinar, tem sido objeto de estudos desde a metade do século XX. Uma tentativa de tratar esse problema é considerar a empresa como um sistema, formado por subsistemas, assumindo a existência de princípios e de propriedades comuns; a empresa não é vista como um conjunto de partes independentes, buscando alcançar objetivos isolados, mas é formada por um todo em que o resultado desse todo supera a "soma" dos resultados de cada parte. Tal abordagem de condução de uma organização costuma ser rotulada como "pensamento sistêmico", e é uma forma de resolução de problemas que se diferencia da abordagem clássica ou científica. Neste capítulo, vamos resgatar um pouco da história dessa abordagem, iniciando pela retomada do método científico; no segundo capítulo, trabalharemos os conceitos de sistemas e suas propriedades.

Evolução da ciência

O objetivo de iniciarmos o capítulo pela retomada das características e da evolução da ciência, ou do pensamento científico, é preparar o caminho para a compreensão do que se entende por pensamento sistêmico, pois os dois conceitos, pensamento sistêmico e pensamento científico, são complementares.

O mundo em que habitamos é um mundo criado pela atividade da ciência. Ela nos ajuda a criar objetos físicos, sistemas de transportes, sistemas de comunicação, sistemas educacionais, sistemas de saúde e novas tecnologias, bem como a organização da sociedade; nos ajuda a entender como funciona o mundo natural, e é também responsável pelo fornecimento dos meios que permitem a destruição de nosso planeta. Assim, o que está sendo chamado de ciência moderna é o resultado da Revolução Científica que ocorreu no século XVII, mas, desde o século VI antes da era cristã, os gregos já manifestavam o desejo de conhecer o mundo como é.

Por um período de aproximadamente 500 anos, o desenvolvimento da ciência deu-se através de uma série de especialidades: geometria, astronomia, geografia, medicina, mecânica... Euclides desenvolveu a "geometria euclidiana", estudada até hoje nas escolas do mundo todo. Ptolomeu dedicou-se à astronomia, tendo realizado uma precisa observação sobre o movimento dos planetas. A grande contribuição dada pelos gregos, na evolução da ciência, foi explicar o funcionamento do mundo abstraindo os aspectos religiosos e míticos. A explicação foi feita com base na explicação racional.

O que faltou à ciência grega foi suprido pela escola medieval e pelos cientistas do século XVII. Aqui se percebe, com nitidez, a importância de considerar a observação em experimentos controlados, em considerar a importância do argumento indutivo, em usar a matemática para representar os fenômenos observados e, talvez o mais importante, em usar o conceito de função social da ciência como um melhoramento sobre o controle do mundo material e a redução da necessidade de trabalho físico.

No século XVII, a ciência sofreu uma mudança em seus conceitos e em seus métodos, a qual foi tão forte que o termo revolução é o que melhor expressa essa passagem. De forma resumida, pode-se citar alguns nomes importantes que fizeram parte dessa revolução:

a) Copérnico   1473 a 1543   Sugere o modelo heliocêntrico para o universo.
b) Galileu   1564 a 1642   Demonstrações experimentais usando a linguagem matemática.
c) Descartes   1596 a 1650   Estabeleceu a metodologia do racionalismo: o reducionismo como o alvo da explicação científica.
d) Newton   1642 a 1727   Uma nova imagem do universo. Importantes contribuições na matemática e na física.
e) Einstein   1879 a 1955   Teoria da Relatividade. Uma nova imagem do mundo com explicações mais completas do que as de Newton.

As contribuições de Isaac Newton para a ciência foram tantas que um livro só para abordá-las é pouco. Ele estudou o movimento da terra e da lua, criou teorias matemáticas para poder lidar com esses problemas, publicou a obra *Mathematical Principles of Natural Philosophy*, considerada um dos mais célebres trabalhos científicos. Nela, Newton apresenta os conceitos e as definições usadas na formulação das leis da dinâmica clássica, discute o movimento dos corpos no vácuo e as modificações introduzidas pelos movimentos nos fluídos, apresenta uma teoria sobre o movimento dos planetas e estabelece uma lei universal sobre a atração gravitacional. Newton pode ser considerado tanto um prático quanto um teórico, tendo sido brilhante nos dois casos. Ele também deixou importante contribuição quanto à metodologia usada na construção do conhecimento científico.

Depois de Newton, talvez René Descartes, tenha sido o nome mais importante para a estruturação da ciência moderna. Ele foi o grande incentivador do princípio reducionista que marcou o método científico por cerca de 350 anos. A contribuição mais forte de Descartes talvez seja na maneira de pensar em ciência, isto é, na metodologia usada para desenvolver a pesquisa. A verdade deve ser procurada por um cuidadoso raciocínio dedutivo, a partir de idéias básicas irredutíveis.

A grande contribuição de Descartes para a ciência foi o reducionismo, segundo o qual a ciência ajudaria a descrever o mundo através de uma redução de elementos de natureza composta em elementos de natureza simples; isto é o que se pode chamar de "análise". Com a Teoria da Relatividade, Einstein obteve melhores resultados do que Newton, mas isso em nada invalida a contribuição dada por Newton para a ciência; só nos mostra que os resultados de trabalhos científicos nunca são absolutos, podendo ser substituídos a qualquer momento por novos modelos com maior força descritiva e explanatória.

O método da ciência

"Ciência é um modo de aquisição de conhecimento do mundo, público e testável. Caracteriza-se pela aplicação de pensamento racional em experiências, visando a expressar de forma concisa e, se possível, através de modelos matemáticos, as leis que governam o universo." (Checkland, 1999)

Se é possível determinar um padrão para a atividade da construção desse conhecimento científico, podem-se apontar as seguintes características como parte desse processo: reducionismo, repetição e refutação. A ciência pode ser considerada reducionista dado que o mundo real é rico em espécies; é tão confuso que, para conseguirmos resultados coerentes, é necessário simplificá-lo, isto é, fazer uma seleção de alguns itens para examiná-los. Pensamento científico é quase que sinônimo do pensamento analítico proposto por Descartes.

A segunda característica desse padrão é a repetição dos experimentos. É a característica que nos permite rotular um conhecimento como "científico" e que o diferencia, por exemplo, do conhecimento literário ou religioso. A lei obtida pela análise de experiências repetidas, uma vez aceita, vale em qualquer lugar do mundo, não dependendo de gosto ou de crenças. Essa característica é que dá à atividade da ciência uma base sólida para não ser afetada pela irracionalidade, pela emoção e pelas loucuras dos seres humanos. A repetição é acompanhada da medição. Os valores medidos podem ser registrados e repetidos mais facilmente do que as observações qualitativas. Os resultados científicos considerados mais fortes são aqueles expressos quantitativamente.

A terceira característica do método científico é que os progressos podem ser obtidos a partir de discussões sobre os resultados alcançados. O progresso da ciência será determinado por experimentos mais significativos, à medida que as hipóteses significantes resistam à refutação delas. Assumindo que é possível criar um processo estruturado para a atividade da ciência, os passos seguintes ilustram como um problema pode ser resolvido, ou não, ao longo de sua execução:

- O pesquisador procura delimitar o problema através da definição das variáveis do mundo real que serão examinadas.
- Ele procede essa redução, desenhando uma situação artificial, dentro da qual algumas variáveis serão observadas, enquanto outras permanecem inalteradas. Seu desenho experimental terá sentido dentro de alguma teoria ou de alguma visão particular. É formulada uma hipótese.
- Uma questão é proposta: a hipótese passará no teste?
- Realizados os experimentos, os resultados devem ser cuidadosamente descritos, analisados, interpretados e divulgados, permitido que críticas e discussões sejam feitas por outros pesquisadores interessados no assunto.

Dada a natureza indutiva desse processo inferencial, uma refutação da hipótese formulada tem mais valor do que a corroboração da mesma.

Problemas com o método científico

O método científico, quando aplicado a problemas complexos, problemas com muitas variáveis e problemas sociais (situações em que a atividade humana se faz presente), apresenta algumas dificuldades, mesmo que seja uma prática na ciência dividir o problema em partes menores para melhor compreendê-lo. A definição dos limites desses problemas, identificar o que faz parte do problema e o que não faz parte, traz dificuldades bem maiores do que aquelas encontradas em fenômenos físicos, químicos, mecânicos, etc.

O tratamento de disciplinas como a sociologia, antropologia, economia, etc. como ciência é uma questão problemática. Problemas muito difíceis surgem quando os métodos desenvolvidos para investigar o mundo natural tentam ser aplicados a fenômenos sociais, uma vez que destes fazemos parte e, em relação àqueles, somos observadores externos. Pode-se afirmar que um dos fatores determinantes para a dificuldade de analisar os fenômenos sociais é que esses sistemas incluem um componente que os diferencia dos fenômenos naturais: o ser humano. Da análise de um fenômeno social, dificilmente serão estabelecidas leis; no máximo, tendências.

Entre os problemas rotulados como sociais, inserem-se os problemas de decisão do mundo real. Trata-se de algo diferente dos problemas cujas soluções são buscadas em experimentos dentro de um laboratório. Esse tipo de problema pode ser classificado também como um problema de gerenciamento, no sentido mais amplo do termo. O processo gerencial está relacionado com a decisão de fazer ou não fazer alguma coisa; está relacionado com o planejamento, com a escolha de alternativas, com o controle de desempenho e com o gerenciamento de pessoas.

É possível falar em "ciência da administração". A questão é: o método científico como o conhecemos aplica-se a problemas de gerenciamento? Hopeman (1974) afirma o seguinte: "Embora o método científico seja útil na ciência, sua aplicabilidade, nessa forma, à tomada de decisão em negócios torna-se questionável". Ele defende essa posição alegando que, nos negócios, a definição de um problema nem sempre é possível; que, enquanto um cientista pode manter tudo constante e testar uma variável de cada vez, nos negócios isso não ocorre. Finalmente, ele argumenta que existe outra diferença, a de que a ciência coloca muita ênfase na quantificação dos dados e nos instrumentos de medida, mas que, nos negócios, os modelos quantitativos poderão representar apenas uma parte do conjunto de relações envolvidas num ponto de decisão. Hopeman conclui defendendo uma nova abordagem para lidar com esses problemas: o pensamento sistêmico.

Assim, pode-se afirmar que os três grandes problemas para a ciência são: a complexidade, os sistemas de natureza social e a aplicação do método científico em problemas do mundo real; eles ainda não foram satisfatoriamente solucionados, embora algum progresso já tenha sido feito. Dessa forma, faz-se necessário defender a proposta de uma abordagem complementar ao método científico: o pensamento sistêmico.

Pensamento sistêmico

O título desta subseção bem poderia ser outro: enfoque sistêmico, abordagem de sistemas ou visão sistêmica. Todos têm o mesmo propósito: exibir os conceitos que constituem essa nova proposta de abordar e resolver problemas, principalmente em segmentos nos quais o método científico apresenta limitações.

Uma característica do pensamento sistêmico é abordar o problema, seja ele um problema de biologia, de administração ou de qualquer outra área de conhecimento, pensando em seu todo. Um dos primeiros cientistas do século XX a aplicar esse tipo de pensamento foi o biólogo Ludwig von Bertalanffy, considerado por muitos o pai da Teoria Geral dos Sistemas (TGS). Ele sugeriu a aplicação dessa forma de abordar os problemas em outras áreas além da biologia. Pesquisadores de diferentes áreas, como psicologia, lingüística, antropologia, engenharia, deram suas contribuições para a construção para essa maneira de pensar nos problemas.

Nesse sentido, a biologia não deve se preocupar apenas com o nível físico-químico ou molecular dos organismos, mas também com níveis mais elevados da organização da matéria viva. Em outras palavras, a biologia deve se preocupar em estudar os organismos vivos como sistemas, nos quais encontramos níveis diferentes de complexidade e, em cada nível (hierarquia), usamos uma linguagem própria para descrevê-lo. A visão do universo como um sistema é um belo exemplo daquilo que chamamos de hierarquia: partículas elementares, núcleos atômicos, átomos, moléculas, células, organismos, organizações e sociedades constituem uma linha hierárquica de sistemas, em que cada nível é formado por uma classe de sistemas complexos.

Em qualquer hierarquia de sistemas, a manutenção dessa hierarquia acarretará um conjunto de processos de troca de informações (comunicação) com a finalidade de regular o sistema (controle). Por exemplo, na moderna biologia molecular, o DNA armazena informações. O processo genético acarreta mensagens químicas que carregarão instruções para ativar ou reprimir outras reações, fazendo parte de um processo de controle que guiarão o desenvolvimento do organismo. Como diz Checkland, "é intuitivamente óbvio que uma hierarquia de sistemas abertos deva acarretar processos de comunicação e controle, se os sistemas precisam sobreviver aos golpes aplicados pelo ambiente do sistema". O mesmo vale para os sistemas construídos pelo homem, como uma empresa ou um sistema de informação. O projetista de um sistema de informação é forçado a ser um "pensador sistêmico".

Dispositivos para realizar controles automáticos com base na comunicação da informação não é algo recente: a proposta de uma teoria de controle data da metade do século XX, e é conhecida como cibernética. Esta e outras teorias que surgiram no século passado, inseridas no movimento para a criação de uma teoria geral dos sistemas, serão comentadas na próxima seção.

O pensamento sistêmico pode ser chamado de Teoria Geral dos Sistemas aplicada e pode ser descrito como:

- uma metodologia de projeto;
- uma nova classe de método científico;
- uma teoria de organizações;
- um método relacionado à engenharia de sistemas, à pesquisa operacional, à análise custo/benefício, etc.

Façamos uma observação final sobre essa expressão que dá o título à seção. É comum encontrarmos estudantes e profissionais da área de administração, engenharia e informática, tratando "pensamento sistêmico" e "análise de sistemas" como termos sinônimos. Na verdade, existe uma distinção. A análise de sistemas, como popularmente é usada, está relacionada a um tipo particular de sistema, os sistemas de informação. O pensamento sistêmico tem um sentido mais geral e não se preocupa com um tipo particular de sistema. No final deste capítulo, incluímos uma seção que descreve o processo de análise de sistemas no sentido mais amplo do termo.

HISTÓRICO DA TEORIA GERAL DOS SISTEMAS

Até o presente momento, não nos preocupamos em conceituar o termo "sistemas", pois esse conceito invadiu todos os campos da ciência e penetrou no pensamento popular. Entendemos que o leitor não tenha tido nenhum prejuízo pela não-formalização do conceito. Ainda não o faremos aqui. O Capítulo 2 abordará o conceito de sistemas. Esta seção tem por objetivo mostrar a origem da teoria que trata das propriedades comuns dos sistemas.

Há fortes indícios que o autor da idéia de uma teoria geral dos sistemas tenha sido Ludwig von Bertalanffy, idéia essa anterior à cibernética, à engenharia dos sistemas e de outras teorias afins. Por volta dos anos 1930, o biólogo Bertalanffy estava envolvido na discussão sobre mecanicismo-vitalismo. A forma mecanicista de proceder na solução de problemas da ciência consistia em desdobrar o organismo vivo em partes e processos parciais. O organismo, nessa visão, era um agregado de células, a célula, um conjunto de moléculas orgânicas, e o comportamento, uma soma de reflexos incondicionados e condicionados, etc. Os problemas da organização dessas partes, a serviço da conservação do organismo, da regulação após perturbações provenientes do ambiente, eram deixados de lado, ou, conforme o vitalismo, explicavam-se somente pela ação de fatores anímicos, o que caracterizava a decadência da ciência. Bertalanffy e outros buscaram um ponto de vista chamado organísmico, que, em outras palavras, significa que os organismos são coisas organizadas. Como conseqüência de suas pesquisas, Bertalanffy desenvolveu a teoria dos sistemas abertos e dos estados estáveis, que é uma extensão da físico-química, da cinética e da termodinâmica convencionais. A partir desses trabalhos, ele resolveu propor uma generalização ainda mais ampla, que ele chamou de Teoria Geral dos Sistemas. Essa idéia foi apresentada pela primeira vez em 1937, na Universidade de Chicago.

Outras teorias, surgidas mais ou menos no mesmo período, parecem destinadas a satisfazer as exigências de uma teoria geral dos sistemas:

1. A **cibernética**: baseava-se no princípio da retroação, fornecendo mecanismos para a procura de uma meta e o comportamento autocontrolador.
2. A **teoria da informação**: introduziu o conceito de informação como quantidade mensurável, por uma expressão isomórfica da entropia negativa em física e desenvolvendo os princípios de sua transmissão.
3. A **teoria dos jogos**: consiste na análise, dentro de uma nova moldura matemática, da competição racional entre dois ou mais antagonistas que procuram o máximo de ganho e o mínimo de perda.
4. A **teoria da decisão**: consiste em analisar igualmente as escolhas racionais nas organizações humanas, com base no exame de determinada situação e de seus possíveis resultados.
5. A **teoria das filas**: refere-se à otimização de arranjos em condições de aglomeração.
6. A **topologia** ou a **matemática relacional**: inclui campos de natureza não-métrica, como, por exemplo, a teoria dos grafos e das redes.
7. A **análise fatorial**: consiste no isolamento, por meio da análise matemática, de fatores em que existem múltiplas variáveis, em psicologia e em outros campos.
8. A **teoria dos autômatos**: é a teoria dos autômatos abstratos, com entrada, saída, possivelmente ensaios e erros, e aprendizagem. Um modelo geral é a máquina de Turing.
9. A **TGS** (Teoria Geral dos Sistemas em sentido restrito): procura derivar da definição geral de "sistema", como um complexo de componentes em interação, conceitos característicos das totalidades organizadas, como interação, controle, mecanização, centralização, competição, finalidade, etc., e aplicá-los a fenômenos concretos.

Mesmo sendo incompleta e, em alguns casos, confundindo modelos com técnicas matemáticas, a enumeração acima é suficiente para mostrar que existe um conjunto de enfoques para a investigação dos sistemas, incluindo poderosos métodos matemáticos.

Propósitos da Teoria Geral dos Sistemas

O objeto da Teoria Geral dos Sistemas é a formulação dos princípios válidos para os sistemas em geral, qualquer que seja a natureza dos elementos que os compõem e as relações ou "forças" existentes entre eles. A TGS é, portanto, uma ciência da "totalidade". Pode ser considerada uma disciplina que se insere na interface da lógica e da matemática, em si mesma puramente formal, mas aplicável às várias ciências empíricas. Assim, os principais propósitos da TGS são:

- integração das várias ciências, naturais e sociais;
- centralizar essa integração em uma teoria geral de sistemas;
- buscar a construção de uma teoria exata nos campos não-físicos da ciência;
- desenvolver princípios unificadores que atravessam "verticalmente" o universo das ciências individuais; e
- integrar-se com a educação científica.

Com tal perspectiva, a unificação da ciência passou a ganhar um aspecto integrador, envolvendo não apenas a física, mas os níveis social, biológico e de comportamento. Esta visão acentua a necessidade não apenas de especialistas, mas também de equipes interdisciplinares. Uma equipe de pesquisa, de desenvolvimento, deve ser considerada como um sistema.

TENDÊNCIAS DA TEORIA GERAL DOS SISTEMAS

A vida em sociedade está organizada ao redor de sistemas complexos. Segundo a opinião geral, a complexidade se deve ao resultado da interação do homem nos sistemas. Colocado no contexto da sociedade, o homem está ameaçado pela complexidade de suas próprias organizações. Para resolver esses problemas complexos, é necessária uma visão ampla que inclua o espectro total do problema, e não apenas uma parte isolada dele. O pensamento sistêmico é a filosofia de gerenciar sistemas que permitem a abordagem e solução desses problemas. Os "problemas de sistemas" requerem "soluções de sistemas". Em outras palavras, devemos nos empenhar na solução de problemas do sistema maior, com soluções que satisfaçam não apenas os objetivos dos subsistemas, mas também a sobrevivência do sistema global. Esse movimento de sistemas se deve em função de que os métodos antigos já não são suficientes. O enfoque sistêmico é uma forma de pensamento, uma prática filosófica e uma metodologia de mudança. Esta talvez seja a única forma de alcançar sucesso na solução desses problemas complexos.

O pensamento sistêmico pode ser aplicado a muitas disciplinas. A Teoria Geral dos Sistemas deveria trazer, como resultado da aplicação em diferentes campos, uma metateoria de sistemas, expressa em termos matemáticos. As críticas que a TGS sofreu em seus primeiros anos deveram-se justamente à linguagem matemática para modelar e expressar os sistemas. O problema com essa teoria, em função de sua generalidade, é a falta de conteúdo. O formalismo muitas vezes prejudica o conteúdo semântico do modelo. Para ele, o progresso nesse movimento de sistemas parece vir mais da aplicação de idéias de sistemas dentro de uma área específica, como a informática, por exemplo, do que do desenvolvimento da própria teoria.

A Figura 1.1 propõe um esquema com a classificação da aplicação do movimento de sistemas.

A primeira distinção importante que se observa na figura é a diferença entre o desenvolvimento das idéias de sistemas em si mesma e a aplicação de seus conceitos já dominados em outras disciplinas. A segunda distinção, em 2.1, é entre o desenvolvimento puramente teórico das idéias de sistemas, e o desenvolvimento das idéias de sistemas rumo a uma "engenharia" de sistemas no mundo real. O desenvolvimento da metodologia de engenharia de sistemas é um exemplo do segundo caso.

A ramificação 3.2, isto é, a aplicação do pensamento sistêmico na solução de problemas, consiste:

a) no desenvolvimento da própria engenharia de sistemas (metodologias de sistemas *hard*);
b) no processo de tomada de decisão (análise de sistemas), e
c) na solução de problemas *soft* (metodologias de sistemas *soft*).

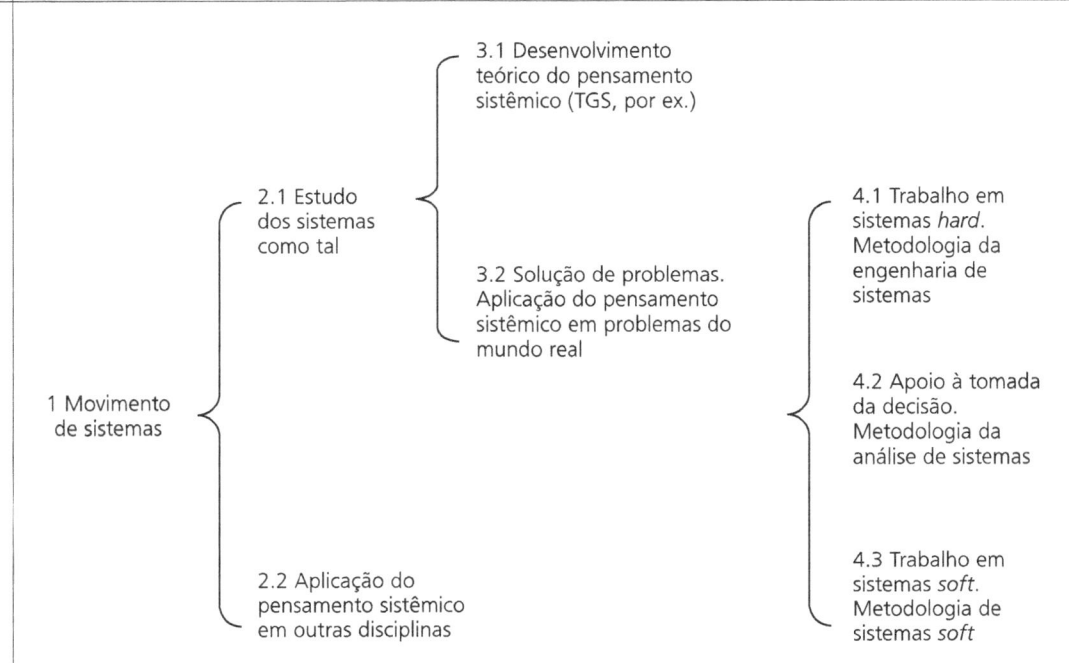

FIGURA 1.1 Mapa conceitual para esboçar todas as atividades do movimento de sistemas.
Fonte: Checkland (1999).

A diferença básica entre os sistemas *hard* e *soft* está no grau de estruturação do problema, isto é, sistemas considerados *hard* são altamente estruturados (o processo de desenvolvimento é bem determinado), enquanto, para os sistemas classificados como *soft*, o grau de estruturação é baixo; além disso, têm a característica de serem sistemas sociais. No Capítulo 3, abordaremos em detalhes conceitos relativos aos sistemas *soft* e sistemas *hard*.

A ANÁLISE DE SISTEMAS

Como mencionado anteriormente, a expressão "análise de sistemas" tem duas conotações. Uma delas, em sentido amplo e que será abordado aqui, trata de uma aplicação do pensamento sistêmico na tentativa de solucionar problemas; a outra, em sentido mais restrito, está relacionada ao desenvolvimento de sistemas de informação com uso de computadores e a sistemas específicos. Esse segundo sentido será abordado no Capítulo 6.

Em seu sentido amplo, a análise de sistemas pode ser tratada como sinônimo de pesquisa operacional, análise custo/benefício, análise operacional, etc. Quando essa expressão é associada a um sistema particular, como análise de cargos e salários, análise de organização e método, análise de custos, etc., já está acontecendo uma restrição em relação ao conceito original. O mesmo vale para a expressão análise de sistemas de informação. Mesmo que se tenha muito a aprender com os chamados sistemas naturais (sistemas não projetados pelo homem), tais como o corpo humano, a expressão "análise de sistemas" está fortemente relacionada aos sistemas artificiais (projetados e construídos pelo homem), envolvendo ou não seres humanos. Ao final desta seção, faremos um comentário sobre a aplicação do processo de análise de sistemas, no sentido restrito, em sistemas de atividades humanas.

Pode-se dizer que a análise de sistemas teve sua origem nos anos 1940, quando foi criada uma corporação americana sem fins lucrativos, a RAND Corporation, para encontrar soluções para problemas de planejamento de operações militares. O sucesso desse projeto na Segunda Guerra Mundial estimulou o desenvolvimento da pesquisa operacional (PO). A forma de abordagem na solução de problemas dessa natureza deu à PO o *status* de um processo científico. Logo após a guerra, alguns trabalhos de consultoria prestados pela RAND, os quais foram tratados "cientificamente", fizeram com que surgisse uma disciplina, considerada por muitos irmã da PO: a análise de sistemas. Após 1948, a ênfase das pesquisas conduzidas pela RAND era na análise de custos e em planejamento operacional, tático e estratégico. Não havia interesse na produção de dispositivos físicos, isto é, não se tratava de uma organização de engenharia, mas de análise. Fazer avaliações de alternativas de "negócios" em termos de custos e benefícios era o objetivo da empresa.

A RAND dispunha de uma metodologia para conduzir seus projetos de pesquisa. Conhecida como metodologia de análise de sistemas, ela era descrita pelos seguintes passos:

1. Identificar os objetivos a serem alcançados.
2. Buscar técnicas alternativas (ou sistemas) pelos quais os objetivos podem ser alcançados.

3. Identificar os custos e os recursos necessários a cada alternativa (ou sistemas).
4. Desenvolver um ou vários modelos matemáticos, mostrando a interdependência dos objetivos, recursos, ambiente e as técnicas e instrumentos.
5. Definir critérios relacionando objetivos e custos ou recursos, para a escolha de uma alternativa preferencial ou ótima.

Quando se usa a palavra sistemas na expressão análise de sistemas, estamos pensando tanto no sentido de um conjunto complexo (total) de equipamentos, informações, pessoal e procedimentos, quanto nos aspectos financeiros, técnicos, políticos e culturais que afetarão as decisões. Uma vez que a análise de sistemas preocupava-se com a alocação de recursos, que é uma questão fundamental dentro da administração, passou a ser uma metodologia utilizada na administração de empresas. Isso, no entanto, foi motivo de alguma confusão em relação à expressão análise de sistemas usada na RAND Corporation, uma vez que ficou praticamente restrita a sistemas informáticos.

Uma questão que pode estar preocupando o leitor diz respeito aos passos seguintes após a análise do sistema. Quando pensamos na análise como uma etapa da construção de um sistema, somos forçados a enquadrá-la como parte do que costuma ser chamado de "engenharia de sistemas". O conjunto de atividades realizadas em uma engenharia culmina com a criação de um sistema, podendo este ser um conjunto de procedimentos, equipamentos, pessoas e informações, por exemplo. Em tal processo, a análise é uma etapa, responsável pela seleção da melhor alternativa a ser implementada, valendo-se de estudos de custos e benefícios, de estratégias e simulações.

Enquanto, para alguns, a engenharia de sistemas e a análise de sistemas envolvem pesquisa e arte, para outros, a engenharia envolve o projeto, e a análise se refere à avaliação para a tomada de decisão; ambas requerem "arte" por parte dos praticantes. As duas abordagens têm um ponto em comum, que é solucionar problemas do mundo real com a seguinte característica: existe um estado desejado, E_1, um estado atual, E_0, e modos alternativos de chegar a E_1 partindo de E_0. Segundo essa visão, o ato de solucionar problemas consiste na definição de E_1 e E_0 e na seleção do melhor meio de reduzir as diferenças entre eles. Assim, na engenharia de sistemas, $E_1 - E_0$ define a necessidade ou os objetivos a serem alcançados, e a análise de sistemas fornece um meio ordenado de selecionar a melhor alternativa entre os sistemas que podem atender às necessidades.

Esta forma de abordar um problema é chamada por Checkland de "pensamento de sistemas *hard*". Para ele, esse tipo de pensamento é natural para os engenheiros, cujo papel é fornecer meios eficientes de alcançar as necessidades definidas. Uma observação importante nesse ponto é que tais sistemas analisados e projetados pelos engenheiros de sistemas são *estruturados*. Em outras palavras, são sistemas com objetivos perfeitamente definidos e necessidades conhecidas. Pode-se chamar de "metodologia de sistemas *hard*" o conjunto de métodos e técnicas usados na solução desses problemas.

Dado o sucesso da engenharia e da análise de sistemas na solução de problemas bem estruturados, uma questão que se impõe é: essas mesmas abordagens podem ser aplicadas em sistemas em que as necessidades e os objetivos não são claramente conhecidos? Em sistemas sociais? Em sistemas de atividades humanas?[1]

Há muita controvérsia nessa questão. A literatura está repleta de casos de sistemas malsucedidos porque a aplicação pura e simples de uma abordagem para a solução de problemas *hard* tinha sido aplicada em sistemas sociais e em sistemas de atividades humanas. Checkland propõe uma metodologia para resolver os problemas mal estruturados (em oposição aos problemas estruturados, típicos da abordagem *hard*) e deu a ela o nome de metodologia de sistemas *soft* (MSS). A idéia central da MSS é que os negócios e as indústrias são sistemas. No Capítulo 3, apresentamos uma breve exposição sobre a MSS.

RESUMO

O capítulo mostrou a evolução da Teoria Geral dos Sistemas a partir da identificação de problemas com o método científico. Foram mencionados alguns personagens dessa história, juntamente com sua contribuição para a ciência. Após o século XVII, os caminhos da ciência sofrem mudanças significativas, com a alteração dos paradigmas. No início do século XX, vários pesquisadores estavam preocupados com a unificação da ciência e com a dificuldade que o método científico apresentava para o tratamento de problemas nas áreas sociais. Isso deu origem a um movimento de sistemas liderados por Bertalanffy. A prática de sistemas é expressa na solução de problemas e no desenvolvimento de sistemas. Nesse sentido, surgem, na metade do século XX, propostas de metodologias de engenharia e de análise de sistemas. Foram feitas algumas considerações sobre seus métodos. Ao final do capítulo, fica uma questão em aberto: podem as metodologias para a abordagem de sistemas bem estruturados ser aplicadas em problemas mal estruturados?

LEITURAS RECOMENDADAS

Sugerimos como leitura básica o livro de Checkland (1999) e como leituras complementares os livros de Hopeman (1974), Bertalanffy (1975) e Senge (2002). O livro de Chekland apresenta um histórico importante sobre o método da ciência e introduz os conceitos sobre metodologias *hard* e metodologias *soft*; o livro de Hopeman ilustra o conceito de análise de sistemas em um problema de produção na empresa. Sendo Bertalanffy o "pai" da TGS, seu livro é, por si só, uma leitura obrigatória para o conhecimento da TGS. Por fim, Senge aborda, com rara clareza, a aplicação do pensamento sistêmico como a disciplina básica na solução de problemas em organizações.

---

[1]Muitos sistemas de informação são classificados como sistemas de atividades humanas.

QUESTÕES DE REVISÃO

1. O que caracteriza o método científico?
2. Quais são os problemas que o método científico apresenta?
3. Conceitue pensamento sistêmico.
4. No que consiste a teoria da cibernética?
5. Quais são as diferenças entre problemas *hard* e problemas *soft*?
6. Conceitue a análise de sistemas.

EXERCÍCIOS

1. Pesquise o tópico "mapas conceituais" na Internet.
2. Construa o mapa conceitual do conceito de TGS.
3. Discuta as seguintes afirmações:
   - A tecnologia estimula a especialização.
   - A técnica de análise (análises químicas, por exemplo) não é sistêmica.
   - Na visão sistêmica, a empresa é estudada como um conjunto de partes dependentes.
   - O pensamento sistêmico se aplica na solução de problemas de análise de sistemas.

REFERÊNCIAS BIBLIOGRÁFICAS

BERTALANFFY, L. von. *Teoria geral dos sistemas*. São Paulo: Vozes, 1975.
CHECKLAND. P.B. *Soft systems methodology:* a 30-year retrospective. New York: John Wiley & Sons, 1999.
DRUCKER, P. *Management*. London: Heinemann, 1974.
FISHER, G.H. *Cost considerations in systems analysis*. New York: Elsevier, 1971.
GIGCH, J.P. van. *Teoria general de sistemas*. Buenos Aires: Trillas, 1995.
GOLDSMITH, M.; MACKAY, A. (Ed.). *The science of science*. Harmondsworth: Penguin Books, 1966.
HOPEMAN, R.J. *Análise de sistemas e gerência de operações*. São Paulo: Vozes, 1974.
RÉE, J. *Descartes*. London: Allen Lane, 1974.
SENGE, P.M. *A quinta disciplina*. São Paulo: Best Seller, 2002.
SINGER, C. *A short history of science to the nineteenth century*. Oxford: University Press, 1941.

2
Sistemas

OBJETIVOS DE APRENDIZAGEM

1. identificar os principais parâmetros de um sistema no paradigma entrada-saída;
2. conhecer a tipologia dos sistemas;
3. conhecer algumas propriedades dos sistemas;
4. conhecer as etapas do ciclo de vida de um sistema.

PARADIGMA ENTRADA-SAÍDA

Pode parecer estranho que um livro que se propõe a abordar, entre outros conteúdos, os conceitos e a natureza dos sistemas não tenha feito isso em seu capítulo inicial. Conforme já foi observado no Capítulo 1, o conceito de sistemas é inerente às pessoas. Falamos em sistemas várias vezes durante o dia. Usamos a palavra "sistemas" em expressões como: sistema educativo, sistema financeiro, sistema de freios, sistema de equações, sistema político, sistema de armação (de um time de futebol), sistema de entrada (expressão usada pela Associação dos Tenistas Profissionais para classificar os tenistas profissionais), sistema operacional, sistema de transmissão, entre outros.

Se recorrermos ao dicionário, podemos encontrar dezenas de conceitos. Vejamos alguns, retirados do dicionário Aurélio de língua portuguesa:

1. Conjunto de elementos, materiais ou ideais, entre os quais se possa encontrar ou definir alguma relação.
2. Disposição das partes ou dos elementos de um todo, coordenados entre si, e que funcionam como estrutura organizada: sistema penitenciário; sistema de refrigeração.
3. Reunião de elementos naturais da mesma espécie, que constituem um conjunto intimamente relacionado: sistema fluvial; sistema cristalino.
4. O conjunto das instituições políticas e/ou sociais, e dos métodos por elas adotados, encarados quer do ponto de vista teórico, quer do de sua aplicação prática: sistema parlamentar; sistema de ensino.
5. Reunião coordenada e lógica de princípios ou idéias relacionadas de modo que abranjam um campo do conhecimento: o sistema de Kant; o sistema de Ptolomeu.

6. Conjunto ordenado de meios de ação ou de idéias, tendente a um resultado; plano, método: sistema de vida; sistema de trabalho; sistema de defesa.
7. Técnica ou método empregado para um fim precípuo: sistema Taylor (de Frederick W. Taylor, 1856-1915); sistema Braille (de Louis Braille, 1809-1852).
8. Modo, maneira, forma, jeito: Adotou um novo sistema de pentear os cabelos.
9. Complexo de regras ou normas: um sistema de futebol; um sistema de corte e costura.
10. Qualquer método ou plano especialmente destinado a marcar, medir ou classificar alguma coisa: sistema métrico; sistema decimal.
11. Anat. Conjunto de órgãos compostos dos mesmos tecidos e que desempenham funções similares. Ex.: o sistema nervoso.
12. Biol. Coordenação hierarquizada dos seres vivos em um esquema lógico e metódico, segundo o princípio de subordinação dos caracteres. [É um produto da inteligência humana, derivado da necessidade de compreender a natureza o mais próximo possível da realidade.]
13. Ling. A própria língua quando encarada sob o aspecto estrutural.
14. Mús. Qualquer série determinada de sons consecutivos.

Esta é uma pequena lista de possíveis aplicações da palavra sistemas. Pode-se notar que pensamos em sistemas tanto em casos de conjuntos organizados de elementos ou partes, para alcançar um determinado fim, quanto em modo de preparar algo, como na expressão, "sistema de preparar o chimarrão".

Talvez pareça que essa diversificação de conceitos se deve por não termos limitado a área de estudo. Mas, mesmo que se assuma a área de negócios, por exemplo, como objeto de estudo, ainda vamos encontrar uma variedade enorme de conceitos de sistemas. A seguir mostramos alguns desses conceitos e seus respectivos autores. Todos eles têm em comum o fato de serem pensadores e pesquisadores na ciência da administração; muitos tiveram participação destacada no início da sociedade criada por Bertalanffy para o desenvolvimento de pesquisas em sistemas:

1. Optner (1965): "Um conjunto de objetos com um determinado conjunto de partes inter-relacionadas".
2. Tilles (1963): "A noção básica de um sistema consiste simplesmente que ele é um conjunto de partes inter-relacionadas".
3. Timms (1966): "Sistema é um conjunto de elementos tão relacionados e integrados que o todo apresenta atributos únicos".
4. Hall (1962): "Sistema é um conjunto de objetos com relações entre objetos e seus atributos".
5. Johnson, Kast & Rosenzweig (1967): "Uma lista de componentes projetados para realizar um determinado objetivo de acordo com um plano".
6. Neuschel (1960): "Sistema é uma rede de métodos relacionados, desenvolvidos de acordo com um esquema integrado, para realizar uma atividade importante nos negócios".

Kenneth Boulding, um dos criadores da TGS, conceitua, de forma bem humorada, sistema como desta maneira:

"Um sistema é uma grande caixa preta, cujos fechos não podemos abrir, e tudo o que podemos descobrir reduz-se ao que entra e ao que sai. Às vezes, a percepção de pares de entrada-saída, relacionados aos parâmetros permite-nos relacionar uma entrada, uma saída e uma situação; mas, se nos faltar isto — que os céus não permitam! —, seremos obrigados a forçar a tampa."

Mesmo que tenhamos delimitado a área de estudo, os *negócios* no caso, para os exemplos apresentados, ainda encontramos problemas na conceituação dos sistemas. No entanto, parece haver um ponto em comum aos diferentes conceitos: a idéia de sistema como um conjunto. A questão é: conjunto de quê? De elementos? Partes? Objetos? Da Teoria dos Conjuntos, sabemos que "conjunto", "elemento" e a relação de "pertencer a" são termos primitivos, ou seja, não-definidos. Usamos esses termos para construir a teoria. Assim, "elemento' é uma expressão bastante vaga, mas, ao assumi-la, podemos enquadrar os diferentes tipos de conjuntos.

Mas, para termos um sistema, não basta termos um conjunto de elementos; há necessidade de que esses elementos possuam algum tipo de relação entre si. Assim, um monte de grãos de areia é mais bem conceituado como uma coleção do que como um sistema. Outra questão que surge é sobre a necessidade de um propósito para essa relação entre os elementos. Pelo menos nos sistemas administrativos e nos sistemas de informação, não vemos nenhuma possibilidade de pensar em sistemas sem que as partes ou os elementos sejam organizados segundo um objetivo. Vamos considerar, sempre, que um sistema reúne elementos com alguma finalidade.

Mesmo sendo uma expressão vaga, podemos pensar nos elementos de um sistema como *conceitos*, *pessoas*, *informações* e *máquinas*, ou como uma combinação desses elementos, o que nos traz uma nova dificuldade: qual é o critério para reunir esses elementos? A resposta a essa questão nos leva a concordar com a visão de Bertalanffy e outros, quando pensaram na hierarquia como uma propriedade essencial no pensamento sistêmico. Assim, ao estruturar nosso conjunto de elementos, segundo um determinado interesse (nosso, como observadores deste conjunto), estamos criando uma hierarquia ou níveis de sistemas dentro do sistema em estudo. A esses subconjuntos chamamos de subsistemas. A delimitação deles dependerá da nossa percepção e de nosso interesse. Pode-se afirmar que um mesmo conjunto de elementos submetidos à observação de duas pessoas distintas pode gerar dois desenhos diferentes de sistemas.

Mas, ao falarmos em hierarquia de sistemas, devemos pensar também no outro sentido, isto é, em vez de olharmos para o interior de nosso sistema em estudo, vamos procurar identificar o contexto em que o mesmo está inserido. Normalmente, rotulamos esses sistemas maiores como algo que faz parte do ambiente de nosso sistema em estudo. A Figura 2.1 ilustra os elementos até agora relacionados quando se pensa em sistemas.

Na figura, S é o nosso sistema em estudo, que está sendo observado ou que será objeto de implementação; A, B e C são subsistemas em um primeiro nível da hierarquia; b1 e b2 são subsistemas de B, e c1 e c2 são subsistemas de C. Além disso, a figura nos "informa" que esse sistema S faz parte de um ambiente (os sistemas que formam tal ambiente não foram listados!). S, juntamente com os demais sistemas do ambiente, formam o supersistema. As setas indicam o

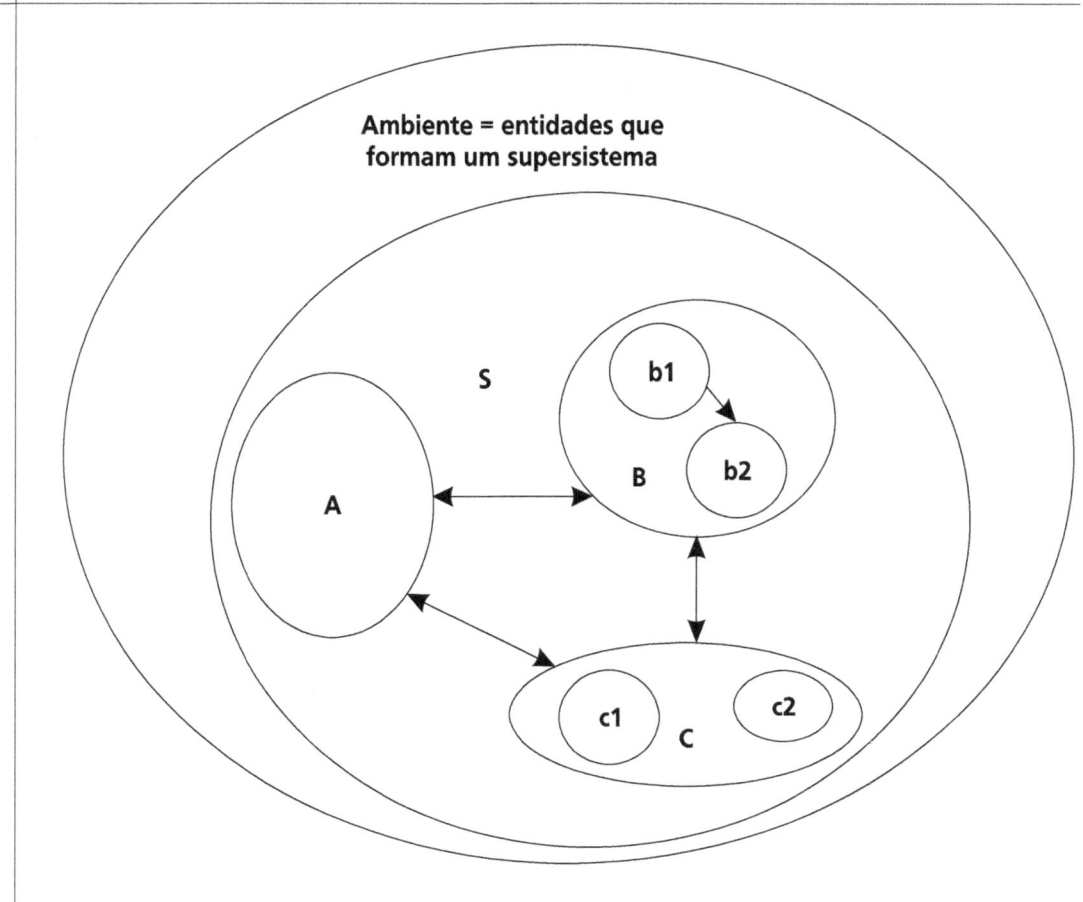

FIGURA 2.1 Esquema de um sistema e seu ambiente.

tipo de relacionamento que existe entre os diferentes subsistemas e entre os subsubsistemas.

Novamente apresenta-se uma questão importante: até onde o observador (analista?) deverá descer no estudo do sistema? E, mais uma vez, a resposta depende do interesse e do conhecimento de nosso observador. Enquanto forma de "dominar" um sistema para alterá-lo, o observador poderá refiná-lo até o ponto em que se julgar em condições de propor alterações. Quando o desenho for usado para uma especificação, o projetista deverá refiná-lo até o ponto em que julgar que seus pares, na construção desse sistema, estarão capacitados para compreendê-lo e implementá-lo. Não existe uma fórmula que diga até onde o observador deve descer nessa hierarquia. O mesmo vale para o ambiente do sistema. O nosso sistema em estudo faz parte de um sistema maior. Existem infinitos sistemas externos ao nosso. Como delimitar o ambiente do sistema em estudo? Aqui a resposta pode ser dada da seguinte forma: o ambiente de nosso sistema será formado por entidades (sistemas?) que de alguma forma interagem, isto é, são de interesse para o sistema em estudo. Isso significa que não são todas as entidades que, estando fora do sistema, fazem parte de seu ambiente, mas apenas as que são significativas, isto é, aquelas que podem influenciar ou sofrer algum tipo de influência do sistema.

Essas considerações sobre o ambiente permitem que se pense numa expansão da figura anterior, para explicitamente registrar a forma de interação do sistema com seu meio externo. Tal interação costuma ser explicitada pela identificação do que entra e do que sai do sistema. A Figura 2.2 apresenta o esquema anterior com as alterações propostas.

As *entradas* podem ser informações, dinheiro, máquinas, mão-de-obra, energia, expectativas, desejos, etc. O sistema deverá fazer uso dessas entradas como recursos para que uma transformação aconteça e as saídas desejadas sejam alcançadas. As *saídas*, assim como as entradas, poderão se apresentar na forma de

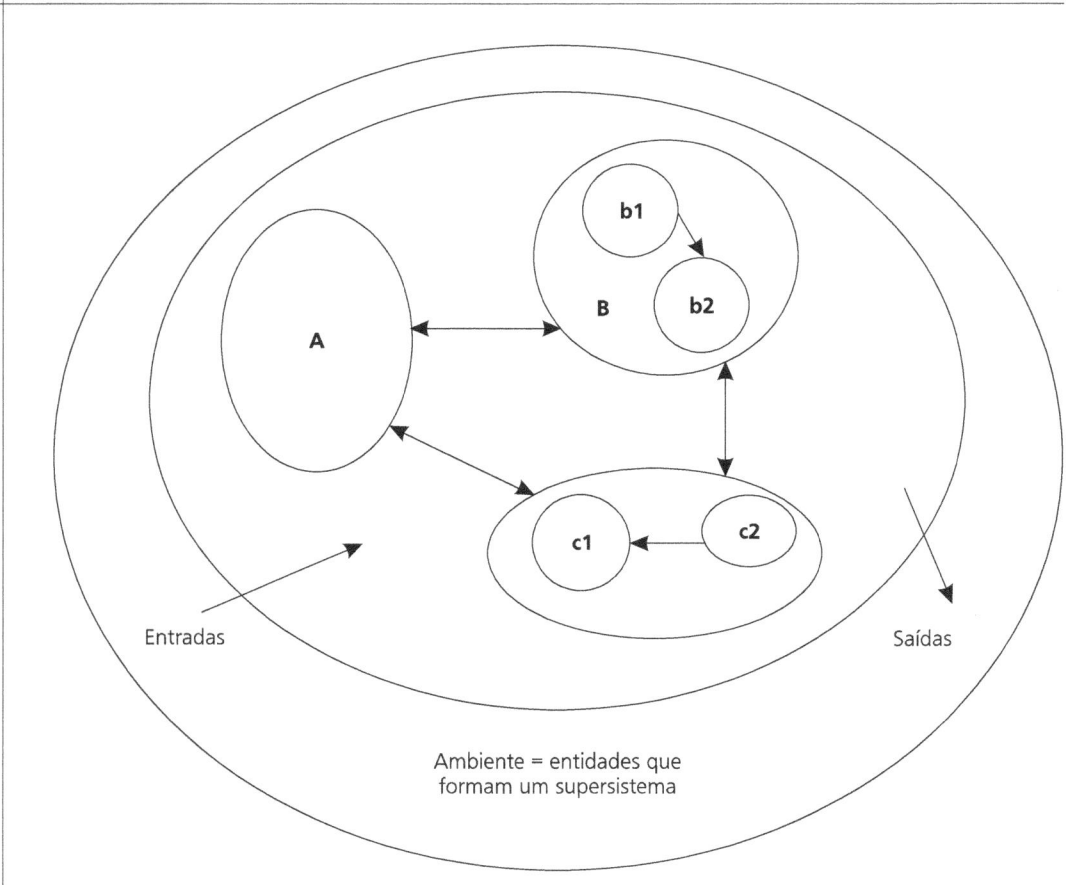

FIGURA 2.2 Esquema de um sistema exibindo o relacionamento com o ambiente através de suas entradas e saídas.

informações, movimentos, energia, dinheiro, pessoas, máquinas e produtos, entre outras coisas. Em sistemas *hard*, dentro da classificação de Checkland, o sistema deverá transformar as entradas em saídas segundo os objetivos a serem alcançados. O grau de eficiência do sistema dependerá de quão bem essas transformações forem definidas, dos custos para realizá-las e do tempo usado em sua transformação.

Muitas vezes avaliamos um sistema como algo ruim. O que pode levar a essa conclusão, de acordo com o que já sabemos, é uma má definição dos subsistemas (responsáveis pelas ações transformadoras) e suas relações, por falta de recursos para executar essas ações, por uma entrada de má qualidade, por falta de um controle de qualidade sobre os resultados produzidos e por tantos outros motivos típicos de uma má gestão.

Parece que nosso desenho de sistema está incompleto. Devemos pensar em algo que assegure que os resultados desejados sejam alcançados ou que, pelo menos, saibamos o que devemos mudar para que esses resultados sejam alcançados. Isso nos remete a um quinto elemento em nosso desenho. Tal elemento foi explicitamente apresentado por Norbert Wiener, em sua teoria sobre cibernética. Segundo ele, um sistema a ser projetado necessita de um mecanismo de controle, e os sistemas existentes (abertos) devem ter esses "mecanismos" como um de seus elementos, pois, sem eles, o sistema não resistiria às mudanças do ambiente. Lembre-se de que as entidades que compõem o ambiente de um sistema são responsáveis pela geração de entradas para o sistema e são consumidoras dos resultados produzidos pelo sistema, mas também são responsáveis pelas necessidades, exigências e expectativas que se impõem ao sistema. Caso essas necessidades deixem de ser atendidas, o sistema não tem razão para continuar em operação.

Esse quinto elemento é representado em nosso desenho (modelo de um sistema que interage com o meio) por uma seta que caracteriza um retorno, a partir dos resultados, como que uma realimentação do sistema. Tal mecanismo costuma ser chamado de *feedback* ou retroalimentação. Em sistemas vivos como o corpo humano, por exemplo, existem várias formas de indicar que o nosso corpo está passando por algum problema. Um exemplo é a febre. É uma informação gerada pelo nosso sistema, o corpo humano, que indica a presença de problemas. Cabe ao ser humano tomar as ações corretivas para voltar a um estado desejável de saúde.

Na Figura 2.3, vamos inserir o mecanismo de *feedback* usando uma seta pontilhada para caracterizar que, mesmo estando "por fora dos limites do sistema", esse processo é parte do sistema. Isso significa que, em projetos de sistemas *hard*, devemos definir como se dará o controle do sistema a ser projetado. Esse processo contém, portanto, os recursos necessários para manter o sistema em estudo dentro dos padrões desejados.

O desenho da Figura 2.3 ilustra os principais elementos de um sistema, quando se busca especificá-lo através de suas entradas e saídas. Por isso, vamos chamar essa forma de modelar ou especificar um sistema de "paradigma entrada-saída". Em suma, temos nesse enfoque seis elementos que ajudarão o analista/projetista a compreender o sistema em estudo:

Entradas e recursos: a diferença entre entrada e recurso é muito pequena. Uma maneira de ajudar a diferenciá–los é considerar que as entradas são passíveis de transformação pelos subsistemas, enquanto os recursos são os elementos necessários para que se dê a transformação. Um pensamento que ajuda a diferenciar as

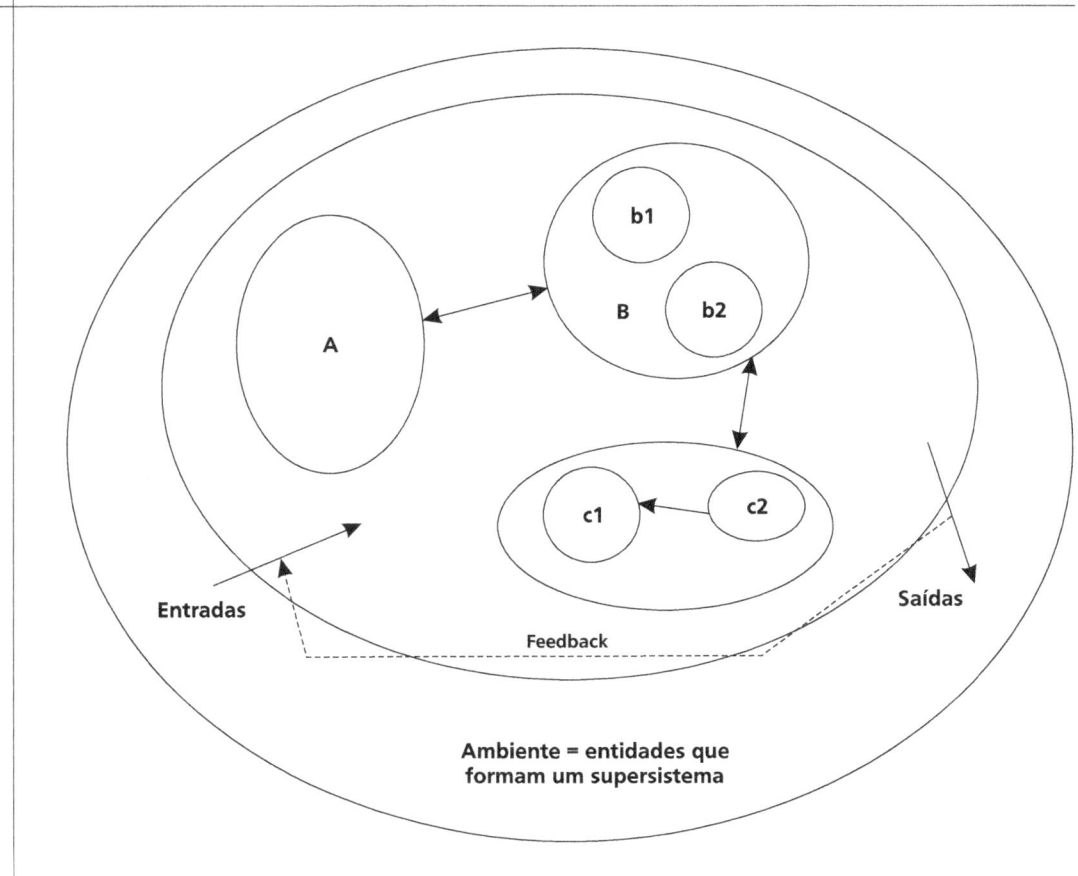

FIGURA 2.3 Esquema de um sistema com o mecanismo de *feedback*.

entradas de recursos, além de ajudar na caracterização do sistema, ou seja, seu "negócio", é procurar identificar o que chamamos de "matéria-prima" do sistema. A matéria-prima caracteriza o principal propósito do sistema. Quando se pensa em uma escola como um sistema, sua matéria-prima é o aluno. Por exemplo, o professor é um recurso necessário para que se dê a transformação nesse aluno. No entanto, professor e aluno são entradas, no sentido de que vêm do meio onde se encontra a escola. Quando se avalia a eficiência de um sistema, as entradas e os recursos são considerados *custos*.

Saídas e objetivos: as saídas são os resultados dos processos de transformação do sistema. Podem ser resultados físicos, como um produto material, mas podem vir na forma de informações, conhecimentos, deslocamentos, benefícios, serviços e modelos.

Processos de transformação: para que um sistema gere resultados a partir das entradas, são necessárias ações sobre as entradas, usando-se recursos. Nos sistemas organizados, os processos de transformação geralmente agregam valor às entradas ao convertê-las em saída.

Ambiente: especificar o ambiente de um sistema significa, também, estabelecer os limites do sistema, e isso nem sempre é uma tarefa fácil. É importante chamar a atenção para o fato de que o termo "ambiente" está sendo usado para caracterizar o ambiente externo, também chamado de "meio" ou "meio ambiente". As entidades que fazem parte do meio ambiente de um sistema são aquelas que interagem com o sistema (trocam algum tipo de informação, energia e material) e que não são controladas pelo sistema. Portanto, nem toda entidade externa faz parte do ambiente do sistema.

Feedback: o termo *feedback* está relacionado ao termo controle. O objetivo de implantar tais mecanismos, principalmente em sistemas administrativos, é o de fiscalizar os fluxos de matéria, energia e informação dentro do sistema e alertar sobre a necessidade de ação, quando os resultados que vêm sendo obtidos não correspondem ao plano original. Em sistemas sofisticados, esse processo se faz de modo automático, propiciando o autocontrole do sistema. Sistemas abertos são dinâmicos e sujeitos a mudanças. Em um sistema dinâmico, é necessário rever periodicamente, ou continuamente, as saídas, visando a fazer as alterações necessárias para continuar atendendo o ambiente. Os elementos de um sistema que permitem que o sistema permaneça em equilíbrio são *controle* e *feedback*. O propósito do *feedback* é o controle. C. W. Churchman (1972), importante pesquisador da aplicação do pensamento sistêmico no desenvolvimento de sistemas de informação, considera que esse elemento é mais bem rotulado como "administração".

Pode-se destacar um sexto elemento nesse nosso desenho: as **relações** entre os demais elementos. Tais relações se dão entre objetos, entre subsistemas e entre objetos e subsistemas.

Antes de passarmos para a próxima seção, é importante chamar a atenção para um conceito que tem um sentido negativo, pois é considerado por alguns pesquisadores uma incompetência do projetista ou do analista de sistemas. O conceito em questão é o de *caixa-preta*.

Muitas vezes, pouco sabemos ou temos condições de saber sobre um processamento/processador. Tudo o que sabemos fica reduzido às suas entradas e às suas saídas. Nesse caso, para não prejudicar a análise do sistema maior e, uma vez que essa "caixa-preta" funcionará sempre dentro dos mesmos parâmetros, podemos abrir mão de uma análise do seu interior. O conceito de um sistema como uma caixa-preta reflete uma característica fundamental: extrema complexidade. Parece ser uma questão de racionalidade assumir um subsistema como uma caixa-preta, dado que, em muitos casos, esse processador não será alterado, e seu uso permitirá alguns ganhos dentro de um projeto: tempo e custo são alguns exemplos.

Eis uma palavra final sobre o conceito de "parâmetros de um sistema". Esse termo parece ter sido criado por Optner (1965) e se refere aos objetos de um sistema:

"Os objetos são os parâmetros dos sistemas. Os parâmetros dos sistemas são entrada, processo, saída, controle por *feedback* e uma limitação. Cada parâmetro poderá assumir uma variedade de valores, para descrever determinado *estado* do sistema."[1]

É comum usarmos a expressão "definir os parâmetros do sistema" para indicar a especificação do mesmo no paradigma entrada-saída.

TIPOLOGIA DE SISTEMAS

Os sistemas podem ser classificados segundo suas diferenças e semelhanças. A seguir apresentaremos uma classificação que poderá ser útil para que analistas, projetistas e administradores de sistemas falem a mesma linguagem.

Concretos × abstratos

Os sistemas **concretos** (físicos) são formados por equipamentos, máquinas, pessoas e, de um modo geral, de objetos e artefatos reais. Já os sistemas **abstratos** são formados por símbolos que representam atributos e por objetos que poderão existir apenas no pensamento do observador, analista ou projetista. São exemplos de sistemas abstratos as teorias, os conceitos, os planos, as hipóteses e os modelos conceituais, dentro outros.

Naturais × artificiais[2]

Segundo a origem do sistema, podemos classificá-lo como **natural**, pois surge de processos naturais, como o sistema solar e o sistema ambiental (clima, solo). Esses sistemas têm suas origens na origem do universo, sendo resultados das forças e dos processos que caracterizam tal universo. Já os sistemas construídos pelo homem são chamados de **artificiais**, ou sistemas físicos projetados. São projetados como resultado de algum propósito estabelecido pelo homem, e existem para servir a esse propósito. Os sistemas de informação são exemplos de tais sistemas artificiais. É importante registrar que os sistemas abstratos também podem ser classificados como "sistemas projetados". Estes representam um produto consciente da mente humana.

Abertos × fechados

Quanto à interação com seu ambiente, os sistemas poderão ser **abertos**, quando trocam algum tipo de matéria, energia ou informação com o ambiente. Os sistemas classificados como **fechados** não sofrem influência, nem influenci-

---

[1] As expressões em itálico são nossas.
[2] Artificial no sentido de ser construído pelo homem.

am o ambiente. É óbvio que, no mundo dos negócios, esses sistemas praticamente inexistem, pois, se não houver uma resposta satisfatória do sistema em relação às mudanças provocadas pelo ambiente, dificilmente o sistema vai se manter competitivo, e seu fim é desaparecer. O que se costuma dizer é que o sistema é parcialmente fechado ou semi-aberto, pois mantém algumas restrições a certas entidades externas. Quando se diz que um monopólio é um exemplo de sistema fechado, na verdade estamos nos referindo a um tipo de transação com ambiente que restringe as interações.

Homem × máquina

Graças à automação e à tecnologia da informação, os sistemas classificados como homem-máquina são referenciados com freqüência nos dias atuais: o papel de cada componente é perfeitamente definido. A máquina desempenha a função de processador, mas é sempre o homem que provê a entrada inicial. As propriedades dos homens e das máquinas são combinadas: a máquina com sua capacidade iterativa de derivar soluções de máquina e o homem com sua capacidade de raciocínio.

Podemos também pensar em sistemas envolvendo apenas o componente homem; nesse caso, costumamos classificá-los como sistemas sociais. Já os sistemas em que não há o componente humano podem ser chamados de sistemas concretos tipo máquina. Por exemplo, um ônibus com motorista e passageiros é um sistema homem-máquina: o ônibus apenas é um sistema máquina, e os passageiros e o motorista formam um sistema social.

Há ainda os chamados sistemas de atividades humanas, que são resultado de algum propósito ou missão. Por exemplo, uma pessoa manejando um martelo e um sistema político internacional estão incluídos nessa classificação. Os exemplos mostram a amplitude coberta por esses sistemas.

PROPRIEDADES DOS SISTEMAS

A classificação proposta pode ser uma lista bastante extensa. Alguns estudiosos costumam classificar os sistemas quanto à sua capacidade de adaptação ao ambiente, chamando de sistema **adaptativo** o que se adapta ao ambiente e de **não-adaptativo**, em caso contrário. Nós preferimos tratar a adaptabilidade como uma propriedade dos sistemas abertos, e não como um novo tipo de sistema. Um sistema capaz de se adaptar é aquele em que encontramos um processo contínuo de aprendizagem e de auto-organização. A língua portuguesa é um exemplo de um sistema aberto adaptativo.

Outra propriedade, típica dos sistemas abertos, é a **homeostase**. Refere-se à capacidade do sistema de retornar a um estado de equilíbrio. Em sistemas naturais, essa capacidade é inerente ao sistema, mas, nos sistemas projetados pelo homem, tal retorno ao estado desejado de equilíbrio está diretamente relacionado ao mecanismo (sistema) de controle e *feedback*. É esse mecanismo que garantirá ou não o retorno do sistema a um estado desejado.

A **sinergia** é a propriedade do sistema em que as ações cooperativas de agentes independentes produzem efeitos totais maiores que as somas de seus efeitos tomados independentemente. Essa propriedade se percebe com clareza em esportes coletivos. Uma seleção de craques de futebol, jogando de forma individualista, poderá ter um desempenho inferior à de um grupo de bons jogadores jogando coletivamente.

Finalmente, a propriedade da **entropia** está diretamente relacionada aos sistemas administrativos e de informação. A entropia mede o grau de desordem de um sistema, e a forma de combater essa desordem se dá através da informação. Muitos tipos de sistemas de informação têm como finalidade básica diminuir a entropia dos sistemas administrativos.

Dentro dessa linha de tipos de sistemas, é comum usar uma classificação quanto à estrutura do sistema. Aqui, é muito usual tratar sistemas e problemas como sinônimos. Por exemplo, na frase "essa metodologia se aplica a problemas não-estruturados", a palavra "problemas" pode ser perfeitamente substituída pela palavra "sistemas", e, na verdade, concordamos com essa aplicação, uma vez que o falante está fazendo referência a um problema "visto" como um sistema. Assim, costumamos ouvir expressões como **estruturado**, **semi-estruturado** e **mal-estruturado**, referindo-se a tipos de sistemas (ou problemas) que serão apoiados por tipos diferentes de sistemas de informação.

"VISÕES" DE UM SISTEMA

Como já mencionado no Capítulo 1, a confusão semântica na área de sistemas é enorme. Porém, toda essa gama de possibilidades que a linguagem dos sistemas nos oferece está relacionada ao conceito de sistema absoluto. Esse seria um sistema em que vários observadores, ao analisá-lo, identificariam os mesmos parâmetros e em relação ao qual haveria consenso quanto às relações que ligam os processos, quanto ao ambiente e quanto a todos os demais elementos que conhecemos para a especificação de um sistema. A questão é: existe um sistema independente do observador? Como já foi citado, não estamos preocupados com esses sistemas absolutos, pois, nos negócios e no estudo e no desenvolvimento de sistemas administrativos e de informações, a "visão" que o analista-projetista tem está diretamente relacionada ao interesse dele por essa análise ou projeto.

Portanto, a classificação proposta na seção anterior está relacionada à visão do observador. Muitas vezes, um observador poderá concentrar sua atenção num determinado tipo de relação, deixando de lado outros tipos, já existentes (e relevantes) para outro observador. Sabemos que dentro de um sistema podemos "descer" a sistemas (subsistemas) de níveis mais baixos. Até onde podemos descer? Depende do interesse de nosso observador. Por exemplo, a relação entre o homem e um equipamento dentro de uma linha de produção poderá ser observada com os "olhos" de um analista de métodos, visando a estudar a relação ergonômica entre esses elementos, mas poderá ser analisado sob o ponto de vista do custo/benefício dentro de um sistema de produção mais amplo, no qual o desdobramento em dois elementos distintos, homem e máquina, não interessa; somente o todo, homem-máquina, em relação ao sistema maior, é que seria de interesse. Nos sistemas administrativos e de informação, o observador poderá estudar o sistema ainda sob o ponto de vista funcional, estrutural ou dinâmico.

A análise funcional focalizará a atenção do observador nos processos e em suas relações. Nesse tipo de abordagem, quando se diz que um sistema é um conjunto de elementos inter-relacionados, estamos usando a palavra "elementos" como sinônimo de processos. Essa "visão" costuma ser expressa através de ações e verbos. Já a análise voltada para a estrutura do sistema tem sua ênfase nos substantivos, isto é, na relação entre elementos (objetos). O que importa é a estrutura do sistema.

Segundo Soares (1993), enquanto a visão funcional é "cinematográfica", isto é, o sistema é estudado como se estivéssemos vendo um filme, a visão estrutural é fotográfica, uma vez que estudamos o sistema como se observássemos uma fotografia. Por exemplo, quando analisamos o organograma de uma empresa, estamos vendo uma relação entre departamentos. Essa visão não nos permite compreender como se dá o "movimento" do sistema. Essa é uma visão estrutural ou estática. Quando procuramos compreender a relação entre os processos organizacionais (normalmente, os processos "atravessam" as fronteiras dos departamentos), estamos analisando sob a ótica funcional.

Porém, um sistema, ao executar transformações, produzirá resultados que poderão ser de interesse do analista. Cada um dos resultados caracterizará o sistema num determinado estado. Dessa forma, conhecer os diferentes estados de um sistema, bem como a relação entre eles (o que faz um sistema mudar de estado!), é uma forma útil de compreender um sistema. Essa ótica costuma ser rotulada de "dinâmica".

CICLO DE VIDA DE UM SISTEMA

Para todos aqueles que já tiveram a oportunidade de ler algo sobre engenharia de *software*, essa expressão é bastante comum. Aqui nosso objetivo é generalizar o conceito de ciclo de vida de um sistema (CVS).

A origem da expressão "ciclo de vida de um sistema" talvez esteja ligada à idéia de que os sistemas abertos ("vivos") — uma vez que trocam energia, material e informação com o meio — possuem um ciclo semelhante aos organismos vivos, pois estes também são sistemas. Tais sistemas têm um ciclo natural de "concepção — desenvolvimento — vida útil — morte". A Figura 2.4 ilustra este ciclo.

Em se tratando de sistemas de informação, essa "morte" pode não ser total, isto é, o sistema existente não desaparece totalmente, mas alterações são feitas nele de modo que já não seja o mesmo sistema original. Em outras situações, há uma troca total de um sistema por outro, onde a expressão "morte" é perfeitamente aplicável.

As etapas de desenvolvimento dos sistemas, como análise, projeto, construção, instalação, produção e manutenção são adaptações do ciclo de vida de um sistema. Na engenharia de *software*, seqüências como essa são muitas vezes chamadas de "ciclo de vida do *software*".

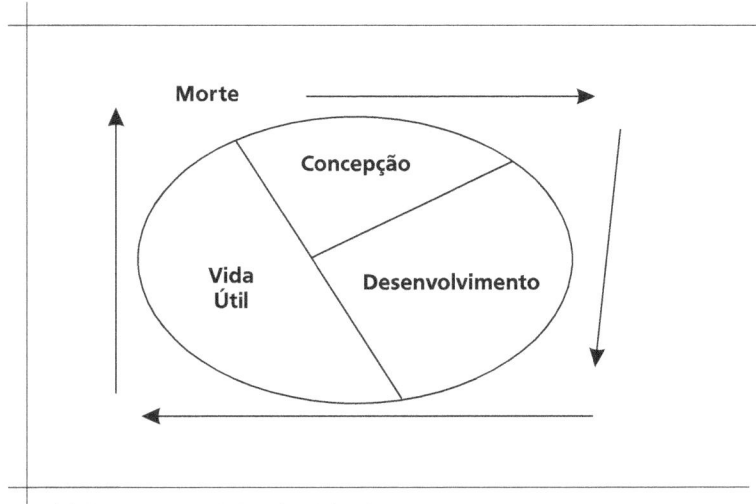

FIGURA 2.4 Ciclo de vida de um sistema.

RESUMO

Neste capítulo, estudamos os conceitos relativos aos sistemas. Vimos que a possibilidade de uso da expressão "sistemas" é enorme, pois, uma vez que depende do observador (nossa forma de ver os sistemas, principalmente os sistemas administrativos e de informação), é sempre possível "olhar" para um conjunto de elementos relacionados como um sistema. Vimos os elementos considerados necessários à especificação de um sistema. O paradigma entrada-saída, a mais tradicional forma de especificação, propõe seis elementos, chamados de parâmetros do sistema: entrada, saída, processos, ambiente, *feedback* e relações. Os conceitos associados aos sistemas podem ser expandidos. Entre eles, incluímos avaliação, limites, fronteiras, estados, controle e subsistemas. Visando a uma padronização da linguagem a ser usada, foram apresentadas uma tipologia dos sistemas e algumas propriedades. Foi observado ainda que um sistema pode ser analisado sob diferentes visões: funcional, estrutural e dinâmica. Por fim, o capítulo exibiu o chamado ciclo de vida de um sistema, pois essa expressão será utilizada nos capítulos seguintes. O enfoque, no entanto, não ficou restrito a um tipo particular de sistema.

LEITURAS RECOMENDADAS

Como leitura complementar, sugerimos o livro de Checkland (1999).

QUESTÕES DE REVISÃO

1. Quais são os elementos considerados na especificação de um sistema, segundo o paradigma entrada-saída?

2. Quais são os elementos considerados na especificação de um sistema, segundo o paradigma de Churchman?
3. Conceitue "sistema".
4. Qual é a diferença entre recursos e entradas?
5. Por que é importante identificar a matéria-prima de um sistema?
6. Compare os processos de *feedback* e administração. Quais são as semelhanças e as diferenças entre os dois processos?

EXERCÍCIOS

1. Para cada um dos sistemas a seguir, identifique os elementos dos paradigmas de entrada-saída e de Churchman:
   a) uma casa;
   b) uma bicicleta;
   c) um carro;
   d) um computador;
   e) uma planta arquitetônica de uma casa;
   f) um carro com um motorista;
   g) um relógio;
   h) um programa de computador;
   i) um sistema de equações lineares;
   j) um time de futebol;
   k) a língua portuguesa;
   l) os zagueiros de um time de futebol;
   m) o sistema gaúcho de fazer churrasco;
   n) uma lavanderia;
   o) a recepção de uma lavanderia;
   p) uma universidade;
   q) o sistema de fazer chimarrão;
   r) o sistema de investigação de crimes;
   s) o sistema de vestibular de uma universidade;
   t) o sistema de correção de provas do vestibular;
   u) o sistema de ensino universitário;
   v) o sistema de ensino no Brasil;
   w) o sistema de ventilação da casa;
   x) o sistema de segurança;
   y) o sistema de saúde.

2. Procure ocorrências da palavra "sistemas" (em jornais, revistas, na Internet) e o que o autor pretendia ao usar essa expressão.
3. Faça uma relação de conceitos associados ao conceito de sistemas e crie um mapa conceitual com essas noções.
4. Para cada um dos sistemas a seguir, procure identificar os principais, objetos, processos e estados:
   a) máquina de lavar roupa;
   b) uma padaria;

c) um sistema de informação para controlar as retiradas de livros de uma biblioteca;
d) um terminal bancário.

REFERÊNCIAS BIBLIOGRÁFICAS

BARCELLOS, W. *A teoria de sistemas na administração moderna*. Rio de Janeiro: Impacto, 1977.
CHECKLAND. P.B. *Soft systems methodology*: a 30-year retrospective. New York: John Wiley & Sons, 1999.
CHURCHMAN, C.W. *Introdução à teoria dos sistemas*. São Paulo: Vozes, 1972.
HALL, A.D. *A methodology for systems engineering*. Princeton: D. Van Nostrand, 1962. p. 60.
JOHNSON, R.A.; KAST, F.E.; ROSENZWEIG, J.E. *The theory and management of systems*. New York: McGraw-Hill, 1967.
NEUSCHEL, R.F. *Management by systems*. New York: McGraw-Hill, 1960.
OPTNER, S.L. *Systems analysis for business and industrial problem solving*. New Jersey: Prentice-Hall, 1965.
SOARES NETO, H.O. *Análise vital de sistemas*. São Paulo: Datamec, 1993.
TILLES, S. The manager's job: a systems approach. *Harvard Business Review*, Jan./Feb. 1963.
TIMMS, H.L. *The production function in business*. Homewood: Richard Irwin, 1966.

3

Modelos e a solução de problemas

OBJETIVOS DE APRENDIZAGEM

1. reconhecer a importância da utilização de modelos na solução de problemas e na tomada de decisão;
2. aplicar a modelagem com uso de diagramas em alguns problemas *hard*;
3. identificar problemas para a aplicação da modelagem com uso de mapas cognitivos;
4. identificar problemas para a aplicação de Programação Linear e Simulação;
5. identificar problemas para a aplicação da Metodologia de Sistemas *Soft*;
6. classificar os problemas para a tomada de decisão.

MODELOS

Assim como a palavra "sistemas" possui vários conceitos, também "modelos" oferece algumas dezenas de aplicações. Por exemplo, no dicionário Universal (disponível *on-line*), existem 73 entradas para "modelo". Como não se trata de um estudo sobre *top models*, nem sobre próteses, para citar duas aplicações do conceito, vamos restringir às áreas de sistemas de informação e administração. Independentemente de estarmos pensando no projeto de um sistema de informação, ou na solução de um problema administrativo (financeiro, mercadológico ou de produção), a proposta de trabalhar com modelos é a mesma: construir uma representação da realidade que nos permita, de modo mais seguro e econômico, criar um ambiente para, se necessário, simular sua funcionalidade, estudar a viabilidade de implementação, etc. Então, podemos conceituar um modelo como "uma abstração da realidade".

Pode-se afirmar, com grande grau de certeza, que os modelos são utilizados em todas as áreas de conhecimento. A seguir relacionamos alguns usos comuns a todos os modelos:

a) ajudar na elaboração do raciocínio, uma vez que sua representação requer uma organização de seus elementos de forma clara e objetiva;
b) ajudar a visualizar o sistema que está em estudo ou que será desenvolvido, tanto do ponto de vista funcional, estrutural ou comportamental;
c) ajudar na construção de sistemas;

d) ajudar na documentação de um sistema, bem como no registro da decisão tomada;
e) auxiliar na comunicação, pois a linguagem natural é ambígua e a representação construída pode ser feita de forma a ter uma única descrição;
f) apoiar atividades de formação e treinamento, pois, em muitos casos, o risco ao usar o modelo é muito menor do que trabalhar diretamente com o sistema;
g) realizar previsões, pois podem ser usados em estudos antecipados de situações; e
h) viabilizar a realização de experimentos com custos mais baixos.

Quando se pensa através de modelos, estamos em condições de colocar em prática a abordagem sistêmica. Na verdade, podemos dizer que um modelo é um sistema, ou pode ser visto como tal; pode ser algumas vezes abstrato, podendo ser concreto (estamos usando a classificação proposta no Capítulo 2).

Um modelo de um sistema de *software*, por exemplo, é a representação de uma realidade complexa, refletindo certas características específicas do sistema que está sendo representado. É muito comum o desenvolvimento de sistemas de informação fazer uso de uma representação gráfica para desenhar o modelo. Uma representação de um problema de alocação de recursos para se conseguir maximizar uma linha de produção também é um modelo, mas, nesse caso, a melhor distribuição dos recursos deverá ser obtida a partir de algum cálculo (algébrico, numérico ou estatístico), exigindo do analista/administrador uma representação formal com recursos matemáticos. Essas possibilidades de representação, associadas à natureza e aos objetivos do sistema que será modelado, levam a uma classificação dos modelos.

Existem muitas formas de classificar os modelos. Inclusive, é muito comum usar uma classificação com alguma semelhança àquela adotada na teoria dos sistemas. É possível, portanto, falarmos em modelos concretos, abstratos, matemáticos e simbólicos, por exemplo.

A seguir temos uma das classificações possíveis, proposta por Murdick e Ross (1975):

Modelos icônicos ou físicos

Esses modelos valem-se de atributos físicos semelhantes ao sistema em estudo. Podem ser bi ou tridimensionais. Como exemplo, podemos citar as maquetes, os protótipos e o túnel de vento.

Modelos simbólicos

Nesse tipo de modelo, o mundo real é descrito através de uma linguagem simbólica. Aqui incluímos, entre outros, os fluxogramas, diagramas de fluxos de dados, diagramas de entidade-relacionamento, casos de uso, planta baixa e planta elétrica.

Modelos matemáticos

Esses modelos podem ser considerados um caso particular dos modelos simbólicos. São modelos abstratos e de grande aplicação na tomada de decisão em negócios. Fórmulas matemáticas, sistemas de equações, sistemas de inequações, matrizes e séries estatísticas são exemplos de modelos matemáticos.

Os modelos matemáticos podem ser classificados como **determinísticos** ou **probabilísticos**, estes também chamados de estocásticos. Os modelos determinísticos são aqueles que apresentam relações constantes entre as variáveis, isto é, sempre que as variáveis independentes receberem valores, as variáveis dependentes terão um comportamento bem-definido. Equações algébricas e programação matemática linear e não-linear são exemplos de modelos determinísticos.

Os modelos probabilísticos associam probabilidades às funções de distribuição e valem-se de variáveis aleatórias. Problemas como determinar o número de caixas de um supermercado, o tempo de transição entre os estágios de um semáforo e a simulação de jogos são exemplos de aplicação desses modelos.

Modelos computacionais ou de simulação

Quando os elementos do sistema estudado e suas relações são representados por procedimentos lógicos, usando-se um algoritmo, por exemplo, o modelo é dito computacional. É possível classificar esse tipo de modelo como matemático, mas, ao contrário dos modelos simbólicos, que costumam ser resolvidos para determinar a melhor solução, esses são executados para que se obtenham as informações ou resultados. Os métodos numéricos são exemplos de modelos computacionais. Para obter, por exemplo, a raiz de uma equação de terceiro grau, podemos executar um método numérico no qual a solução será alcançada mediante um determinado número de iterações de um modelo.

E qual a razão para construirmos modelos? Podemos responder a essa pergunta considerando as etapas do ciclo de desenvolvimento de sistemas. Inicialmente, podemos pensar em usar a modelagem para conhecer o sistema que está sendo estudado (talvez esteja apresentando problemas, talvez seja uma boa oportunidade para mudar de sistema), visando a uma compreensão maior dele. Poderá acontecer que não existe sistema a ser alterado; nesse caso, não modelaremos nenhum sistema existente, mas, havendo a necessidade de desenvolvimento de algum sistema, é necessário que um "desenho" do sistema pretendido seja feito e, nesse caso, recorreremos à modelagem. Além de servir para compreender o que será construído, o modelo serve como uma forma de comunicação entre diversas pessoas envolvidas no processo de construção. A esse modelo costuma-se dar o nome, principalmente na engenharia de *software*, de especificação do sistema. Muitas vezes, o nível de detalhamento do sistema a ser implantado é tão alto que um "modelo de implementação" é necessário. Novamente, trata-se de um caso de especificação, porém o objetivo desse tipo de modelo é a especificação "física" do sistema. Dependendo da "ferramenta" de modelagem que o analista esteja usando, o modelo do sistema resulta em uma forma de documentação do mesmo.

Nas próximas seções, vamos ilustrar algumas aplicações do uso de modelos, tanto no desenvolvimento de sistemas quanto na solução de problemas.

APLICAÇÃO DE MODELOS EM DESENVOLVIMENTO DE SISTEMAS

Praticar o pensamento sistêmico é usar os princípios da teoria dos sistemas na solução de problemas. Por problemas, podemos pensar como sendo a diferença existente entre o que esperamos que o sistema faça e o que ele realmente está fazendo. É claro que, para sistemas novos, o problema, nesse caso, é a falta de um sistema. Alguns estudiosos sobre a teoria da decisão poderão contestar essa visão, alegando que isso não é um problema, mas sim um enigma ou uma confusão. O fato é que um administrador, analista ou projetista deverá fazer uma escolha sobre o que desenvolver ou entre as alternativas que resolverão seu "problema".

Nesta seção, o "problema" para nós será considerar o papel dos modelos no desenvolvimento de sistemas, sejam eles de informação ou não. Serão usadas algumas ferramentas para a modelagem, mas com o objetivo de ressaltar a importância dos modelos nesse processo, e não o de apresentar uma metodologia de desenvolvimento de sistemas. Conforme estudado no Capítulo 1, vamos dividir essa seção em duas subseções: a primeira tratará de desenvolvimento de sistemas *hard* e a segunda, de sistemas *soft*.

Uso de modelos no desenvolvimento de sistemas *hard*

São classificados como sistemas *hard* aqueles que apresentam um alto grau de estruturação, nos quais os objetivos, os componentes, suas relações e seu ambiente são claramente definidos. Esse tipo de sistema pode ser construído usando-se uma abordagem de desenvolvimento do tipo engenharia de sistemas, conforme conceituamos no primeiro capítulo. Os modelos estão presentes em todas as etapas do processo de engenharia, seja para criar um modelo conceitual abstrato ou simbólico, seja para criar modelos contendo detalhes de implementação do sistema.

Quando projetamos uma casa, usamos modelos com vários níveis de detalhes, desde um esboço inicial, com os traços sem nenhuma preocupação com grandezas, até a especificação de onde os pontos de luz serão colocados, detalhando-se a espessura e o comprimento dos fios, por exemplo. Portanto, as aplicações de modelos em sistemas *hard* são muitas, o que nos obriga a fazer um "corte" que se foca em sistemas de informação e/ou sistemas administrativos. Isso reduz um pouco a gama de possibilidades, mas ainda é bastante extensa a lista de modelos que se podem usar na modelagem desses sistemas. Como nosso objetivo é relacionar o uso de modelos com o pensamento sistêmico, isto é, queremos pensar no sistema através dos modelos, vamos dar um destaque para os modelos que fazem usos de diagramas.

A narrativa a seguir (o uso de texto já é uma forma de modelar!) descreve um sistema de atendimento de pedidos de uma empresa:

> Os pedidos dos clientes são recebidos pelo funcionário João, que verifica cada pedido e separa os pedidos dos clientes novos e os pedidos dos clientes antigos. Os pedidos

dos clientes novos são enviados à funcionária Maria, que verifica o crédito do cliente junto ao SPC. Essa funcionária aprova ou rejeita o pedido do cliente. Os pedidos aprovados retornam ao funcionário João, que os junta com os pedidos dos clientes antigos. Os pedidos rejeitados são enviados ao funcionário Carlos. Cada pedido aprovado é enviado ao funcionário Paulo para ser preenchido. Após um pedido ser preenchido, é enviado ao funcionário Pedro na expedição. Pedro seleciona os itens do pedido e envia ao cliente. Se o pedido não pode ser atendido por falta de itens em estoque, ele é guardado, esperando a reposição de estoque. Cópias dos pedidos não-atendidos por falta de estoque são enviadas pelo funcionário Paulo ao funcionário Carlos, para que ele entre em contato com o cliente.

Muitas são as possibilidades de modelarmos esse processo (sistema). Várias ferramentas de modelagem estão disponíveis, principalmente se temos como objetivo desenvolver um *software* aplicativo que apóie esse processo. Assim, recorrendo ao conceito de sistemas e aos elementos que são necessários à especificação de um sistema, e usando uma notação gráfica (esta deve ser de conhecimento dos diferentes "públicos" envolvidos no desenvolvimento, isto é, deve ser capaz de ser compreendida por pessoas que atuam dentro e fora do sistema), vamos modelar o processo. Inicialmente, vamos fazer uma lista dos itens que caracterizam o sistema:

Entradas: Pedidos mais situação do cliente.
Saídas: Mercadoria solicitada, mensagens para o cliente (de pedido não-atendido por falta de estoque ou de não-aprovação), nota fiscal acompanhando os itens do pedido (essa informação não está explícita na descrição, sendo uma inferência que o analista pode fazer em função de seu conhecimento em sistemas desse tipo).
Ambiente: Cliente, Serviço de Proteção ao Crédito (SPC).
Subsistemas: Avaliar pedido, verificar crédito, organizar o lote de pedidos aprovados, preencher pedido, selecionar itens do pedido, contatar cliente.
Recursos: Funcionários, equipamentos, espaço físico para escritório e almoxarifado.
Administração/*feedback*: Processos de controle e tomada de decisão realizada por uma ou mais pessoas que respondem pela gerência desse sistema (não existem mais informações no texto apresentado, mas sabemos que é necessário à manutenção do mesmo).

Muitas são as possibilidades gráficas para modelarmos esse sistema. Faremos uso de uma "ferramenta" que entendemos ser útil e de fácil compreensão por aqueles que de alguma forma deverão colaborar na definição final do que está sendo representado. Lembramos que o objetivo aqui não é explorar as ferramentas de modelagem, mas ilustrar a aplicação de modelos na especificação de sistemas. É importante, no entanto, que, assumida uma notação, essa seja conhecida pelos diferentes usuários, bem como seja respeitada, isto é, não devemos usar uma mesma notação para representar diferentes elementos do sistema. Na Figura 3.1, estabelecemos a convenção a ser usada.

Observe que essa notação contém poucos elementos, não tem compromisso com qualquer tecnologia, portanto de fácil aprendizagem para um usuário não-familiarizado com a linguagem da informática. Isso deve ser uma caracterís-

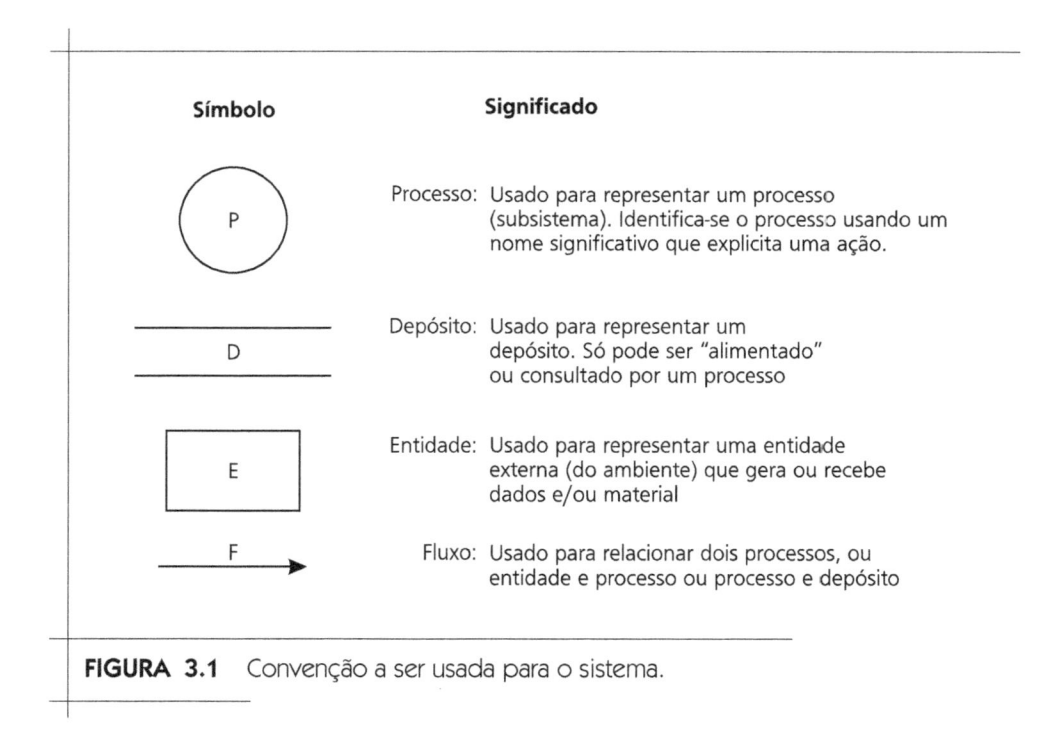

Símbolo	Significado
(P)	**Processo:** Usado para representar um processo (subsistema). Identifica-se o processo usando um nome significativo que explicita uma ação.
═ D ═	**Depósito:** Usado para representar um depósito. Só pode ser "alimentado" ou consultado por um processo
[E]	**Entidade:** Usado para representar uma entidade externa (do ambiente) que gera ou recebe dados e/ou material
F →	**Fluxo:** Usado para relacionar dois processos, ou entidade e processo ou processo e depósito

FIGURA 3.1 Convenção a ser usada para o sistema.

tica de toda a ferramenta de modelagem que tem como um de seus objetivos permitir o entendimento por pessoas que não têm formação técnica. Na Figura 3.2, procuramos "descrever" o que o sistema faz, usando a notação proposta.

Na figura, temos um exemplo de sistema bem-estruturado, e a "ferramenta de modelagem" usada parece satisfazer as necessidades. Outros problemas mais complexos exigirão outras formas de representação. Esse é objeto de disciplinas como engenharia de *software* de um curso de sistemas de informação.

É importante chamar a atenção do leitor para o fato de que as propriedades dos sistemas, abordadas no Capítulo 2, devem-se fazer presentes nessas ferramentas de modelagem. Por exemplo, uma característica essencial na abordagem sistêmica é a hierarquia. O desenho apresentado anteriormente já é um "detalhamento" de um desenho mais abstrato desse sistema. A Figura 3.3 exibe esse nível de abstração, enfatizando o contexto em que o sistema analisado se encontra.

Dependendo das necessidades do observador/projetista, cada processo (subsistema) do modelo expandido poderá ser detalhado. Nesse caso, a notação proposta poderá ser mantida ou alterada. Por exemplo, um processo que não precisa de um novo detalhamento poderá ser modelado com o uso de fluxogramas, linguagens estruturadas, árvores de decisão, etc. Não existe uma regra que determine o número de expansões a serem feitas; é tudo uma questão de atender às necessidades de compreensão por parte dos analistas.

Esses modelos não podem ser dados como definitivos e completos, pois a notação utilizada não contempla especificações das estruturas de dados associadas aos fluxos e aos depósitos, por exemplo. Assim, é comum que uma descrição desses elementos acompanhe o desenho do sistema. Em engenharia de *software*, o leitor tomará contato com "ferramentas" que permitirão implementar essas espe-

MODELOS E A SOLUÇÃO DE PROBLEMAS

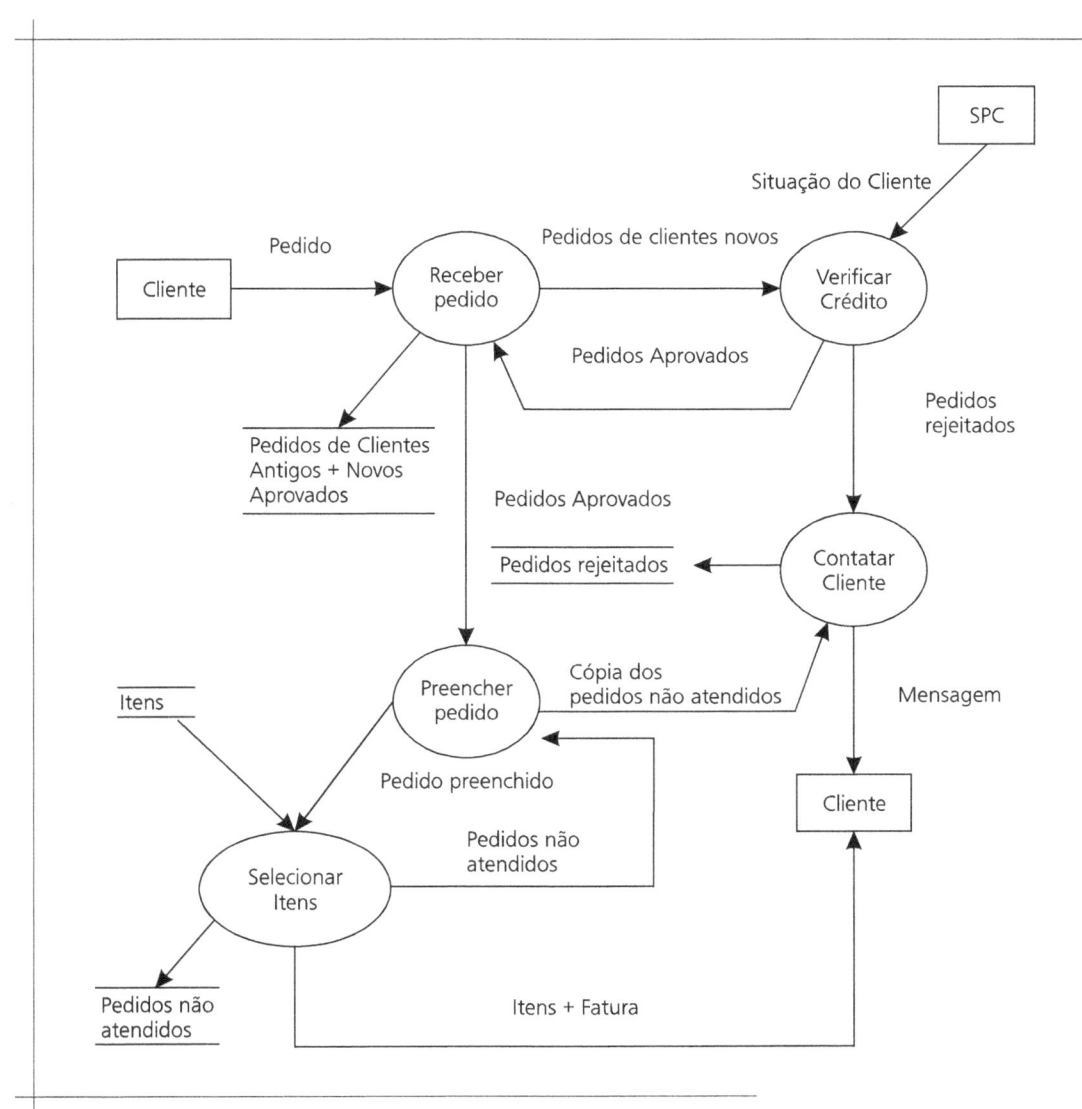

FIGURA 3.2 Modelo expandido do sistema de pedidos.

cificações. A seguir, ainda dentro dessa linha de sistemas *hard* modelados com uso de diagramas, vamos ilustrar o caso de um problema que envolve muitas decisões e aproveitar para fazer um comentário sobre a "ferramenta" utilizada. A política descrita a seguir é adotada em uma empresa de crediário para a liberação de crédito ao cliente.

> Quando um cliente solicita crédito para comprar mercadorias, consultamos o SPC e, em caso de problemas, rejeitamos o pedido. Para os clientes que não tiverem problemas de inadimplência, solicitamos a conta de luz, a situação de moradia e seu contra-cheque. Os clientes que consomem mais de 300 Kw, com salário acima de R$

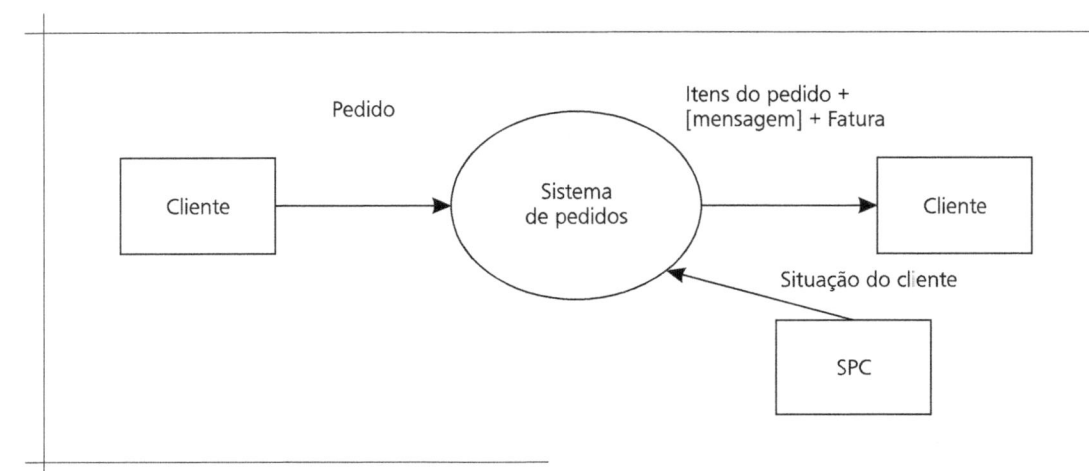

```
                    Pedido              Itens do pedido +
                                        [mensagem] + Fatura
    ┌─────────┐              ╭─────────╮              ┌─────────┐
    │ Cliente │─────────────▶│ Sistema │─────────────▶│ Cliente │
    └─────────┘              │de pedidos│             └─────────┘
                             ╰─────────╯
                                  ▲      Situação do cliente
                                  │
                              ┌───┴───┐
                              │  SPC  │
                              └───────┘
```

FIGURA 3.3 Nível de contexto do sistema de pedidos.

2.000 e morando em casa própria, podem solicitar um crédito igual a duas vezes seu salário. Se a casa for alugada, o limite é de R$ 4.500. Para os que consomem mais de 300 Kw e têm salário igual a ou menor que R$ 2.000, é verificada a situação de moradia: para casa alugada, o limite é de R$ 3.000, e para casa própria, o limite é de R$ 4.000. Quando o consumo é inferior a 300 Kw e o salário fica acima de R$ 2.000, é liberado até duas vezes o salário líquido, independentemente do tipo de moradia. Para casa própria, com salário menor que ou igual a R$ 2.000, o limite é de R$ 4.500.

Usando a notação anterior, podemos exibir uma parte desse sistema, isto é, a parte que contém o processo (subsistema) responsável pela definição do valor do crédito a ser liberado ao usuário (Figura 3.4):

Esse processo pode ser modelado com o uso de um fluxograma por exemplo, mas existem ferramentas de modelagem mais adequadas para situações como essa, em que temos muitas condições envolvidas. Aqui, pela simplicidade do problema, podemos pensar em modelar essa política usando uma árvore de decisão[1]. Essa ferramenta pode ser usada tanto como um recurso para modelar um processo existente (normalmente na fase de análise dentro do ciclo de vida de um sistema), quanto como um recurso de especificação na fase do projeto do sistema.

Enquanto meio de entender o que o usuário pretende com essa política, podemos nos valer desse recurso de desenho para esboçar as alternativas do problema. Um desenho possível é apresentado no quadro a seguir.[2]

---

[1]As árvores de decisão também são aplicadas em problemas estatísticos, quando relacionamos várias alternativas, cada uma associada a uma probabilidade de ocorrer.
[2]Não existe uma única forma de construir uma árvore de decisão. O importante é que todas as alternativas sejam relacionadas.

Variável	Valores
Consumo de energia	Acima de 300 Kw Inferior a 300 Kw
Salário	Acima de R$ 2.000 Menor que ou igual a R$ 2.000
Tipo de moradia	Própria Alugada

Decisões:

Crédito: duas vezes o salário
Crédito limitado a R$ 4.500
Crédito limitado a R$ 3.000
Crédito limitado a R$ 2.000
Crédito: duas vezes o salário líquido

Podemos observar que esse enunciado apresenta algumas ambigüidades (próprios da linguagem natural), de forma que precisamos estruturar essa política de modo a esclarecer junto ao responsável as dúvidas levantadas. Como foram identificadas três variáveis, com duas possibilidades cada, podemos determinar o número de ramos que apresentam as decisões: 2 × 2 × 2, ou seja, oito ramificações.

Com o objetivo de esclarecer as dúvidas, o analista pode levar esse esboço (Figura 3.5) e preencher cada ramificação junto com o responsável, e aproveitar, por exemplo, para questionar o que fazer se o consumo for exatamente 300 Kw. E se a casa for cedida? Qual é o salário a ser considerado se o consumo for

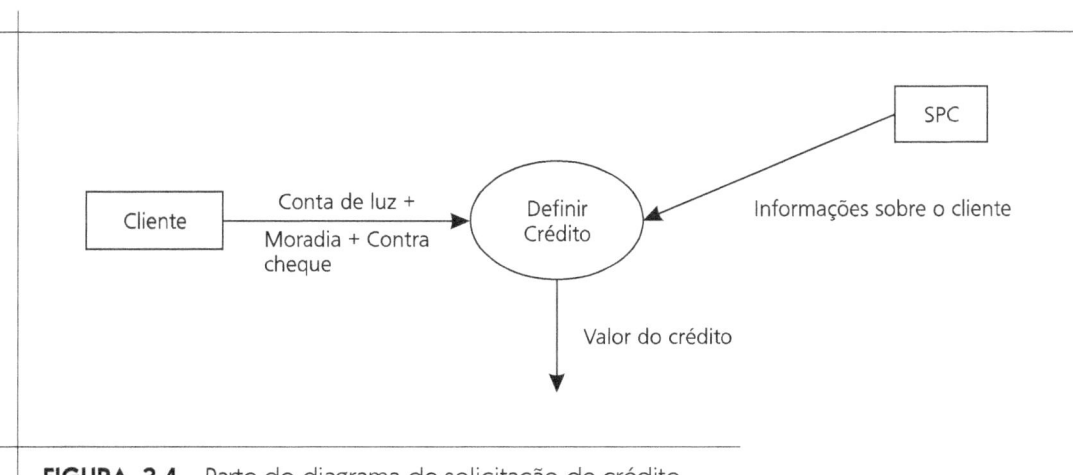

FIGURA 3.4 Parte do diagrama de solicitação de crédito.

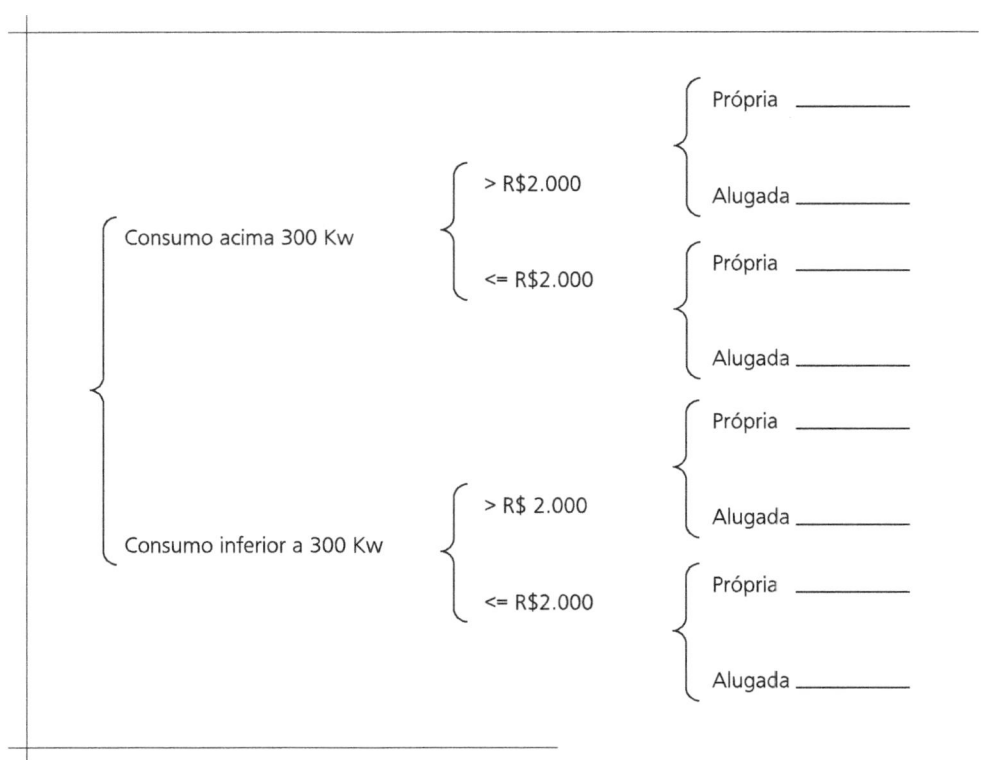

```
                                                      ┌ Própria _____
                                    ┌ > R$2.000  ─────┤
                                    │                 └ Alugada _____
         Consumo acima 300 Kw ──────┤
                                    │                 ┌ Própria _____
                                    └ <= R$2.000 ─────┤
                                                      └ Alugada _____

                                                      ┌ Própria _____
                                    ┌ > R$ 2.000 ─────┤
                                    │                 └ Alugada _____
         Consumo inferior a 300 Kw ─┤
                                    │                 ┌ Própria _____
                                    └ <= R$2.000 ─────┤
                                                      └ Alugada _____
```

FIGURA 3.5   Árvore de decisão da política de liberação de crédito.

superior a 300 Kw, o salário ficar acima de R$ 2.000 e a casa for própria? Uma vez esclarecidas as dúvidas, esse mesmo recurso pode ser usado para orientar um programador a implementar essa política, mas agora com as decisões (nós finais da árvore) definidas.

Esse exemplo serve para mostrar um aspecto do desenvolvimento de sistemas (principalmente na área da informática) que diz respeito aos modismos. É comum ouvir comentários de que uma determinada forma de modelar um sistema é ultrapassada (i. é, muito usual quando se fala em usar uma ferramenta de análise estruturada) e de que existem linguagens de modelagem mais atuais (UML, por exemplo). O que deve ser buscado em qualquer problema de análise e de projeto de sistemas, seja ele de informações ou não, é uma ferramenta mais adequada para que se possa, de maneira clara, entender o problema (em caso de análise) ou especificar o sistema (em caso de projeto).

Poderíamos ter usado exemplos da engenharia civil, onde os diagramas seriam plantas baixa, hidráulica, elétrica, etc. Como já dissemos anteriormente, este não é um livro de engenharia de sistemas; portanto, nosso interesse nesta seção do capítulo é mostrar a importância da modelagem em sistemas *hard*, não só para sistemas de informação.

Uso de modelos no desenvolvimento de sistemas *soft*

Não é fácil os profissionais e estudantes de áreas como informática, engenharia, física e, em muitos casos, de administração pensarem em sistemas que não sejam bem-estruturados, nos quais o processo de construção é próprio da engenharia de sistemas. Nesta seção, queremos abordar um tipo de sistema que se caracteriza pelo baixo grau de estruturação e que tem como propriedade essencial a presença de atividades humanas: os sistemas *soft*.

As abordagens aplicadas no desenvolvimento desses sistemas se caracterizam por serem interpretativas. Ou seja, uma vez que buscam a modelagem de problemas considerados mal-estruturados, é sempre possível que o grupo ou o indivíduo façam interpretações dos conceitos envolvidos, interpretando de diferentes formas o mesmo problema e permitindo que as pessoas saibam o que as outras pensam sobre o assunto. Problemas com essas características costumam ocorrer em níveis mais altos nas organizações. Para um analista de sistemas de informações ou um analista de negócios, por exemplo, os recursos de modelagem são bastante diferentes daqueles que costumam ser usados em problemas *hard*.

Para ilustrar a modelagem desses tipos de sistemas, vamos considerar a metodologia de sistemas *soft* de Peter Chekland (1981) e o uso dos mapas cognitivos de Eden (1989).

Metodologia de sistemas *soft*

A metodologia dos sistemas *soft* (MSS) foi desenvolvida em 1981, tendo como objetivo cobrir um segmento de problemas encontrados nas organizações e que não eram atendidos satisfatoriamente pelos métodos e pelas abordagens da engenharia de sistemas. Defensor do pensamento sistêmico na solução de problemas do mundo real, Checkland propôs a MSS como metodologia de solução de problemas aplicando esse pensamento ou enfoque sistêmico.

Nos dois primeiros capítulos, vimos que podemos pensar sobre um problema através dos sistemas, isto é, podemos buscar uma estruturação do problema aplicando os conceitos de sistemas. Outra maneira de dizer que o problema está sendo abordado de forma sistêmica é dizer que o problema está sendo analisado no seu todo, como um conjunto de subsistemas inter-relacionados, dentro de um contexto. O pensamento sistêmico é uma linguagem útil para pensar e descrever a realidade.

A MSS, diferentemente das abordagens de engenharia e análise de sistemas, não tem como objetivo encontrar a melhor alternativa de alcançar os objetivos definidos, mas o de ajudar os participantes a conhecer o problema, e o critério de sucesso dessa abordagem está no sentimento de que a situação analisada melhorou. O foco da MSS são os sistemas de atividade humana (SAH) que podem ser definidos como "sistemas que envolvem as ações das pessoas". São sistemas criados por pessoas, nos quais a atividade de projeto desempenha papel essencial. A MSS é usada preferencialmente em situações em que existe confusão sobre a exata natureza do problema e o que precisa ser feito, ou seja, aplica-se em problemas mal-estruturados. Envolve a escolha das perspectivas relevantes da situação problema. A MSS costuma ser apresentada em sete estágios, ilustrados na Figura 3.6.

Cada um desses estágios apresentados será explicado a seguir:

Estágio 1. Identificar a situação-problema a ser estruturada. É feito pela reunião das diferentes percepções da situação-problema. Podem ser utilizadas várias técnicas para obter os resultados esperados: *brainstorming* talvez seja uma das mais aplicadas.

Estágio 2. Representar os problemas de forma ilustrativa. Podem-se usar desenhos significativos, exibindo as relações entre os diversos elementos da situação-problema.

Estágio 3. Cada definição-chave deve expressar uma visão particular de um sistema relevante. As definições devem ser interpretadas segundo as percepções e os valores dos membros dos grupos envolvidos, sobre o funcionamento que o sistema deveria ter para atender a seus objetivos.

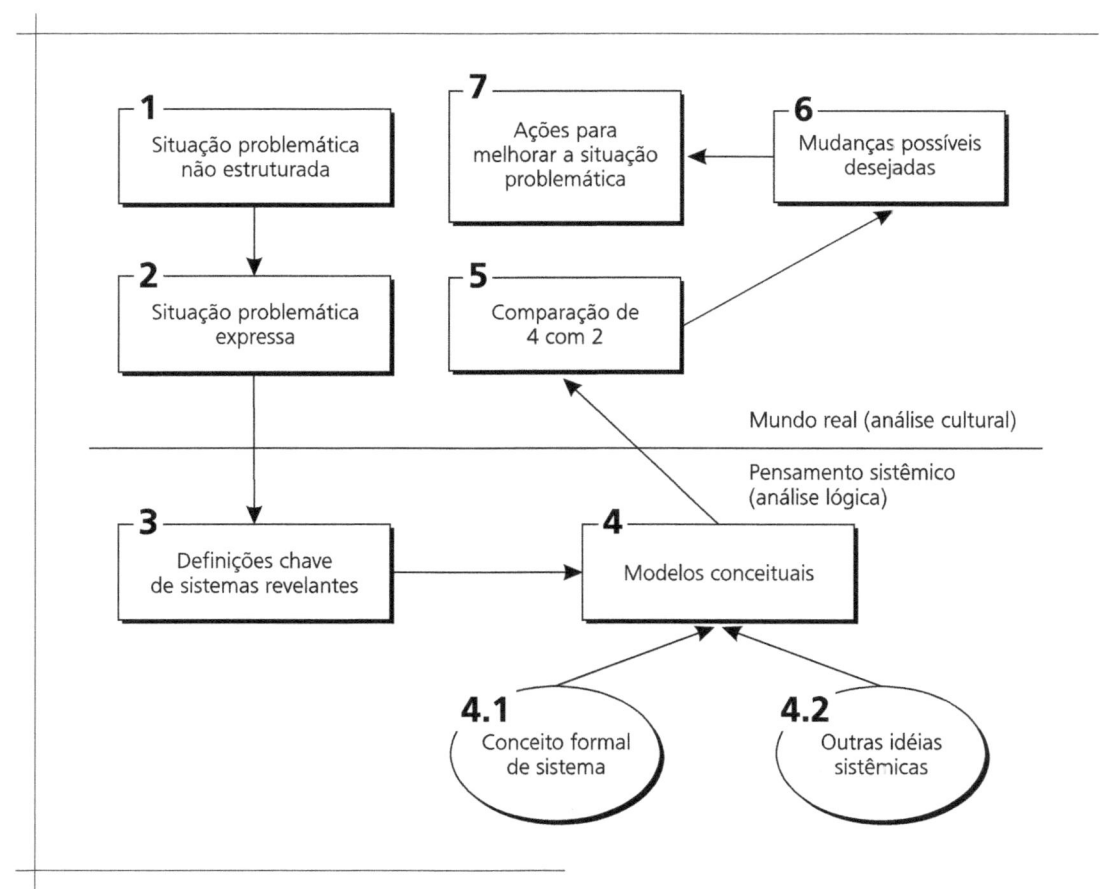

FIGURA 3.6 Estágios da MSS.
Fonte: Pidd, 1998, p. 124.

Um recurso que pode ser utilizado para construir essas definições é a identificação dos seguintes elementos: cliente, atores, transformação, visão de mundo, dono e restrições ambientais. Para ajudar a lembrar esses elementos, costuma-se usar o mnemônico CATOWE que são as iniciais de: *Costumer* (cliente), *Actors* (atores), *Transformation Process* (transformação), *Ownership* (dono), *Weltanschauung* (visão de mundo) e *Environmental Constraints* (restrições ambientais).

Estágio 4. É construído um modelo conceitual, envolvendo as atividades que devem estar presentes no sistema definido pelas definições-chave. Esse desenho costuma ser modelado através de um conjunto de processos (transformações) contendo entradas e saídas. O analista deve responder à seguinte pergunta: quais são as atividades e em que seqüência elas necessitam ocorrer para que ocorra a transformação? A resposta sobre como essas atividades devem funcionar é feita em outro momento. É importante indicar os fluxos de informação necessários para que as ligações entre as atividades funcionem de forma eficiente. O modelo conceitual não é um modelo normativo do que o sistema deverá fazer ao ser projetado. Ele é usado nos próximos estágios como uma "ferramenta" para gerar debate.

Estágio 5. Aqui ocorre a confrontação dos modelos criados no estágio 4 com os desenhos criados nos estágios 1 e 2.

Estágio 6. O objetivo desse estágio é definir possíveis mudanças que são desejáveis e viáveis. Isso deve ser feito através de um debate entre os participantes. As mudanças podem ser *procedurais* (como as atividades são feitas dentro da estrutura), *estruturais* (definições de grupos organizacionais e responsabilidades) e de *atitudes* (mudanças de influência, de aprendizagem, de valores).

Estágio 7. São tomadas ações para melhorar a situação-problema com base nos resultados do estágio 6. O produto final desse estágio é uma nova situação problema que poderá ser novamente abordada pela MSS.

Como nos exemplos de modelagem para sistemas *hard*, nosso objetivo aqui não é o de esgotar o tema sobre a MSS, mas mostrar uma outra ferramenta de modelagem para problemas que têm características diferentes dos problemas ditos bem-estruturados. A melhor fonte de informações para obter um detalhamento da MSS é o livro de Peter Checkland (1981). Dentro dessa linha de pensamento, vamos apresentar mais um recurso para trabalhar com problemas que envolvem atividades humanas: mapas cognitivos.

Mapas cognitivos

O mapa cognitivo (MC) é uma representação gráfica construída por um facilitador (o analista?) do que foi dito por um indivíduo sobre um determinado assunto. Sendo uma abstração da realidade, essa representação não pode contemplar tudo o que está na cabeça do entrevistado (tomador de decisões?), mas permitir que o entrevistado compreenda melhor seu contexto decisório. Como o

MC inclui relações de influência (um conceito é a causa para a ocorrência de outro) ao refletir sobre um determinado tema ou problema, o tomador de decisão tem oportunidade de estruturação do problema em que ele está envolvido.[3]

Problemas complexos envolvem diferentes atores, com diferentes relações de poder, cada um com diferentes valores, percepções e objetivos, além de um elevado grau de incerteza. Portanto, uma questão-chave para o facilitador, na estruturação de problemas deste tipo, é buscar uma compreensão e interpretação de cada um dos indivíduos envolvidos. Um problema, não sendo uma entidade física, segundo Eden, não pode apenas ser comunicado visando-se a divulgar sua existência, mas necessita ser representado verbalmente. O que deve ser incluído nessa representação, ou seja, saber como os elementos incluídos se relacionam, é uma questão-chave na definição do problema.

Uma ferramenta para modelar o que um indivíduo considera problema, e para estruturar esse problema, é o mapa cognitivo.[4] Vamos considerar o tipo de MC que exibe, através de uma representação gráfica, um discurso pronunciado pelo entrevistado (ator/tomador de decisão). Assim, o ator se comunica usando a linguagem natural, usando uma "lógica natural", pois, além de considerar a forma do pensamento (típico de uma lógica formal), considera também o conteúdo. Logo, a entrada (*input*) para a construção de um MC é um discurso em linguagem natural, incluindo fenômenos lingüísticos como implicaturas e pressuposições que dificultam a construção do mapa.

Eden (1983 e 1988) propôs uma metodologia para a construção do MC com base na Teoria de Construtos Pessoais de Kelly. Essa teoria fornece um modo de entender a resolução de problemas, tanto do ponto de vista individual como institucional. O indivíduo, ao fazer uma interpretação do mundo (parte da realidade), cria um "sistema de construtos", sendo cada um desses construtos formados por dois pólos: um pólo de afirmação e um pólo de negação. A literatura apresenta uma série de deficiências nessa teoria; assim, Eden fez uma "adaptação", propondo um sistema de relacionamento entre os construtos.

Os dois elementos do MC são:

Construtos. Um texto não muito grande (alguns autores sugerem um máximo de 12 palavras), representando um **pólo presente** (um rótulo definido pelo entrevistado para a situação atual) e um **pólo contraste (**um rótulo para a situação oposta psicologicamente à situação atual). Os dois rótulos costumam ser separados por três pontos (...), cuja leitura é: "ao invés de". Podem existir situações em que o pólo contraste é tão claro que não necessita ser inserido no mapa.

Setas. A ligação entre os construtos é feita através de setas, exibindo relações de causalidade. O construto inicial (início da seta) deve ser considerado o meio para se atingir o construto final (ponta da seta). A cada seta é associado um sinal positivo ou negativo, indicando a direção do relacionamento. Um sinal positivo na

---

[3]Segundo Eden (1983), o "problema é uma situação na qual alguém deseja que alguma coisa seja diferente de como ela é, e não está muito seguro de obtê-la".
[4]Existem vários tipos de mapas cognitivos, que podem ser classificados quanto ao uso, aos componentes e ao tipo de análise, por exemplo (ver Fiol e Huff, 1992).

ponta da seta indica que o primeiro pólo do construto inicial leva ao primeiro pólo do construto final (construto que está na extremidade da seta), enquanto um sinal negativo na ponta da seta indica que o primeiro pólo do construto inicial leva ao segundo pólo do conceito final. A Figura 3.7 ilustra a relação entre os construtos.

Eis algumas sugestões propostas para a construção de um MC:

a) os objetivos são colocados no topo do mapa;
b) os demais construtos ficam abaixo dos objetivos, mas todos vão em direção a eles;
c) o ponto de partida é o construto chamado "rótulo do problema" e deve ser estabelecido em comum acordo entre o analista e o entrevistado;
d) coloca-se como primeiro pólo (pólo presente) o construto preferencial do entrevistado;
e) somente os conceitos, crenças, objetivos e valores relevantes devem ser inseridos no mapa;
f) cuida-se para que as setas tenham a direção correta de causalidade;
g) redesenha-se o mapa após a entrevista, visando a uma reflexão sobre o que foi dito e o que foi representado.

Na Figura 3.8, apresentamos um exemplo de mapa cognitivo.

ANÁLISE DE SISTEMAS E A TOMADA DE DECISÃO

Como vimos no Capítulo 1, a Análise de Sistemas, em seus primeiros passos, era tratada como uma abordagem para resolver os problemas de decisão, isto é, problemas que apresentam algum estado de dúvida, onde as alternativas de solução devem ser estudadas visando à melhor solução para esse estado. Inserem-se

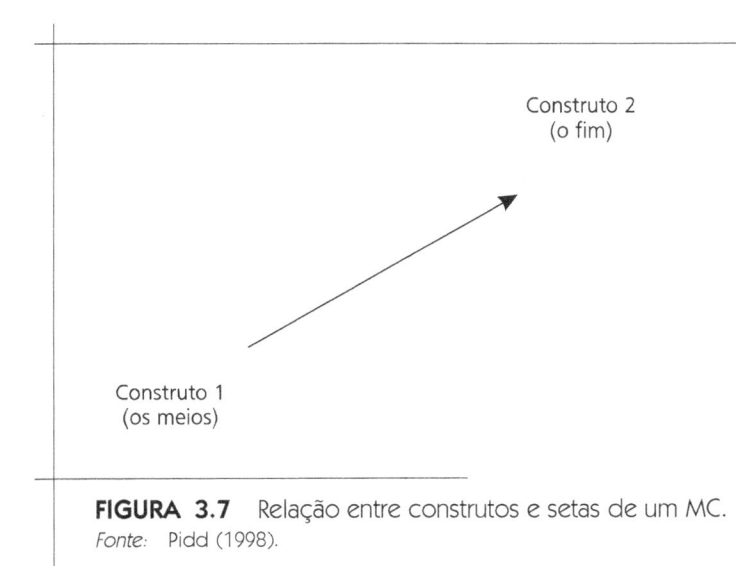

FIGURA 3.7 Relação entre construtos e setas de um MC.
Fonte: Pidd (1998).

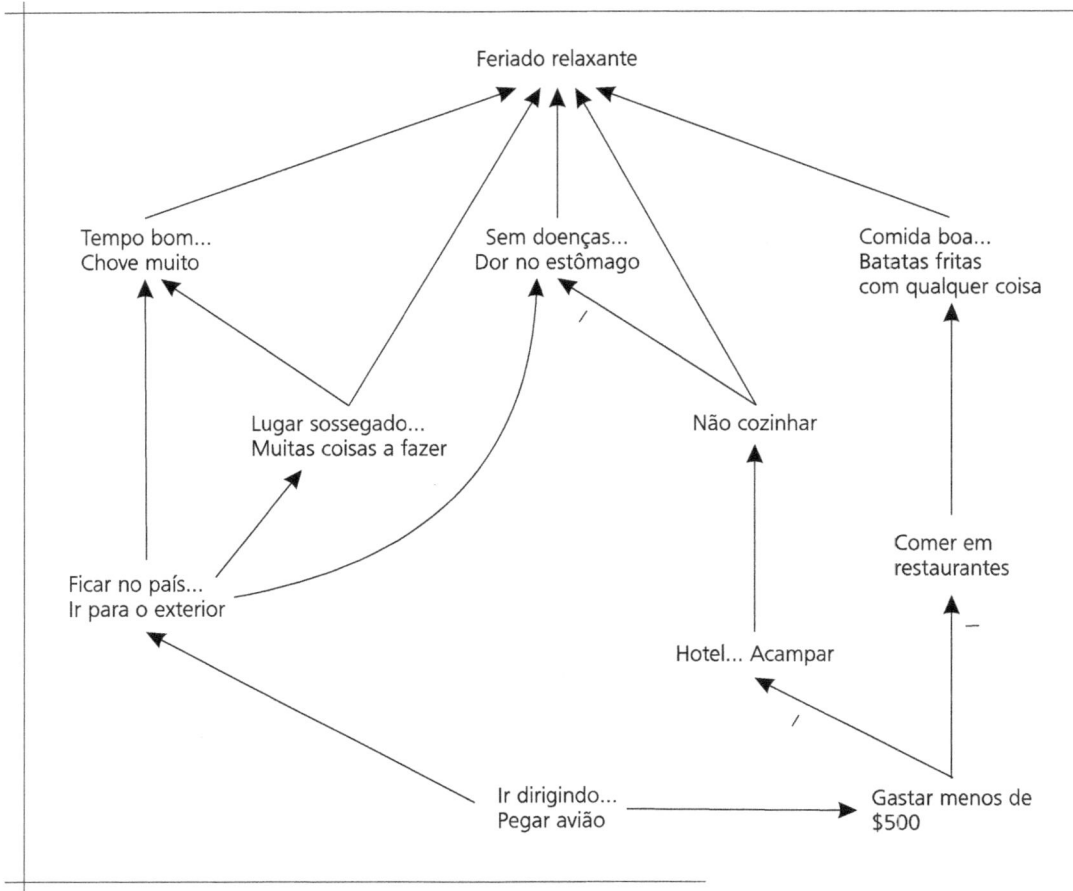

FIGURA 3.8 Exemplo de um mapa cognitivo.
Fonte: Pidd (1998).

dentro desse contexto os problemas de pesquisa operacional, problemas de simulação, problemas de filas, problemas de custo/benefício, entre outros. Antes de ilustrarmos o método da Análise de Sistemas para algumas das áreas citadas, é importante registrar que a seleção da melhor alternativa não é tão simples como colocado: o que é ser melhor? Melhor para quem?

Herbert Simon, em seu "princípio da racionalidade limitada", defende a posição de que as pessoas raramente buscam encontrar a melhor alternativa na solução de um problema (na tomada de decisão), mas, em vez disso, selecionam um conjunto de resultados suficientemente bons e uma alternativa com grande probabilidade de alcançar um desses resultados. A teoria de Simon é uma solução para esse paradoxo, pois, na racionalidade completa, um tomador de decisão racional deveria estudar todas as alternativas possíveis para solucionar o problema, mas isso parece ser um ato irracional, dadas a quantidade de alternativas e o tempo necessário para escolhê-la.

Neste capítulo, mostraremos a aplicação da modelagem para dois problemas típicos de buscar uma "melhor" solução para um problema de decisão: o uso da programação linear e o uso do método de Monte Carlo para simulação.

Tomada de decisão racional

Na seção anterior, fizemos referência ao princípio de racionalidade limitada. Nesta seção, faremos uma conceituação de alguns dos principais termos usados no processo de tomada de decisão racional. Já vimos que **decisão** constitui o processo de análise e escolha entre alternativas disponíveis, do curso de ação que uma pessoa ou um grupo deverá seguir.

Os elementos comuns à decisão são:

a) **Tomador de decisão** é quem faz uma escolha ou opção entre as várias alternativas.
b) **Objetivos** são os resultados que o tomador de decisão pretende alcançar com suas ações.
c) **Preferências** são os critérios que o tomador usa para fazer a escolha da melhor alternativa.
d) **Estratégia** é o caminho que o tomador de decisão escolhe para melhor alcançar o objetivo.
e) **Situação** são os aspectos ambientais que envolvem o tomador de decisão.
f) **Resultado** é a conseqüência de uma dada estratégia.

Quando do estudo das características das metodologias *soft*, usamos o conceito de problema mal-estruturado; vamos agora apresentar uma classificação ou uma tipologia de problemas que são referidos tanto nas abordagens *hard* como na tomada de decisão:

a) **Problemas estruturados.** São aqueles que podem ser perfeitamente definidos, pois suas variáveis e seus objetivos são conhecidos. Podem ser divididos em:
Decisão sob certeza. Onde as variáveis são conhecidas e a relação entre a ação e as conseqüências é determinística. A decisão conduz a um resultado específico.
Decisão sob risco. Onde as variáveis são conhecidas e a relação entre a conseqüência e a ação é conhecida em termos probabilísticos.
Decisão sob incerteza. Onde as variáveis são conhecidas, mas as probabilidades para determinar a conseqüência de uma ação são desconhecidas ou não podem ser determinadas com algum grau de certeza. As possibilidades associadas aos resultados são desconhecidas.
b) **Problemas mal-estruturados.** São aqueles que não podem ser claramente definidos, pois uma ou mais de suas variáveis são desconhecidas ou não podem ser determinadas com algum grau de confiança.

Segundo Herbert Simon, as etapas do processo de decisão racional, após a identificação do problema, são:

a) **Inteligência.** Consiste na coleta e na análise dos dados relacionados ao problema identificado.
b) **Projeto.** Consiste no estudo sistemático do problema, na criação de alternativas e na avaliação dos resultados de cada alternativa.
c) **Escolha.** Consiste na seleção da melhor alternativa.
d) **Implementação.** Consiste em pôr em ação a solução encontrada.

Tomada de decisão em problemas de programação linear

O objetivo desta seção é ilustrar a aplicação de modelos matemáticos na solução de problemas. Escolhemos problemas relacionados à programação linear porque, além de exemplificar o uso de modelos matemáticos determinísticos, esse conteúdo normalmente não faz parte de outras disciplinas no curso de sistemas de informação. O conteúdo sobre programação linear é bem mais amplo do que aquele que trataremos a seguir. Algumas referências bibliográficas sobre pesquisa operacional são apresentadas no final do capítulo, permitindo que o leitor que desejar se aprofunde no assunto.

Ao contrário das metodologias *soft*, esse método não é interpretativo; também não tem um conjunto de atividades do tipo usado em engenharia de sistemas para os problemas *hard*. Visa a escolher a alternativa ótima para a resolução de problemas de decisão estruturados, e tem sua principal aplicação em problemas de planejamento (tomada de decisão) em nível operacional.

O modelo matemático para um problema a ser resolvido por programação linear costuma ser representado por três elementos: relação das variáveis envolvidas, uma função objetivo (p. ex., a de maximizar o lucro ou minimizar o custo) e um conjunto de restrições que o sistema deve respeitar. Quando as variáveis do problema, dentro da função objetivo e das restrições são de primeiro grau, o problema é classificado como linear. Vejamos um exemplo:

> Uma empresa de bolas fabrica bolas de futebol e de vôlei. O lucro unitário da bola de futebol é de R$ 25 e o lucro unitário da bola de vôlei é de R$ 11. A empresa precisa de duas horas para fabricar a bola de futebol, pois é costurada à mão, e de uma hora para fabricar a bola de vôlei, pois usa um tipo de cola especial. O tempo mensal de produção para esses produtos é 2200 horas. A demanda esperada para a bola de futebol é de 900 bolas de futebol e de 600 bolas de vôlei. Quantas bolas de futebol e de vôlei deverão ser produzidas no mês, para que a empresa obtenha o máximo de lucro?

O modelo para esse exemplo ficaria assim:

Variáveis   F (quantidade de bolas de futebol a serem produzidas)
V (quantidade de bolas de vôlei a serem produzidas)

Função objetivo: maximizar o lucro, isto é, tornar máximo a função: $25F + 11V$

Restrições:
2F + V ≤ 2200
F ≤ 900
V ≤ 600
F ≥ 0
V ≥ 0

As duas últimas restrições são inseridas para garantir um número positivo de unidades a serem produzidas. Se o estudante aplicar esse modelo em um programa como o Solver (um utilitário dentro do Excel), encontrará como resposta:

900 bolas de futebol e
400 bolas de vôlei

O lucro máximo para essa produção é de R$ 26.900. No final do capítulo, o leitor encontrará exercícios sobre a tomada de decisão envolvendo modelos de programação linear.

Tomada de decisão em problemas de simulação

A simulação envolve o emprego experimental de modelos para o estudo do comportamento de um sistema no decorrer do tempo. No processo de tomada de decisão, no qual o tomador de decisão usa o método da tentativa e erro, as variáveis do problema sofrem mudanças, as decisões são realmente tomadas e os resultados (reais) são medidos e avaliados, sendo tomadas novas decisões. Na simulação, ao contrário, o tomador de decisão faz escolhas em sistemas abstratos que representam o mundo real, isto é, num modelo. Assim, o risco de uma decisão é menor e mais econômico. A simulação supõe que os objetos, os atributos, as relações e os parâmetros do sistema sejam descritos geralmente de forma quantitativa e valendo-se de modelos probabilísticos, pois não se trata de achar a solução ótima (maximizar ou minimizar um resultado), mas um resultado que é considerado o melhor dentro do contexto em que o modelo foi testado.

A simulação envolvendo modelos probabilísticos é algumas vezes chamada de simulação estocástica ou de Monte Carlo e costuma ser aplicada no dimensionamento de caixas de um supermercado, na programação de produção em empresas que atendem sob demanda e no dimensionamento de estoques. Para ilustrar a simulação de Monte Carlo, vamos considerar que a solicitação de luvas para o centro cirúrgico de um hospital, após 100 dias de observação, é fornecida pela Tabela 3.1.

A preocupação do gerente administrativo do hospital é trabalhar com um estoque seguro e econômico, considerando que o tempo de entrega por parte do fornecedor é de 10 dias. Para simular a retirada e a reposição de luvas no almoxarifado do hospital, vamos inicialmente determinar a freqüência acumulada nos 100 dias.

TABELA 3.1 Freqüência de luvas cirúrgicas solicitadas em 100 dias

Luvas solicitadas	Freqüência (dias)
40	10
45	25
50	35
55	20
60	10

TABELA 3.2 Freqüência acumulada em 100 dias

Luvas solicitadas	Freqüência (dias)	Freqüência acumulada
40	10	10
45	25	35
50	35	70
55	20	90
60	10	100

Com esses valores acumulados, podemos estabelecer intervalos de 0 a 99 para cada quantidade solicitada. (Ver Tabela 3.3.)

TABELA 3.3 Intervalos para as freqüências acumuladas

Luvas solicitadas	Freqüência acumulada	Intervalos
40	10	0-9
45	35	10-34
50	70	35-69
55	90	70-89
60	100	90-99

Podemos observar que cada intervalo tem as mesmas chances das freqüências da Tabela 3.1. Vamos criar uma tabela, com 42 dias de simulação, supondo que o valor inicial do estoque seja 10 vezes a média dos valores solicitados ao longo dos 100 dias observados e que a idéia inicial do gerente é repor sempre com esse valor (a cada 10 dias).

Média = (40 × 10 + 45 × 25 + 50 × 35 + 55 × 20 + 60 × 10)/100 = 49,75
Valor inicial = 500 (arredondando)

Os valores aleatórios para essa simulação de 42 dias foram gerados por uma planilha eletrônica. (Ver Tabela 3.4.)

TABELA 3.4 Simulação para 42 dias (*continua*)

Dia	Número aleatório	Solicitação	Estoque inicial	Estoque final	Reposição
1	2	40	500	460	Faz o pedido
2	4	40	460	420	
3	40	50	420	370	
4	39	50	370	320	
5	58	50	320	270	
6	88	55	270	215	
7	52	50	215	165	
8	2	40	165	125	
9	60	50	125	75	
10	35	50	75	25	
11	34	50	25	475	500 e faz pedido
12	38	50	475	425	
13	77	55	425	370	
14	69	55	370	315	
15	68	50	315	265	
16	47	50	265	215	
17	10	45	215	170	
18	84	55	170	115	
19	53	50	115	65	
20	73	55	65	10	
21	60	50	10	460	500 e faz pedido
22	3	40	460	420	
23	50	50	420	370	
24	58	50	370	320	
25	87	55	320	265	
26	50	50	265	215	
27	61	50	215	165	
28	36	50	165	115	
29	91	60	115	55	
30	11	45	55	10	

TABELA 3.4 Simulação para 42 dias (*continuação*)

Dia	Número aleatório	Solicitação	Estoque inicial	Estoque final	Reposição
31	52	50	10	460	500 e faz pedido
32	6	40	460	420	
33	82	55	420	365	
34	57	50	365	315	
35	7	40	315	275	
36	13	45	275	230	
37	62	50	230	180	
38	2	40	180	140	
39	81	55	140	85	
40	40	50	85	35	
41	4	40	35	495	500 e faz pedido
42	50	50	495	445	

Frente aos dados da simulação, o gerente pode decidir continuar com a taxa atual de reposição, dado que não se chegou a uma situação crítica (não ocorreram casos de estoque negativo), mas, em função do tipo de negócio, talvez o gerente prefira repor com uma quantidade superior a 500. A decisão, portanto, depende de outras variáveis que não estão presentes no modelo construído. Para se obter uma maior segurança na decisão, o número de dias simulados poderia ser 200, 300 ou mais. Existem muitas aplicações para o método Monte Carlo de simulação, mas, como nosso objetivo é mostrar o uso da modelagem no processo decisório, sem nos aprofundarmos nas diferentes técnicas, vamos concluir o capítulo com estes exemplos.

RESUMO

O capítulo iniciou apresentando o conceito de modelo e sua classificação. A seguir, dentro da organização proposta por Checkland, dividimos as aplicações desses modelos em problemas *hard*, *soft* e de tomada de decisão. Para exemplificar o uso de modelos no desenvolvimento de sistemas *hard*, nas fases de análise e de projeto no ciclo de engenharia de sistemas, mostramos o uso de duas ferramentas: diagramas de fluxos de dados e árvore de decisão. Para os sistemas *soft*, apresentamos a metodologia MSS de Checkland e os mapas cognitivos de Eden. Finalmente, ilustramos o processo de tomada de decisão da análise de sistemas, com exemplos de modelos matemáticos determinísticos (programação linear) e modelos matemáticos probabilísticos (Monte Carlo).

LEITURAS RECOMENDADAS

Sugerimos como leitura básica o livro de Pidd (1998).

QUESTÕES DE REVISÃO

1. Conceitue modelos.
2. Para que servem os modelos?
3. O que são modelos icônicos?
4. Dê exemplos de modelos matemáticos.
5. Quais são as etapas do processo de tomada de decisão segundo Herbert Simon?
6. O que diferencia um problema bem-estruturado de um problema mal-estruturado?

EXERCÍCIOS

Para cada um dos sistemas descritos a seguir, modele usando um dos recursos apresentados neste capítulo:

1. Um professor descreve seu sistema de avaliação da seguinte maneira:

   Três passos são necessários para processar todos os exames dos alunos: temos que avaliar cada exame, atribuir um grau e registrar no livro de notas esse grau. Você pode pensar que a atribuição de um grau seria a parte mais difícil. Na prática não é. Nós aplicamos uma avaliação-padrão do departamento para atribuição de graus. Por exemplo, acima de 8,9, o conceito é A, de 8 a 8,9 é B, e assim por diante. Após registrarmos todos os graus, devolvemos o livro de notas para o departamento. Todas as provas são devolvidas aos alunos. O nosso problema está na conferência de todos os graus registrados. Algum dia, usaremos o computador para nos auxiliar.

2. Um gerente descreve seu sistema de vendas como segue:

   Nosso sistema de vendas é muito simples. Quando um cliente compra um produto com um tíquete, nós carimbamos o tíquete e preparamos um recibo de vendas. A cópia original do recibo de vendas é enviada ao cliente e uma cópia desse recibo é colocada num arquivo de vendas diárias. Mensalmente, usamos os dados desse arquivo para produzir dois relatórios: o relatório de venda por empregado e o relatório de venda por departamento. Esses relatórios são enviados para o gerente do almoxarifado; o relatório de vendas do departamento é enviado para o gerente do departamento.

3. Se um vôo estiver com mais da metade de seus lugares ocupados e um lugar custar mais de R$ 350,00, servem-se bebidas de graça, a não ser que seja um vôo doméstico. Cobra-se pela bebida em todos os vôos domésticos, isto é, para todos aqueles a quem servimos bebidas (as bebidas são servidas somente em vôos com mais da metade dos lugares ocupados).

4. As despesas de remessa por via aérea são determinadas de acordo com o peso do pacote. A tarifa básica é de três unidades por quilo, reduzindo-se para duas unidades por quilo para excesso acima de 20 quilos, com um mínimo de seis unidades. O frete via terrestre é de duas unidades por quilo para entrega rápida; entretanto, essa tarifa só se aplica na área de entrega local. Se o endereço para entrega estiver fora da área local e o pacote pesar mais de 20 quilos ou o serviço de entrega rápida não for requerido, a tarifa terrestre será a mesma que da entrega rápida local. A entrega normal de pacotes com até 20 quilos é de três unidades por quilo, com uma sobretaxa de entrega rápida de uma unidade por quilo. Apesar das disposições apresentadas, cobra-se o dobro das tarifas de frete aéreo quando o destinatário se encontra ao norte do Rio de Janeiro.

   a) Quanto cobrar para transportar de avião, 25 quilos, até Pernambuco?
   b) Quanto cobrar para transportar de avião, 10 quilos, até Porte Alegre?
   c) Quanto cobrar para uma entrega rápida, local, de um pacote de 15 quilos?
   d) Quanto cobrar para uma entrega normal, de 22 quilos?
   Observação: A empresa está localizada em Curitiba.

5. (Exercício adaptado do livro *Modelagem Empresarial*, de Michael Pidd.)
   A empresa Wood fabrica produtos de madeira. Após a fabricação, a empresa atualmente os envia para terceiros que lixam e pintam os produtos. Entretanto, o gerente da empresa dispõe agora de R$ 350.000 em seu orçamento para a compra de lixadeiras e pistolas de pintura, permitindo que a empresa economize ao executar esse serviço em sua própria oficina. As lixadeiras custam R$ 22.000 por unidade e as pistolas de pintura custam R$ 13.000 por unidade. Além disso, outro fator é o espaço para esse equipamento. Uma ala não utilizada pela fábrica pode ser adaptada para acomodar 15 equipamentos de pintura e nove lixadeiras. Por fim, cada lixadeira acarreta uma economia anual de R$ 5.000 e cada equipamento de pintura economiza outros R$ 3.000 anuais. Quantas lixadeiras e quantas pistolas devem ser compradas?

6. Se uma fábrica de bombons trabalha com um custo de R$ 10 para produzir a caixa do bombom Esposa, R$ 18 para produzir a caixa do bombom Amante e R$ 15 para produzir a caixa do bombom Namorada, quantas caixas de bombom de cada tipo são necessárias para se obter um lucro de R$ 300, sabendo que o lucro do Esposa é R$ 2, o lucro do Amante é de R$ 3 e o lucro do Namorada é de R$ 4. A quantidade do Esposa deve ser superior a 20, a do Amante não pode ser inferior a 10 e a do Namorada deve ficar entre 5 e 15. A idéia é gastar o mínimo possível.

7. Um item do estoque de uma empresa tem tempo de espera (tempo decorrente entre o pedido de reposição e o atendimento) de um, dois ou três dias, com probabilidade de 20%, 30% e 50%. Simule a situação do estoque para sete dias, sabendo que o uso diário do produto é de cinco unidades, o estoque inicial, de 15 unidades e o pedido é feito sempre que o estoque tenha

menos de 10 unidades. Qual é o estoque após os sete dias simulados? A quantidade pedida é de 10 unidades. Os pedidos podem ser acumulados. Use os números aleatórios 45, 38, 96, 84, 12, 62 e 35.

8. Um feirante faz compra de ovos uma vez por semana num entreposto atacadista. Os ovos não vendidos dentro de uma semana se estragam e são descartados, acarretando prejuízo de R$ 1 por dúzia. Por outro lado, a falta do produto para a venda também acarreta perda, estimada em R$ 0,50 por dúzia demandada e não vendida. O feirante anotou a demanda das últimas 20 semanas e as dividiu em sete classes, conforme a tabela a seguir:

Média	Freqüência
200	3
210	6
220	10
230	5
240	6

Qual é o prejuízo após cinco semanas, em caso de se comprar cada semana a demanda efetiva da semana anterior. Considere os seguintes números aleatórios: 750, 261, 48, 438 e 53.

REFERÊNCIAS BIBLIOGRÁFICAS

ANDRADE, E.L. *Introdução à pesquisa operacional*. Rio de Janeiro: LTC, 2002.
CLELAND, D.I.; KING, W.R. *Análise de sistemas e administração de projetos*. São Paulo: Pioneira, 1978.
CHECKLAND, P.B. *Soft systems methodology*: a 30-year retrospective. New York: John Wiley & Sons, 1999.
____. *Systems thinking, systems pratice*. Chichester: John Wiley, 1981.
EDEN, C.L.; JONES, S.; SIMS, D. *Messing about in problems*. Oxford: Pergamon, 1983.
EDEN, C.L.; SIMPSON P. *SODA and cognitive mapping in pratice*. In: ROSENHEAD, J. (Ed.). *Rational analysis for a problematic world*. Chichester: John Wiley, 1989.
EDEN, C. L.; ACKERMANN, F.; CROPPER, S. Getting started with cognitive mapping. Supplied with Graphics COPE. Glasgow, 1995.
____. The analysis of cause maps. *Journal of Management Studies*, v.29, p.309-324, 1992.
FIOL, C.M.; HUFF, A.S. Maps for managers. Where are we? Where do we go from here? *Journal of Management Studies*, 1992.
HOPEMAN, R.J. *Análise de sistemas e gerência de operações*. São Paulo: Vozes, 1974.
KELLY, G.A. *The psychology of personal constructs*. New York: Norton, 1955.
LACHTERMACHER, G. *Pesquisa operacional na tomada de decisões*. São Paulo: Campus, 2002.
MURDICK, R.G.; ROSS, J.E. Information systems for modern management. New York: Prentice-Hall, 1975.
PIDD, M. *Modelagem empresarial*. São Paulo: Artes Médicas, 1998.
SILVA, E.M. et al. *Pesquisa operacional*. São Paulo: Atlas, 1998.
SIMON, H.A. From substantive to procedural rationality. In: ____. Models of bounded rationality: behavioral economics and business organisation. Cambridge: MIT, 1976.

PARTE II

Bases conceituais de sistemas de informação

4

Organizações

OBJETIVOS DE APRENDIZAGEM

1. caracterizar as novas perspectivas no estudo das organizações;
2. caracterizar a administração dentro de uma perspectiva sistêmica;
3. apresentar as teorias que abordam a questão da durabilidade das organizações;
4. demonstrar os aspectos estratégicos nas organizações e na área de SI.

AS ORGANIZAÇÕES: NOVAS PERSPECTIVAS E CARACTERÍSTICAS

A sociedade em que vivemos, profundamente afetada pelas mudanças introduzidas através da emergência da informação e do conhecimento como aspectos fundamentais e determinantes da nova sociedade, leva-nos a um novo entendimento das organizações e suas dinâmicas de funcionamento. A assimilação dessa nova realidade e de seus impactos nas organizações deve ser analisada sob novas abordagens teóricas para explicar as organizações, suas estratégias, sua durabilidade, suas ações e a volta do planejamento estratégico, ancorado em novas percepções do processo decisório e da aprendizagem organizacional.

A palavra organização é utilizada em dois sentidos fundamentais: institucional e instrumental. Só podemos identificar qual o sentido que está sendo usado a partir do contexto em que a palavra está sendo utilizada:

- **Sentido institucional.** Refere-se a um grupo de pessoas que trabalham juntas com um objetivo em comum. Como exemplo, podemos citar um time de futebol, uma empresa comercial (loja), o departamento de uma grande empresa (área de pesquisa e desenvolvimento de uma indústria).

- **Sentido instrumental.** Refere-se à forma como as tarefas, os processos e os procedimentos se distribuem dentro de uma empresa ou um clube de futebol.

Dentro da perspectiva instrumental clássica, é possível considerar que uma organização empresarial está dividida em funções e em níveis hierárquicos ou decisórios. Podemos considerar que toda organização empresarial tem um certo número de funções básicas que propiciam sua atuação em um ambiente. Além disso, tais funções devem ser realizadas de forma integrada e coordenada, tendo em vista o sucesso organizacional. Genericamente, é possível identificar como funções básicas:

- *Marketing* e **Vendas.** É a função que concebe a atuação da organização no ambiente e gerencia e operacionaliza essa atuação através da oferta de determinados produtos e serviços.
- **Produção.** É a função que gerencia e concretiza a elaboração e a oferta de produtos e serviços.
- **Finanças.** É a função que responde pelo gerenciamento dos recursos financeiros da organização.
- **Contabilidade.** É a função responsável pelo registro dos eventos organizacionais e sua contabilização em termos de entradas e saídas de recursos financeiros.
- **Recursos Humanos.** É a função responsável pelo gerenciamento dos aspectos relacionados à dimensão humana das organizações.

Em termos hierárquicos, é possível agrupar os diversos componentes organizacionais em três níveis:

- **Nível estratégico.** É o nível responsável pelas decisões mais abrangentes da organização. Essas decisões têm impacto a longo prazo e permitem direcionar e caracterizar o futuro da organização.
- **Nível tático.** É o nível responsável pelas decisões setoriais da organização. Essas decisões em geral são de médio prazo. Esse nível está preocupado com a concretização das estratégias a partir do acompanhamento e controle das atividades que vão concretizar os objetivos estabelecidos.
- **Nível operacional.** É o nível em que ocorre a rotina diária da organização. As decisões do nível operacional são caracterizadas pelo curto prazo.

A partir da integração das funções aos níveis organizacionais, é possível chegar à concepção clássica das organizações (Figura 4.1). Essa concepção permite observar que, para diferentes funções organizacionais, encontramos processos gerenciais nos níveis estratégico, tático e operacional. Tal visão é importante na medida em que nos auxilia a compreender as diferentes necessidades de informação dentro da organização e, conseqüentemente, os diferentes tipos de sistemas de informação em termos de nível e função empresariais.

Além da visão clássica, existem diversas definições e descrições do sentido instrumental de organização. Podem-se identificar quatro componentes no conceito de organização:

- **Estratégia.** Entendida como os objetivos da organização e como se busca alcançá-los.
- **Estrutura.** Significando a divisão e o agrupamento de tarefas, autoridades e responsabilidades, determinando a posição dos membros da organização e as relações entre eles.

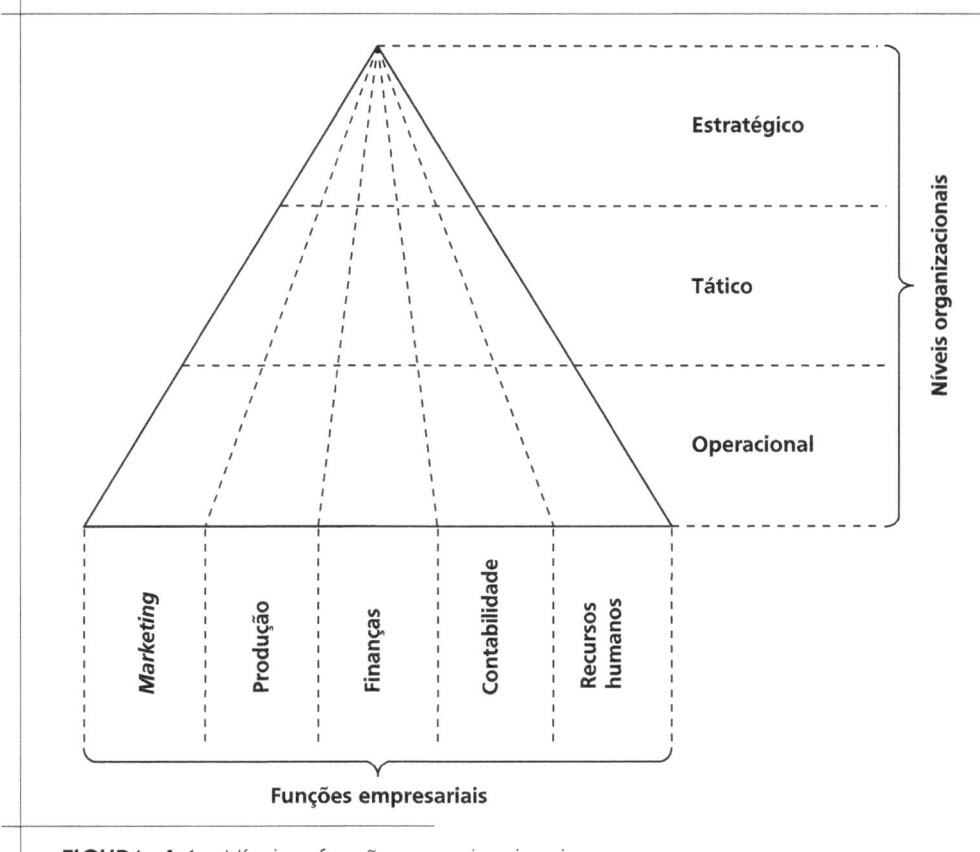

FIGURA 4.1 Níveis e funções organizacionais.

- **Sistemas.** Como sendo as condições e os acordos relacionados com a maneira que se executam os processos (de informação, comunicação e tomada de decisões) e os fluxos (de bens e financeiros).
- **Cultura.** Como a soma combinada das opiniões individuais, os valores compartilhados e as normas dos membros da organização.

Esses quatro componentes constituem o conceito de organização no sentido instrumental. Neste livro não estamos preocupados em aprofundar os conceitos de cada um desses componentes (o que são), e sim analisar que efeitos têm nas organizações (o que fazem). Tais componentes formulam, descrevem, determinam ou prescrevem o tipo de comportamento organizacional que se deseja.

A área de sistemas de informação trata fundamentalmente de mudanças nas organizações, que afetam diretamente o comportamento organizacional. Swieringa e Wierdsma (1995) estudam a questão da mudança organizacional a partir da análise do comportamento das pessoas. Tais autores consideram que a definição de estratégias e estruturas para implementá-las não funcionam sem a participação e o comprometimento das pessoas. São as pessoas que devem criar e mudar a organização, e não o contrário. E isso só se pode obter por meio da aprendizagem, começando por aqueles que desempenham o papel-chave dentro das organizações: os gerentes.

Os autores apresentam um modelo (Fig. 4.2) no qual o comportamento organizacional é decorrente das estruturas, estratégias, sistemas e cultura da empresa, sendo expresso em função dos princípios, *insights* e regras vigentes na organização:

- **Princípios.** Representam o que a organização deseja ser, sua essência e identidade.
- *Insights.* Representam o que se sabe e se entende sobre a organização, envolvendo como dirigir a empresa, como organizar e obter a cooperação entre as pessoas que visam a atingir os objetivos da organização.
- **Regras.** Envolvem o que deve ser feito e o que é permitido ou não fazer, caracterizando-se nas instruções implícitas e explícitas que influem no comportamento desejado.
- **Comportamento organizacional.** São elementos e padrões coletivos no comportamento das pessoas que trabalham em uma organização.

Buscando estabelecer relações com a área de sistemas de informações, podemos relacionar os princípios com as estratégias dos Sistemas de Informação, os *insights* com o conhecimento, as regras com as normas e os procedimentos embutidos nos sistemas e o comportamento com as atitudes dos indivíduos nas organizações. Nesse sentido, a área de Sistemas de Informação terá tanto mais sucesso e profundidade quanto mais ela atuar desde o 1º nível (dos princípios), através de um processo formal e participativo de planejamento. Esse processo deve ser o mais explícito possível, pois, com relação à aprendizagem, o grau de explicitação das regras, *insights* e princípios é de grande importância. Outro aspecto importante é o papel das imagens e construções mentais que as pessoas

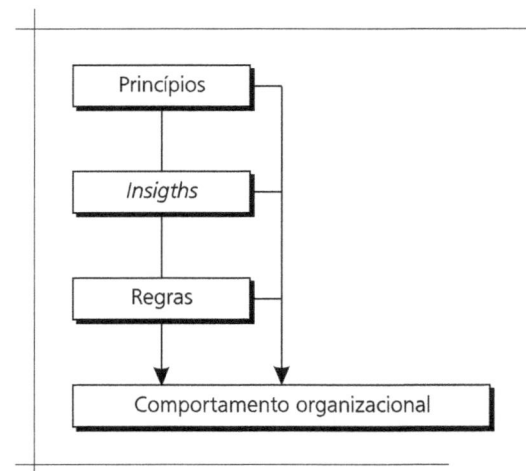

FIGURA 4.2 Relação entre princípios, *insights* e regras.
Fonte: Swieringa e Wierdsma, 1992.

desenvolvem sobre a organização, pois o comportamento das pessoas é diretamente influenciado por essas imagens, percepções e interpretações. Por isso, em um processo de planejamento na área de Sistemas de Informação, são importantes a clareza, a participação dos indivíduos e a explicitação do processo, de modo a aproximar essas imagens da realidade.

Podemos considerar que o que se busca em um processo de formulação estratégica (desenvolvendo planos) na área de Sistemas de Informação é a mudança, e que essa mudança consolida-se a partir da mudança do comportamento organizacional, que é um processo de aprendizagem coletiva. Quando o processo de correção dos resultados ocorre em nível de comportamento individual, estabelecemos um processo de aprendizagem individual. Se o processo de correção ocorre em termos de regras (ciclo simples), *insights* (ciclo duplo) ou princípios (ciclo triplo), o processo estabelece uma aprendizagem coletiva.

Sem dúvida, em um processo de formulação estratégica na área de Sistemas de Informação, o que se busca é o ciclo triplo, que consiste na crítica e no estabelecimento de novos princípios por meio dos quais a organização vai incorporar as novas tecnologias e se desenvolver no futuro. Atingindo o ciclo triplo, as organizações desenvolvem capacidades de aprendizagem e resolução de problemas, alcançando um outro nível de desenvolvimento no contexto em que vivemos, transpondo a barreira da aprendizagem individual para a aprendizagem coletiva, com a obtenção de princípios verdadeiramente compartilhados pelas pessoas que compõem a organização.

A forma como o processo de planejamento na área de Sistemas de Informação é conduzido pode e deve contribuir para o desenvolvimento desse tipo de aprendizagem organizacional. E esse tipo de aprendizagem contribui para o desenvolvimento de uma organização construída em torno de processos participativos e cooperativos, nos quais as pessoas aprendem mediante a cooperação e cooperam enquanto aprendem, construindo, assim, uma organização que aprende. Desta forma, podemos inferir que participação e cooperação são importantes, mas não suficientes para a incorporação de novas tecnologias nas organizações.

Aprendizagem organizacional

Ao abordamos uma organização na sociedade atual, podemos identificar cinco disciplinas (componentes sistêmicos) que convergem para criar as novas organizações adaptadas à atual realidade da sociedade do conhecimento. Apesar de cada uma delas ter se desenvolvido em separado ao longo do tempo, cada uma é decisiva para o êxito das demais. Cada disciplina contribui com uma dimensão vital para a construção de uma organização com a autêntica capacidade de aprendizagem, apta a aperfeiçoar continuamente sua capacidade de alcançar seus objetivos. Segundo Senge (1990), as cinco disciplinas são:

- **Domínio pessoal.** Permite identificar e aprofundar continuamente nossa visão pessoal, nossas habilidades e capacidades; permite concentrar nossas energias, identificar nossos interesses, buscar realizar nossas maiores aspirações enquanto pessoas. Isso só é possível se adotarmos uma postura de busca da aprendizagem constante.

- **Modelos mentais.** São pressupostos profundamente arraigados, generalizações e imagens que influem e determinam nossa forma de agir e ver o mundo. Essa disciplina envolve uma busca introspectiva constante que visa a identificar nossas imagens internas de mundo, criticá-las e avaliá-las continuamente.

- **Visão compartilhada.** É a capacidade de criar e compartilhar com todos os seus colaboradores uma imagem do futuro (objetivos, valores, missão) que se procura atingir; visões pessoais de um líder nem sempre se transformam em visões verdadeiramente compartilhadas por toda a organização; essa visão deve envolver atitudes que propiciem um compromisso verdadeiro, e não uma simples acatamento de uma visão imposta.

- **Aprendizagem em grupo.** Significa a existência de um diálogo verdadeiro entre os membros de um grupo, eliminando barreiras de comunicação e criando um autêntico pensamento conjunto; esse diálogo deve ser entendido como o livre fluxo de significados entre os participantes do grupo, permitindo-lhes descobrir percepções que não alcançariam individualmente.

- **Pensamento sistêmico.** Constitui um marco conceitual, um corpo de conhecimentos e ferramentas que foram desenvolvidas nos últimos 50 anos, para que os padrões gerais (totais) sejam mais claros e para que possamos atuar sobre eles.

As cinco disciplinas propostas por Senge devem desenvolver-se em conjunto nas organizações. Trata-se de um grande desafio, porém os benefícios são imensos. O pensamento sistêmico é conhecido como a "quinta disciplina", pois integra as demais, fundindo-as em um corpo coerente de teoria e prática. Sem uma orientação sistêmica (como vista nos capítulos iniciais deste livro), não há motivação para examinar como se inter-relacionam as demais disciplinas. Ao enfatizar o inter-relacionamento entre as demais disciplinas, o pensamento sistêmico nos lembra continuamente que o todo pode superar a soma das partes. Do ponto de vista organizacional, o pensamento sistêmico nos permite compreender o aspecto mais sutil do que Senge chama de **organização inteligente**: a nova percepção que se tem de si mesmo e do mundo. Em vez de nos considerarmos separados do mundo, afetados por ele, nos consideramos conectados ao mundo. Em vez de considerarmos os fatores externos que causam nossos problemas, vemos que nossas ações criam os problemas que experimentamos. Senge conclui dizendo que, em uma organização inteligente, as pessoas descobrem continuamente como criar sua realidade e como podem modificá-la. É uma organização que aprende e continuamente expande sua capacidade de criar seu futuro. É uma mudança de uma visão de aprendizagem adaptativa (para a sobrevivência) para uma aprendizagem regenerativa (que aumenta a capacidade criativa).

Um aspecto importante quando se aborda a disciplina de modelos mentais é o conceito de **metanóia**, que significa uma mudança de enfoque e de modelo mental, transitando de uma perspectiva para outra. O significado de metanóia é muito importante para entendermos o significado de aprendizagem, pois ela também pressupõe uma mudança de modelo mental. Isso é muito mais que a simples absorção de informações. A aprendizagem organizacional (AO) pode ser apontada como uma estratégia competitiva fundamental das organizações em um ambiente de grandes mudanças e novas tecnologias. Podemos afirmar sem hesitação que o processo de planejamento estratégico em si é um processo de aprendizagem. Entretanto, nem todas as organizações utilizam o processo de planejamento estratégico dessa forma, embora assim o devessem fazer.

Pode-se construir uma organização de aprendizagem, entendida como uma organização preparada para criar, adquirir e transferir conhecimento, e modificar seu comportamento a fim de refletir os novos conhecimentos e *insights*. Esse conceito de organização de aprendizagem é entendido por muitos autores como utópico, desenvolvendo mais profundamente os conceitos relativos à aprendizagem organizacional. Esse é o tipo de organização preparada para desenvolver e incorporar novas tecnologias, estabelecendo um ambiente de mudança próximo do requerido pela nova sociedade. E, sem dúvida, oferece respostas aos principais problemas identificados com relação à capacidade de desenvolver criativamente os planos, e conseqüentemente implementá-los em um contexto de participação e comprometimento, ou seja, enfocando o planejamento como um processo de aprendizagem organizacional.

Ao analisarmos o papel da aprendizagem na formulação de estratégias de sistemas de informação, visualizamos que, do ponto de vista gerencial, o planejamento estratégico de sistemas de informação é um processo de aprendizagem interativo para a criação de uma estratégia de desenvolvimento do negócio, incorporando a tecnologia da informação (TI). A estratégia real dos sistemas de informação é essencialmente um processo de planejamento (como aprendizagem) na mente dos tomadores de decisão, usuários e profissionais da área de sistemas. E isso é suportado por planos escritos e relatórios, mas eles são de importância secundária. Essa abordagem remete à visão do incrementalismo lógico proposto. Então, as estratégias implementáveis dos sistemas de informação podem ser geradas por uma abordagem participativa, em que o entendimento sobre o uso de TI será crescente. Visualizamos então o planejamento de sistemas de informação como um processo de aprendizagem acumulativa, no qual os participantes possuem o conhecimento e a forma mais adequada de usar as diversas TI disponíveis. Se as mesmas pessoas que planejam a estratégia também forem responsáveis pela implementação, a estratégia será mais do que um relatório formal com objetivos não muito claros ou aceitos (compartilhados).

Aprender é mudar o comportamento. O objetivo dessa mudança é alcançar níveis maiores de eficácia (competência). Se uma organização deseja realmente mudar, ela deve ver seus sistemas de conhecimento internos como um inimigo desse processo. Esse processo é chamado de "desaprender" e pode ser descrito como uma série de pequenas mortes, em que velhas estruturas e formas de pensar devem ser removidas, permitindo que novas tomem seus lugares. Isso é necessário para que novos conhecimentos sejam aceitos e que velhas estruturas possam ser mudadas ou removidas. Nas mudanças decorrentes de inovações tecnológicas, típicas da área de sistemas de informação, os tomadores de decisão repetidamente encontram organizações que resistem às mudanças, porque não querem mudar velhas estruturas já bem conhecidas.

A facilitação do processo de mudança, decorrente do uso de novas tecnologias, está diretamente relacionada com as condições de aprendizagem existentes na organização, criadas como decorrência do processo de mudança. Deve ser desenvolvido um inventário de potencialidades de aprendizagem, buscando-se obter informações decisivas sobre os fatores críticos envolvidos. Assim, devemos buscar obter informações sobre as necessidades de aprendizagem, a base de conhecimento existente, as formas utilizadas, os possíveis agentes do processo de mudança, fatores internos e externos que podem disparar a aprendizagem e forças que podem criar barreiras. Se essas informações forem mal identificadas, o processo de aprendizagem pode falhar e impedir a implementação das mudanças, por falha da organização em criar condições adequadas para a mudança e acompanhá-la (avaliação).

O desenvolvimento de estratégias na área de sistemas de informação deve levar em conta tanto o ambiente interno (processos, necessidades, fatores críticos de sucesso, etc.) como o externo (mercados e tecnologias), bem como os aspectos técnicos e comportamentais. Essa necessidade de abordagem dual implica o envolvimento de muitas pessoas no processo. Então podemos entender que o planejamento estratégico na área de sistemas de informação é um processo de aprendizagem tomado por um grupo de pessoas que vão pensar em conjunto o futuro da organização. Desenvolver um processo de planejamento participativo, envolvendo diferentes membros da organização, forma as bases do processo de aprendizagem durante o qual os indivíduos vão trabalhar em conjunto. O desenvolvimento do planejamento deve utilizar técnicas e instrumentos que potencializam a participação e a aprendizagem, nos quais se destacam hoje as técnicas de cenários, resolução de problemas, comunicação e relacionamento interpessoal, muito mais do que aspectos técnicos típicos da área de sistemas de informação.

Estratégias implementáveis dos sistemas de informação devem ser geradas a partir de uma abordagem participativa, em que o entendimento sobre o uso da TI deve ser crescente e acumulativo. A visão do incrementalismo lógico no processo decisório e a atuação do ambiente de organizações de aprendizagem desempenham papéis relevantes na busca de soluções para a área de sistemas de informação nas organizações. O papel do gestor hoje é o de transformar os problemas em desafios, incorporando aspectos de aprendizagem organizacional e utilizando a criatividade como o fator diferencial no processo de gestão, constituindo-se em ferramenta importante para a quebra de modelos mentais e para a implementação de uma visão sistêmica na organização. Nesse contexto, as tecnologias da informação podem atuar para propiciar e tornar concretas a criatividade e a aprendizagem nas organizações, gerando um processo de reforço mútuo em que as novas tecnologias reforçam o ambiente de aprendizagem e este viabiliza a introdução de novas tecnologias (mudanças) nas organizações.

Os processos de tomada de decisão e de planejamento são em si um processo de aprendizagem, e daí podemos concluir que todas as empresas aprendem todo o tempo. Sob essa perspectiva, não existe a necessidade de se "construir" uma organização que aprende, pois já temos organizações voltadas para esse fim. A questão é que as formas convencionais através das quais as organizações aprendem é que são inadequadas na era em que vivemos, onde mudança, transformação e criatividade são demandas de primeira ordem. A grande questão a ser respondida, então, é como melhorar o processo atual de tomada de decisões (cuja base é o processo de planejamento nas organizações) e como podemos acelerar e fortificar a aprendizagem que existe nas organizações. A formulação de estratégias na área de sistemas de informação é uma oportunidade de exercitar e criar cultura de aprendizagem organizacional nas organizações.

Gerência e liderança

Essa abordagem centrada nas pessoas e em seus comportamentos exige alguns comentários sobre a relação entre organização, gerência e liderança. A função de gerência consiste em dirigir as pessoas para um comportamento desejado. Essa função gerencial pode ser desenvolvida de duas formas: direta ou indireta (Figura 4.3). A forma direta envolve a interação direta com o funcionário ou colaborador, ao instruí-lo, persuadi-lo, treiná-lo, assessorá-lo ou motivá-lo. A essa forma direta podemos chamar liderança.

A forma indireta está relacionada ao desenvolvimento de organizações eficazes que inclua estratégia, estrutura, cultura e sistemas conforme visto neste capitulo. A essa forma podemos chamar de gerência. Pode-se interpretar que a gerência consiste em uma liderança indireta.

Segundo a definição tradicional de gerência, uma organização no sentido instrumental é uma série de instrumentos (estratégia, estrutura, cultura e sistemas) que são utilizados pela gerência para controlar o comportamento, visando a satisfazer as demandas do meio externo. Classicamente, a atividade gerencial caracteriza-se pelos seguintes processos:

- **Planejar.** Consiste na análise de situações, levantamento de problemas, definição de objetivos, especificação de planos de ação que especifiquem atividades e recursos para que os objetivos sejam alcançados dentro de pra-

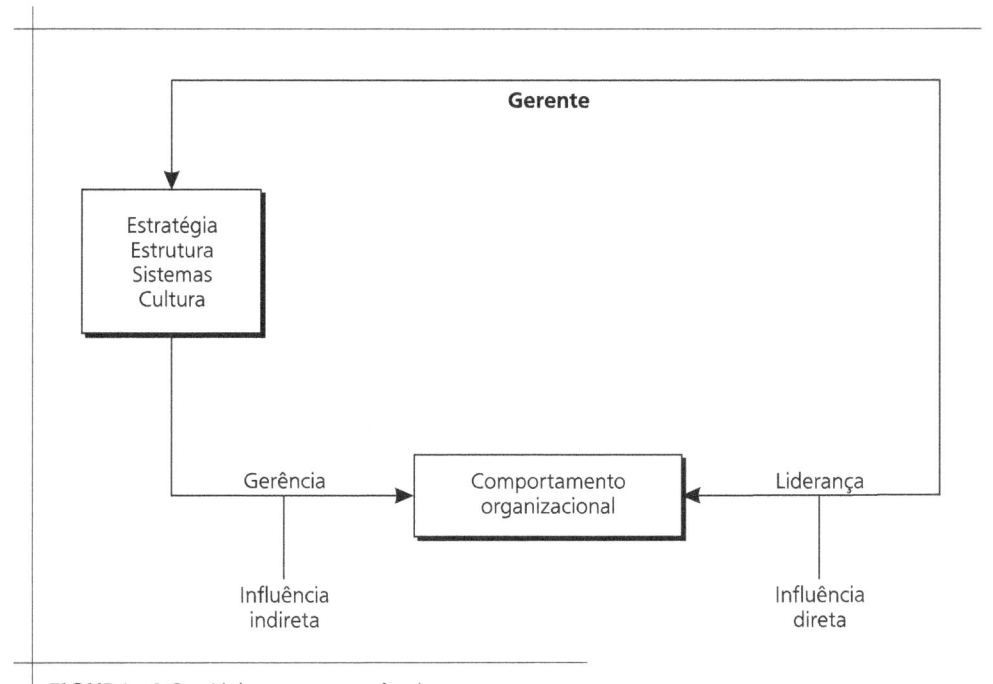

FIGURA 4.3 Liderança e gerência.
Fonte: Swieringa e Wierdsma, 1995.

zos e custos viáveis e o estabelecimento de formas de acompanhamento, controle e avaliação.
- **Liderar.** Consiste em imprimir um sentido e uma direção aos esforços necessários para a execução das atividades planejadas, o tratamento de imprevistos e o alcance dos objetivos estabelecidos.
- **Organizar.** Consiste em estruturar e coordenar os esforços dos diversos participantes e recursos necessários para a execução de um plano e o alcance dos objetivos pretendidos.
- **Controlar.** Consiste em exercer o acompanhamento das atividades com vistas a detectar desvios que devem ser corrigidos e melhorias que possam ser implementadas para garantir que os objetivos sejam alcançados. O controle é um processo de monitoramento contínuo e paralelo ao longo da execução. Através do controle dos resultados intermediários ou parciais, ocorre o ajuste do que foi planejado e das atividades em execução.

Em uma visão mais atual, ao se entender a gerência como uma construção social, os gerentes são, antes de tudo, líderes, pessoas que tomam decisões de acordo com a posição estratégica que a empresa pretende alcançar, filtrando sinais e desempenhando um papel decisivo, inovador e estimulante no processo organizacional.

AS ORGANIZAÇÕES: NOVAS ABORDAGENS

As organizações, como partes integrantes de um sistema mais amplo, vêm crescendo em grau de complexidade na medida das evoluções tecnológicas, econômicas, sociais e políticas. Os teóricos da administração, por sua vez, têm tentado acompanhar essa evolução ou mesmo antecipar-se a ela sugerindo enfoques e formas diferentes de lidar com os problemas e conflitos organizacionais e as relações humanas no trabalho. Ao mesmo tempo em que a teoria administrativa busca propor alternativas para o desenvolvimento das organizações, das pessoas que nela trabalham e da sociedade de forma mais ampla, ela se forma e se desenvolve com os mesmos elementos dessa sociedade, refletindo seus valores e a visão de mundo e de homem em cada período determinado.

Ao longo do século XIX e início do século XX, na fase da industrialização, a visão de funcionamento organizacional era essencialmente mecanicista, envolvendo uma disciplina rígida, especialização, divisão do trabalho, racionalidade, cálculo científico e previsão meticulosa. Durante esse período, quando vigorou o que conhecemos por administração científica, destacam-se Comte (no século XIX contribuiu para o desenvolvimento do espírito científico positivista), Durkheim (no início do século XX, defendeu a divisão e a especialização do trabalho), Weber (suas idéias contribuíram para o triunfo da racionalidade e da legitimidade da autoridade unilateral dentro de uma organização racional) e, os mais conhecidos e controversos, Taylor e Fayol (contribuíram para a crença numa concepção individualista e econômica restrita dos determinantes do comportamento humano e para uma fé inabalável nas virtudes do planejamento, da disciplina e da ordem).

O problema dos enfoques mecanicistas de administração, que consideram a organização de forma meramente racional e técnica, é que os aspectos humanos foram subvalorizados. Isso gerou, entre outros problemas de ordem ética e social, um despreparo para aquelas tarefas mais complexas e imprevisíveis. Por outro lado, as vantagens desse modelo seriam sua aplicação em condições nas quais as máquinas operam sem problemas: com tarefas contínuas, ambientes estáveis, produção sempre do mesmo produto, quando a meta principal é a precisão, e quando os seres humanos envolvidos na tarefa aceitam ser tratados como peças e engrenagens. Essa abordagem se mostrou inadequada aos novos tempos, gerando impedimento à melhoria de qualidade, mudanças de base tecnológica e ganhos de produtividade.

O mesmo teria ocorrido com os estudos que se seguiram, incluindo os que tentaram integrar necessidades individuais e organizacionais (como Maslow com sua hierarquia de necessidades, Herzberg com sua teoria das necessidades higiênicas e motivacionais e MacGregor com sua Teoria X), e os que se voltaram para a integração da organização com seu meio (de Burns e Stalker a Lawrence e Lorsch).

Podemos resgatar pontos positivos sobre os ditos modelos orgânicos pós-mecanicistas, que incluem a teoria da contingência, as teorias motivacionais, entre outras. Surge a metáfora da organização vista como um organismo. As vantagens do modelo orgânico incluem a ênfase na compreensão das relações entre a empresa e seu ambiente; o entendimento de que existem necessidades a serem satisfeitas de acordo com demandas variáveis, em constante processo de equilíbrio *versus* desequilíbrio com o ambiente intra e extra-organizacional; o reconhecimento das especificidades de cada organização em acordo com seu meio também específico, e daí a necessidade de propor soluções diferenciadas para cada empresa e situação, além da rejeição às receitas prontas; o destaque aos processos de inovação, ao desenvolvimento organizacional e ao planejamento estratégico clássico; e maior consciência dos problemas e demandas ecológicos.

Quanto às suas limitações, destaca-se a visão enganosa de que as organizações precisam adaptar-se aos seus ambientes ou que os ambientes selecionam as organizações que sobreviverão. Nesse enfoque, não estão sendo consideradas a capacidade de inovação e a criatividade dos seres humanos. A segunda crítica é a de que, na prática, os elementos da organização não são harmônicos e interdependentes como os elementos de um organismo e que essa harmonia seria antes uma exceção do que uma regra.

Obviamente que não se discute a contribuição das teorias administrativas como um todo (sejam mecanicistas ou orgânicas), no sentido de que geraram, dentro de suas limitações, a busca por uma maior compreensão da vida e do comportamento organizacional e a otimização de recursos. O que cabe questionar agora, às portas do terceiro milênio, é qual é a nossa visão de homem, de empresa e de sociedade, o papel das novas tecnologias da informação, e, a partir daí, trabalhar para o desenvolvimento de novas teorias que de fato venham a contribuir para o desenvolvimento de pessoas, empresas e sociedade.

A reflexão e a ação são vistas como duas dimensões fundamentais da humanidade concreta, na medida em que o homem não reage somente a estímulos externos e condicionamentos, mas é capaz de construir sua própria realidade social, com uma autonomia relativa. Ao resgatar essas dimensões esquecidas do ser humano nas organizações, evidencia-se a preocupação com o estudo do homem em sua totalidade, numa visão integradora que parte de uma perspectiva de homem como ser com um aparelho psíquico e cognitivo complexo, cujos reflexos na sua capacidade relacional, comportamental e produtiva não podem mais ser ignorados em um contexto organizacional.

Podemos identificar novas metáforas representativas das organizações, negando a organização-máquina e a organização-organismo como paradigmas capazes de atender às demandas atuais de homens e empresas. Ele aborda as seguintes metáforas: das organizações como cérebros, capazes do processamento de informações, da aprendizagem e da inteligência; das organizações como culturas, onde residem e florescem idéias, valores, normas, crenças e rituais; da metáfora política, que tem como foco os interesses divergentes, os conflitos e as lutas e jogos de poder; das organizações como prisões psíquicas, que trata dos aspectos conscientes e inconscientes das relações organizacionais e dos aspectos ideológicos das organizações; das organizações como fluxo e transformação permanentes, ou sistemas autoprodutores que se criam nas suas próprias imagens; ou ainda as organizações como sistemas de dominação, com seus aspectos potencialmente opressores e exploradores.

O objetivo ao se explorar diferentes maneiras de pensar a organização é poder desenvolver um novo enfoque, transformador da realidade atual. O administrador que pretende trabalhar dentro dessa nova visão terá que admitir que as organizações são "complexas, ambíguas e paradoxais" e sua tarefa será aprender a gerenciar a complexidade e a incerteza. Para ele, as soluções simplistas e apressadas podem causar grande prejuízo à sobrevivência organizacional e é preciso ler, compreender e identificar o significado de cada problema, para então agir de forma eficaz.

Outras abordagens se relacionam a uma teoria da administração inserida numa visão macroeconômica e que contempla as necessidades humanas a partir dessa perspectiva. O ser humano é por excelência criativo, capaz de livre-arbítrio e do uso de habilidades associativas, além de dotado de um aparelho cognitivo extremamente complexo. As novas tecnologias podem expandir essa capacidade de criar, inovar, desde que bem concebidos e conduzidos os processos de incorporação de novas tecnologias nas organizações.

Finalmente, Motta (1996) preocupa-se em rever o que os mitos sobre o ambiente organizacional geraram em termos de expectativas de atuação gerencial, contrárias às possibilidades reais de trabalho de qualquer ser humano. Motta desloca a preocupação com o operário robotizado de Taylor para o funcionário estressado e constantemente pressionado, exigido e, o pior, atuando em um ambiente de incerteza e mudança. O autor resgata o aspecto real do trabalho gerencial, libertando o executivo da metáfora do super-herói e admitindo que ele atua num ambiente de extrema incerteza. Ele reconhece que a função gerencial é ambígua e repleta de dualidades e seu exercício é fragmentado e intermitente, em uma sociedade em contínua mutação, e não é entendida sob uma perspectiva ordenada, lógica e racional. A alternativa é um novo modelo de educação gerencial, permanente e ampla, que habilite o profissional a agir rapidamente, usar as novas tecnologias, lidar com problemas complexos e informações vagas (em que aspectos políticos e subjetivos são importantes no processo decisório), atuar com a pouca disponibilidade de tempo para o planejamento e a necessidade de identificar e aproveitar os potenciais humanos dentro de sua organização e equipes.

Atualmente, temos a preocupação com o resgate do humano no trabalho, não mais visto parcialmente a fim de atender a demandas organizacionais e econômicas específicas, mas em sua totalidade e integralidade, com uma visão sistêmica, que é justamente o que o caracteriza como humano. É o resgate da inteligência na empresa, a desalienação do empregado e os modelos de parceria, que levariam a uma globalização das riquezas e da tecnologia, e não à globalização da pobreza e dos oligopólios. Devemos reconhecer a mudança e a perplexidade, pensar em alternativas que se contraponham à visão fragmentada do homem e à descrença nas suas capacidade de trabalho criativo e dinâmico.

DURABILIDADE DAS ORGANIZAÇÕES

Diversos fatores levam as organizações a se perpetuarem ao longo do tempo. Alguns estudos abordam a questão da estratégia adotada pelas organizações e sua relação com o sucesso ao longo do tempo das empresas. Miller (1992) faz um paralelo entre a mitologia grega, com a lenda do paradoxo de Ícaro, e os perigos que as organizações enfrentam em razão do seu próprio sucesso. Ele entende que o paradoxo de Ícaro, que tentou voar até o sol com asas de cera que derreteram com a aproximação, fazendo-o cair, é adequado como uma analogia a muitas empresas proeminentes: suas vitórias e sucessos muitas vezes a conduzem ao excesso, que vem ocasionar suas falências. Podemos resumir em 10 proposições os argumentos possíveis, abordando a noção de simplificação, sua evolução, causas, condições favoráveis a seu desenvolvimento e conseqüências:

1. em organizações de sucesso, os objetivos principais, valores e estratégias são perseguidos mais agressivamente, enquanto os secundários serão progressivamente negligenciados;
2. todas as variações da simplificação serão incrementadas como fator de duração e grau do sucesso, na conquista dos objetivos da coalizão dominante;
3. em organizações de sucesso, a visão de mundo dos executivos torna-se mais homogênea e se focalizará em poucos objetivos, questões e percepções do meio ambiente;
4. em organizações de sucesso, os valores tornam-se mais homogêneos, reduzindo as diferenciações de subunidades; um único departamento ou elite torna-se dominante e o conjunto de habilidades da organização estreita-se. Essas mudanças contribuem para a formação de cultura e estratégia monolíticas;
5. em organizações de sucesso, os sistemas, processos e as estruturas tornam-se padronizados em um conjunto restrito de tarefas; os departamentos e executivos a quem for atribuído o sucesso passado tornam-se mais poderosos e influentes, enquanto os outros departamentos perdem poder e influência;
6. a simplificação na visão de mundo administrativo reforçará essa simplificação nos objetivos, cultura, estratégias e habilidades e estrutura de poder, os quais estarão altamente correlacionados;
7. a simplificação na visão de mundo administrativo, dos objetivos, da cultura, das estratégias e das habilidades, promoverá o uso de rotinas, sistemas e processos inerciais; e os últimos reforçarão a simplificação dos primeiros;
8. inicialmente, a incrementação da simplicidade gerará um aumento de desempenho organizacional;

9. a simplicidade, ao longo do tempo, eventualmente levará ao baixo desempenho organizacional, especialmente em ambientes competitivos e cambiantes;
10. a simplificação tenderá menos a prevalecer, mesmo em condições de sucesso organizacional, se:
    a) novos altos executivos, principalmente de origem externa, tenham sido recentemente guindados ao poder;
    b) uma estratégia generalista venha sendo instituída;
    c) a heterogeneidade cultural e estrutural, e a participação estiverem sendo buscadas;
    d) o ambiente for turbulento;
    e) houver poucas limitações organizacionais.

O paradoxo de Ícaro está relacionado com a natureza da vantagem competitiva. Esses autores, ao argumentar que as organizações devem desenvolver um diferencial competitivo, podem induzir a uma simplificação ao redor desse diferencial, de tal forma a constituir-se em um problema. Entende também que essa dualidade está presente em outras fontes de simplicidade organizacional, tais como as abordagens de organizações de aprendizagem. As diferenças entre a simplicidade requerida para se atingir o sucesso e a simplicidade que leva a falência são freqüentemente tênues.

Para combater os perigos gerados pela simplificação, podemos adotar alguns métodos potenciais de evitar tais problemas:

1. construir configurações de organizações temáticas e coesas;
2. encorajar os administradores a refletir ampla e profundamente sobre a direção em que se encaminha a empresa;
3. mapear e monitorar assiduamente o desempenho;
4. onde possível, de tempos em tempos, renovar atividades e desarticulá-las de operações já estabelecidas, ao menos por algum tempo.

Collins e Porras (1995) abordam a questão da sobrevivência das organizações ao longo do tempo a partir de um estudo longitudinal com um grupo de empresas pareadas, compostas de uma empresa considerada visionária em sua área e outra empresa de comparação da mesma área de atuação. Através desse estudo, tentaram identificar o que torna as empresas verdadeiramente excepcionais diferentes das outras empresas.

Identifica-se um conjunto de práticas comuns às empresas visionárias, considerando que esses são os principais fatores que levam as empresas a durar e se manter competitivas ao longo do tempo. Partem de uma consideração que os gerentes das empresas devem dar as ferramentas e não impor as soluções, deslocando o eixo de visão da idéia do negócio e do líder para a visão de que as empresas são o mais importante, pois são elas que devem perdurar e se sobressair.

Os autores apresentam a idéia de que as empresas que duram ao longo do tempo buscam constantemente o máximo, reprimindo o que os autores chamam de "tirania do OU", que seria o ponto de vista racional que não aceita paradoxos, que não vive com duas forças ou idéias aparentemente contraditórias ao mesmo tempo. Nesse sentido, entendem que as empresas visionárias se libertam desse dilema com a "genialidade do E", ou seja, a capacidade de englobar os dois extremos de uma série de dimensões ao mesmo tempo. Nesse sentido, uma empresa que dura ao longo do tempo e torna-se visionária não chega simplesmente em um equilíbrio entre preservar uma ideologia central rígida e estimular a mudança e movimentos contínuos; ela faz as duas coisas ao extremo. Assim, a empresa deve preservar e proteger cuidadosamente sua ideologia central, mas todas as manifestações específicas de sua ideologia central têm de estar abertas a mudanças e à evolução.

Apresentamos um conjunto de métodos voltados à preservação do núcleo e ao estímulo do progresso que diferenciam as empresas visionárias das demais, agrupados em cinco categorias:

1. *Metas audaciosas:* compromissos com metas e projetos desafiadores (estimular o progresso).
2. *Culturas de devoção:* participação apenas dos que compram a ideologia central, eliminando os demais (preservar o núcleo).
3. *Várias tentativas e aplicação do que der certo:* altos níveis de ação e experiência que produzem caminhos novos e inesperados (estimular o progresso).
4. *Gerentes treinados internamente:* levar aos níveis superiores aqueles comprometidos com a ideologia central (preservar o núcleo).
5. *Nunca é suficiente:* processo contínuo de auto-aperfeiçoamento (estimular o progresso).

Também Peters e Waterman (1997) tratam da estratégia das organizações de alto padrão, identificando um conjunto de características comuns a elas:

1. uma predisposição favorável à ação;
2. atuação em sintonia com o cliente;
3. estímulo à autonomia e iniciativa;
4. busca de produtividade através das pessoas;
5. basear-se nos valores e crenças da organização;
6. valorizar as habilidades essenciais;
7. manter uma estrutura organizacional simples;
8. propriedades flexíveis simultâneas.

Outros autores chamam a atenção para a importância da manutenção das competências essenciais (*core competences*) para garantir o sucesso das organizações ao longo do tempo.

A ESTRATÉGIA NAS ORGANIZAÇÕES

A estratégia é um padrão ou um plano que integra de forma coesa, os principais objetivos, políticas e ações de uma organização. A estratégia pode ser global, para a organização como um todo, ou setorial, envolvendo uma parte ou segmento da organização. Ainda segundo este autor, uma estratégia eficaz deve apresentar uma série de características:

1. apresentar objetivos claros e precisos;

2. promover a iniciativa, propiciando liberdade de ação e gerando maior comprometimento;
3. concentrar força e poder no momento oportuno;
4. propiciar flexibilidade;
5. coordenar e comprometer as lideranças;
6. propiciar competitividade;
7. prover segurança para a base de recursos do negócio.

A estratégia empresarial pode ser definida como processo e um conjunto de ações (decisões) que conduzem à consecução dos objetivos estabelecidos. Diversos autores abordam o tema, caracterizando estratégia como (a) um caminho, maneira ou ação estabelecida e adequada para alcançar os objetivos da empresa; (b) um conjunto de decisões que determinam o comportamento a ser exigido em determinado período de tempo; e (c) uma forma de pensar no futuro, integrada no processo decisório, com base em um procedimento formalizado e articulador de resultados e em uma programação. Assim, podemos dizer que as estratégias devem indicar o rumo futuro (caminho), através de regras formalizadas (conjunto de decisões), em estruturas flexíveis (articuladas), permitindo mudanças rápidas no rumo definido anteriormente (ciclo em movimento). Podemos acrescentar ao conceito de estratégia empresarial o dinamismo, o movimento da ação entre o atual (presente) e o desejado (futuro).

Analisando a questão das estratégias competitivas nas indústrias, podemos identificar estratégias genéricas que orientam o posicionamento estratégico das organizações: *liderança em custo*, *diferenciação* e *foco*. A *liderança em custo* é orientada por uma gestão financeira (acesso ao capital e investimento sustentado) e de produção (habilidades no processo de engenharia), com forte supervisão do trabalho. A *diferenciação* é orientada em uma forte habilidade de *marketing* e inovação, pesquisa básica para novos produtos, habilidade na engenharia de produto, liderança tecnológica e de qualidade, bem como forte cooperação com os canais de distribuição. Finalmente, o *foco* envolve a combinação das políticas para um determinado objetivo ou foco estratégico.

Mintzberg (1995) desenvolve uma série de estudos na área da estratégia, identificando um conjunto de cinco grupos de estratégias, logicamente hierarquizadas e em níveis crescentes de complexidade: posicionamento do negócio principal (estratégias de posicionamento), definição das características do negócio principal (estratégias de diferenciação), desenvolvimento do negócio principal (estratégias de penetração), extensão do negócio principal (estratégias de extensão) e reconcepção do negócio principal (estratégias de redefinição de negócios). As informações são uma importante fonte de produtividade e competitividade. Sua importância cresce à medida que as organizações estão se constituindo em redes, globais e interligadas, fortemente baseadas no conhecimento. O autor entende que podem ser obtidas vantagens competitivas a partir de uma abordagem sistêmica do uso da TI nos negócios, visando à obtenção de melhores resultados. E destaca a necessidade de elaborar estratégias, implementadas por processos de planejamento estratégico de SI, que levem a obtenção desses resultados.

Podemos agregar às variáveis clássicas na área da estratégia, variáveis estratégicas na área de TI, envolvendo velocidade, adaptabilidade, flexibilidade, proatividade e inovação. A tecnologia de informação traz a força da estratégia de tecnologia que, associada às demais estratégias empresariais, permite não um planejamento estratégico puro e simples, mas um planejamento estratégico de negócios voltado para competir fortemente com as forças concorrentes em torno da organização, permitindo diferenciação e vantagens competitivas futuras.

A área de planejamento estratégico de SI é relativamente recente e exerce hoje um forte impacto sobre as estratégias dos negócios. A estratégia de SI deve ser derivada da estratégia corporativa, porém as novas tecnologias da informação pressionam fortemente a indústria e os negócios, interferindo na definição de estratégias corporativas das empresas inseridas nessas indústrias e atuando sobre elas. O planejamento estratégico de SI pode auxiliar a empresa a obter melhores resultados através de um aumento de competitividade (Figura 4.4).

O objetivo básico do planejamento estratégico é direcionar a organização para uma nova situação estratégica, gerando um conjunto de forças para novo alinhamento estratégico, dentro de um novo escopo de negócio. A TI tem um papel destacado no suporte a uma organização de aprendizagem, baseada no conhecimento, através de tecnologias de grupo e de acesso a informações, propiciando maior probabilidade de implementação dos planos estratégicos na área de SI. Atualmente, não faz mais sentido discutir se a TI é estratégica ou não, deslocando-se a questão para como utilizar a TI de forma alinhada com a estratégia organizacional. Traçando um paralelismo entre o modelo de estratégias genéricas de Mintzberg, Venkatraman (1994) identifica cinco níveis de reconfiguração estratégica de negócios, baseada no uso da TI. Os cinco níveis apresentam uma escala crescente de intensidade de transformação do negócio e potenciais benefícios:

1. exploração localizada, caracterizada pela utilização da TI em áreas funcionais da empresa;
2. integração interna, caracterizada pela utilização da TI como fator de integração das áreas funcionais da empresa;
3. redesenho dos processos de negócios, auxiliando o processo de mudança na efetivação do redesenho dos negócios;
4. redesenho da rede de negócios a partir do redesenho dos negócios, as novas formas de integração com os parceiros externos, integrando clientes, fornecedores, etc.;

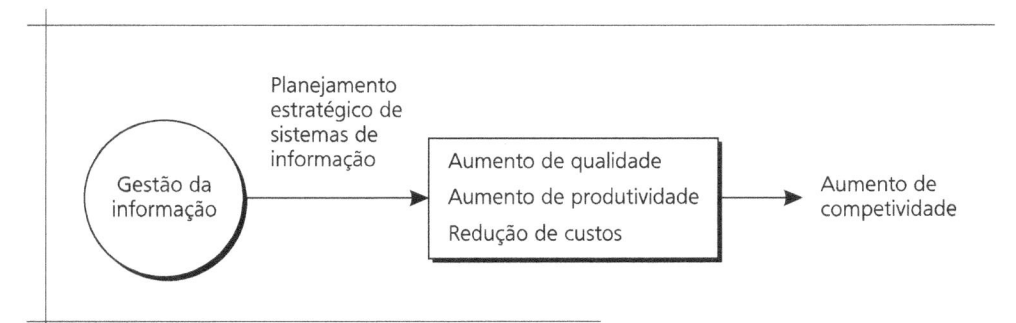

FIGURA 4.4 Papel do planejamento estratégico de sistemas de informação.

5. redefinição do escopo de negócio, ampliando o próprio escopo de produtos e serviços oferecidos pela empresa.

Na área de ciência da computação, no final dos anos 1980, são desenvolvidos estudos que culminam com a proposta de integrar a etapa de planejamento estratégico de informações ao processo de incorporação de novas tecnologias na empresa. Essa etapa contempla basicamente os estudos, visando à integração do planejamento de informações com o planejamento corporativo, introduzindo a visão de dados e a análise de processos de transformação desses dados nas empresas e estabelecendo os princípios da engenharia da informação (EI). A área de EI tangencia, via ciência da computação, a área de SI na administração. A base conceitual do ponto de vista da estratégia na EI pode ser encontrada em Porter (1997), com as noções de cadeia de valor.

Estudos mais recentes apresentam uma proposta de modelo de planejamento estratégico de SI que vai além dos modelos de base tecnicista existentes. Nesse sentido, busca focalizar o processo decisório e incorporar uma abordagem evolutiva, na linha do incrementalismo lógico. Por outro lado, busca utilizar uma abordagem de aprendizagem organizacional, na qual as soluções são construídas pela empresa, evoluindo de dentro da organização e não exclusivamente da área técnica.

RESUMO

Este capítulo abordou as organizações sob uma perspectiva da área de SI. As organizações podem ser definidas no sentido institucional e instrumental. No sentido instrumental, existem quatro componentes fundamentais: estratégia, estrutura, sistemas e cultura. A área de SI trata fundamentalmente de mudanças nas organizações que afetam o comportamento organizacional.

A área de aprendizagem organizacional traz contribuições importantes para o estudo das organizações, destacando o papel das pessoas e da aprendizagem. Apresentamos os modelos de Swieringa e Wierdsma (relação entre princípios, *insights* e regras) e de Senge (disciplinas de pensamento sistêmico, domínio pessoal, visão compartilhada, aprendizagem e grupo e modelos mentais). A AO pode ser definida como o processo de mudança da base de valores da organização, levando a um incremento da habilidade na resolução de problemas e na capacidade de ação frente às demandas do meio ambiente. Nesse contexto, a função de gerência consiste em dirigir as pessoas para um comportamento desejado. Essa função gerencial pode ser desenvolvida de duas formas: direta (liderança) ou indireta (gerência).

As organizações, como partes integrantes de um sistema mais amplo, vêm crescendo em grau de complexidade na medida das evoluções tecnológicas, econômicas, sociais e políticas. Os teóricos da administração, por sua vez, têm tentado acompanhar essa evolução ou mesmo antecipar-se a ela, sugerindo enfoques e formas diferentes de lidar com os problemas e conflitos organizacionais e as relações humanas no trabalho. O texto apresenta visões diferentes sobre as organizações, com abordagens modernas sobre a administração de empresas, abordando também aspectos relacionados aos fatores que levam as organizações a se perpetuarem ao longo do tempo (durabilidade das organizações) e analisando as estratégias adotadas pelas organizações e sua relação com o sucesso das empresas ao longo do tempo.

A estratégia é um padrão ou um plano que integra, de uma forma coesa, os principais objetivos, políticas e ações de uma organização. A área de SI agrega novas variáveis estratégicas às organizações, envolvendo velocidade, adaptabilidade, flexibilidade, proatividade e inovação. A área de planejamento estratégico de SI é relativamente recente e exerce hoje um forte impacto sobre as estratégias dos negócios.

LEITURAS RECOMENDADAS

Sugerimos como leitura básica os livros de Morgan (1996), Collins e Porras (1995) e Motta (1991). Como leitura complementar, indicamos os textos de Audy e Brodbeck (2003), Audy e Lederer (2000) e Senge (1990).

QUESTÕES DE REVISÃO

1. Defina uma organização empresarial.
2. Quais são as contribuições do enfoque sistêmico para o estudo das organizações?
3. Qual a importância do estudo da durabilidade das organizações?
4. Defina estratégia empresarial e analise o impacto das TIs na estratégia empresarial.

EXERCÍCIOS

1. Aprofunde o estudo na área de aprendizagem organizacional e identifique as relações e as implicações na área de sistemas de informação de sua organização. Utilize como base a leitura do livro *A Quinta Disciplina* (Senge) e complemente com consultas os livros de De Geus, Audy e Brodbeck, Argyris e os artigos indicados.
2. Aprofunde o estudo na área de processo decisório nas organizações e identifique as relações e implicações na área de sistemas de informação de sua organização. Utilize como fonte de consulta os livros de Audy e Brodbeck, Motta e artigos indicados.
3. Identifique as principais imagens da organização que o autor Morgan apresenta em seu livro e faça uma análise comparada com sua empresa, identificando em qual(is) dos modelos apresentados sua organização melhor se situa. Comente qual a utilidade dessa abordagem para se entender o funcionamento de uma organização na sua opinião.
4. Qual é sua opinião relativa ao potencial de geração de diferenciais competitivos da área de SI nas organizações? Cite e descreva alguns exemplos (no mínimo três) em que a área de SI contribuiu decisivamente para o sucesso de uma empresa. Você seria capaz de identificar dois usos inovadores e es-

tratégicos em potencial da TI em sua empresa e avaliar os impactos que poderiam causar?
5. Caracterize a análise do potencial das áreas de planejamento estratégico de sistemas de informação e de alinhamento estratégico de tecnologia da informação em uma organização atualmente. Na sua opinião, quais são as principais vantagens e barreiras para uma empresa desenvolver um plano estratégico de SI e focar a questão do alinhamento estratégico de TI? Como fonte de consulta, você pode buscar artigos sobre planejamento estratégico de SI e sobre alinhamento estratégico de TI, além do livro de Audy e Brodbeck.

REFERÊNCIAS BIBLIOGRÁFICAS

AKTOUF, O. *A Administração entre a tradição e a renovação*. São Paulo: Atlas, 1996.
AUDY, J.; BRODBECK, A. *Sistemas de informação*: planejamento e alinhamento estratégico nas organizações. Porto Alegre: Bookman, 2003.
AUDY, J.; MARTINS, R. *Projeto informatize*: gerenciando o processo de informatização na micro e pequena empresa. Porto Alegre: Sebrae, 1997.
BOAR, B. *Strategic thinking for information technology*. New York: John Wiley and Sons, 1997.
_____. *The art of strategic planning for information technology*. New York: John Wiley and Sons, 1993.
BRODBECK, A. *Alinhamento estratégico entre os planos de negócios e de TI*: um modelo de operacionalização para sua implementação. 2001. Tese (Doutorado) - Programa de Pós-Graduação em Administração, Universidade Federal do Rio Grande do Sul, Porto Alegre, 2001.
CHANLAT, J.-F. *O indivíduo na organização*: dimensões esquecidas. São Paulo: Atlas, 1996.
COLLINS, J.; PORRAS, J. *Feitas para durar*. Rio de Janeiro: Rocco, 1995.
DeGEUS, A. *La empresa viviente*. Buenos Aires: Granica, 1998.
_____. Planejamento como aprendizado. In: STARKEY, K. *Como as organizações aprendem*. São Paulo: Futura, 1997.
_____. Planning as learning. *Harvard Business Review*, Mar./Apr. 1995.
GOTTSCHALK, P.; LEDERER, A. A review of literature on the implementation of strategic information system plans. *Proceedings of ICIS 97*, Atlanta, 1997.
HAMEL, G.; PRAHALAD, C.K. *Competindo pelo futuro*. Rio de Janeiro: Campus, 1997.
LEDERER, A.; SETHI, V. Root causes of strategic information system planning implementation problems. *Jornal of MIS*, v.9, n.1, 1992.
MILLER, D. *Icarus Paradox*: how exceptional companies bring about their own downfall. *Business Horizons*, p. 24-32, Jan. 1992.
_____. The architecture of simplicity. *Academy of Management Review*, v.18, p.116-138, 1991.
MINTZBERG, H. Crafting strategy. *Harvard Bussiness Review Paperback*, Boston, 1995.
_____. Strategy formation: schools of tought. In: FREDRICKSON, J. *Perspectives on strategic management*. New York: Harper Business, 1990.
MOTTA, P.R. *Gestão contemporânea*: a arte e a ciência de ser dirigente. Rio de Janeiro: Record, 1996.
MORGAN, K. *Imagens da organização*. São Paulo: Atlas, 1996.
PETERS, T.; WATERMAN Jr., R. Para além do modelo racional. In: STARKEY, K. *Como as organizações aprendem*. São Paulo: Futura, 1997.
PORTER, M. *Estratégia competitiva*. São Paulo: Atlas, 1997.
PROBST, G.; BUCHEL, B. *Organizational learning*. London: Prentice Hall, 1997.
QUINN, J. *Strategies for change*. Homewood: Irwin, 1980.
QUINN, J., MINTZBERG, H.; JAMES, R. *The strategy process*: concepts, contexts and cases. Englewood: Prentice-Hall, 1988.
REBOUÇAS, D. *Planejamento estratégico*. São Paulo: Atlas, 1997.
REPONEN, T. The role of learning in information system planning and implementation. In: GALLIERS, H.; BAETS, R. *Information technology and organizational transformation*. Chichester: John Wiley and Sons, 1998.

SENGE, P.M. *A quinta disciplina*. São Paulo: Best Seller, 1990.
SIMON, H.A. *The new science of management decision*. Englewood: Prentice-Hall, 1977.
SWIERINGA, J.; WIERDSMA, A. *La organizacíon que aprende*. México: Addison-Wesley, 1995.
TAPSCOTT, D. *Economia digital*. São Paulo: Makron, 1997.
VENKATRAMAN, N. IT-Enabled business transformation: from automation to business scope redefinition. *Sloan Management Review*, 1994.
WARD, A.; GRIFFITHS, J. *Strategic planning for information systems*. Chichester: John Wiley and Sons, 1996.

5
Informação

OBJETIVOS DE APRENDIZAGEM

1. conceituar os termos dados, informação, conhecimento e competências;
2. caracterizar os aspectos estratégicos da informação;
3. identificar a relação entre sistemas de informação, tecnologia da informação e processos de negócios em uma organização;
4. identificar a evolução das tecnologias e seu uso ao longo do tempo;
5. analisar a aplicação da curva de aprendizagem na área de SI;
6. caracterizar a importância da abordagem.

DADOS, INFORMAÇÃO, CONHECIMENTO E COMPETÊNCIA

A informação é um conceito central na área de sistemas de informação. A informação é o recurso mais valioso e importante nas organizações na sociedade atual, também conhecida como sociedade da informação. Entretanto, é fundamental definir claramente esse conceito, bem como outros que estão fortemente relacionados: dados, conhecimento, competências e inovação.

Dados

O **dado** consiste em um fato bruto (nome de um funcionário, número de matrícula de um aluno, código de um produto, etc.) ou suas representações (imagens, sons, números, etc.) que podem ou não ser úteis ou pertinentes para um processo em particular. Diversos tipos de dados podem ser utilizados para representar esses fatos (ver Tabela 5.1).

Podemos encontrar diversas definições de dado na literatura da área:

1. Fluxo de dados brutos que representam eventos que ocorrem nas organizações ou em ambientes físicos antes de eles terem sido organizados em um formato que as pessoas possam entender e utilizar (Laudon e Laudon, 1998).
2. Dados são observações dos estados do mundo (Davenport, 1999).
3. Dado é um fato ou material bruto na produção da informação (Oz, 1998).

TABELA 5.1 Tipos de dados

Tipo de dado	Representado por
Alfanumérico	Números, letras ou outros caracteres
Imagem	Imagens gráficas ou figuras
Áudio	Sons, ruídos ou tons
Vídeo	Imagens em movimento ou filmes

Fonte: Stair e Reynolds, 1999.

4. Pode-se entender o dado como um elemento da informação (um conjunto de letras ou dígitos) que, tomado isoladamente, não transmite nenhum conhecimento, ou seja, não contém um significado intrínseco (Bio, 1991).
5. Os dados se compõem de símbolos e experiências-estímulos que não são relevantes para o comportamento em um determinado momento (Murdick e Munson, 1988).
6. Dado pode ser considerado uma informação em potencial (Nichols, 1969).
7. Os dados, como matéria-prima para a informação, se definem como grupos de símbolos não-aleatórios que representam quantidades, ações, objetos, etc. (Davis e Olson, 1987).
8. Dados são materiais brutos sem ação que precisam ser manipulados e colocados em um contexto compreensivo.

Informação

A **informação** é uma coleção de fatos organizados de forma a possuir um valor adicional aos fatos em si. Em outras palavras, são dados concatenados, que passaram por um processo de transformação, cuja forma e conteúdo são apropriados para um uso específico. (Ver Figura 5.1.)

Podemos encontrar diversas definições de informação na literatura da área:

1. Informações são dados que foram moldados em um formato que possui um significado e utilidade para o homem (Laudon e Laudon, 1998).
2. Informações são dados dotados de pertinência e propósito (Davenport, 1999).
3. A informação é um dado que tem um significado em um contexto (Oz, 1998).
4. Informação é um dado processado de uma forma significativa para o usuário e que tem valor real ou percebido para decisões correntes e posteriores (Davis, 1974).
5. Informação é a agregação ou processamento dos dados que provêem conhecimento ou inteligência (Burch e Strater, 1974).
6. A informação (na ciência do comportamento) é um signo ou conjunto de signos que impulsionam uma ação; distingue-se dos dados porque dados

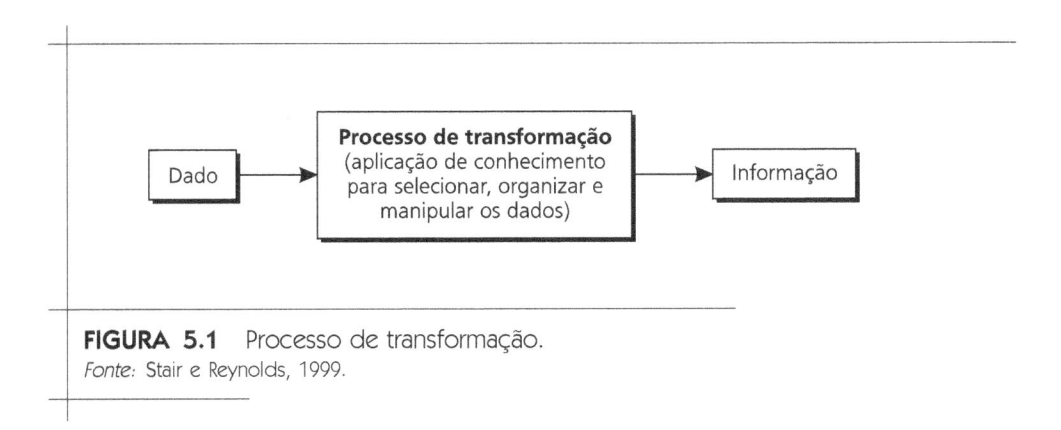

FIGURA 5.1 Processo de transformação.
Fonte: Stair e Reynolds, 1999.

não são estímulos de ação, mas simplesmente cadeias de caracteres ou padrões sem interpretação (Murdick e Munson, 1988).

A informação possui uma série de características que determinam seu valor para a organização ou processo em análise. Podemos identificar as principais características da informação:

- **Precisa:** Sem erros; em alguns casos, informações incorretas são geradas porque dados incorretos são lançados como entrada no processo de transformação (entra lixo, sai lixo).
- **Completa:** Contém todos os fatos relevantes no processo em análise.
- **Econômica:** Deve ser relativamente econômica para ser gerada, pois os tomadores de decisão deverão balancear o valor da informação com o custo para ser obtida.
- **Flexível:** Deve estar armazenada de forma a ser utilizada de formas diferentes e para apoiar processos diferentes.
- **Confiável:** É dependente da confiabilidade dos dados de origem e dos métodos de coleta de dados.
- **Relevante:** São importantes para os tomadores de decisão decidirem sobre um determinado processo ou decisão.
- **Clara** (simples): Deve ser simples; normalmente informações detalhadas e complexas não são úteis aos tomadores de decisão, bem como devem estar filtradas em quantidades compatíveis com as necessidades e as capacidades de processamento do tomador de decisão.
- **Veloz:** É entregue quando necessária, nem antes, nem depois.
- **Verificável:** Deve permitir uma verificação por parte do tomador de decisão, quando necessário.
- **Acessível:** Deve ser facilmente acessível por usuários autorizados, no formato adequado e no momento certo.
- **Segura:** Segurança de acesso somente por pessoas autorizadas.

As **fontes das informações** podem ser formais ou informais, bem como podem ser obtidas no contexto organizacional (interno) ou no meio ambiente onde a organização está inserida (externo). A Tabela 5.2 identifica essas características da informação, apresentando alguns exemplos:

TABELA 5.2 Fontes de informação

	Formal	Informal
Interna	Relatórios internos das áreas funcionais	Conversas informais dos funcionários
Externa	Legislação, pesquisa de mercado, documentos oficiais externos, Internet	Conversas, feiras, congressos, notícias na imprensa, Internet

Fonte: Adaptada de Freitas et al., 1997.

Conhecimento

O **conhecimento** implica estar ciente e ter o entendimento de um conjunto de informações e como essas informações podem ser úteis para suportar determinado processo ou tarefa, envolvendo uma combinação de instintos, idéias, informações, regras e procedimentos que guiam ações e decisões. O conhecimento é uma informação valiosa da mente humana, que inclui reflexão, síntese e contexto. É difícil de estruturar, difícil de capturar em computadores, normalmente é tácito (não explícito) e sua transferência é complexa.

Competência

A **competência** é o processo contínuo e articulado de formação e desenvolvimento de conhecimentos, habilidades e atitudes de gestores a partir da interação com outras pessoas no ambiente de trabalho, tendo em vista o aprimoramento de sua capacitação. Assim, pode adicionar valor às atividades da organização (Bitencourt, 2001).

Podemos encontrar diversas definições de competência na literatura da área:

1. É a capacidade de a pessoa gerar resultados dentro dos objetivos estratégicos e organizacionais das empresas, se traduzindo pelo mapeamento do resultado esperado (*output*) e do conjunto de conhecimentos, habilidades e atitudes necessárias para a sua consecução (*input*) (Dutra et al., 1998).
2. É a capacidade de mobilizar, integrar e colocar em ação conhecimentos, habilidades e formas de atuar (recursos de competências) a fim de atingir ou superar desempenhos configurados na missão da empresa e da área (Ruas, 1999).
3. A competência é uma combinação de conhecimentos, de saber-fazer, de experiências e comportamentos que se exerce em um contexto preciso. Ela é constatada quando de sua utilização em um contexto profissional a partir do qual é passível de avaliação. Compete então à empresa identificá-la, avaliá-la, validá-la e fazê-la evoluir (Zarifian, 2001).

4. As competências referem-se a conhecimentos individuais, habilidades ou características de personalidade que influenciam diretamente no desempenho das pessoas (Becker et al., 2001).

A Figura 5.2 representa os diversos elementos analisados no contexto do processo decisório organizacional.

ASPECTOS ESTRATÉGICOS DA INFORMAÇÃO

Atualmente não se discute mais a importância e os aspectos estratégicos da informação no contexto das organizações. A questão hoje é quando e como as modernas tecnologias da informação afetarão a organização. A TI se caracteriza como um importante diferencial competitivo nas organizações atualmente. Juntamente com a capacidade de aprendizagem das empresas, as novas TI podem ser identificadas como os principais diferenciais competitivos da atualidade. Nesse sentido, é fundamental a participação direta dos executivos das empresas nas definições de estratégias na área de SI. Emergem as áreas de planejamento estratégico de SI e de alinhamento estratégico de TI como duas das mais importantes subáreas da área de sistemas de informação. A aprendizagem e o conhecimento nas organizações parecem ser a estratégia competitiva mais importante das empresas no século XXI. A questão está colocada como um desafio para as empresas, seus gestores e os profissionais da área de SI.

As políticas de informação na empresa devem ser definidas e estar em sincronia com a estratégia da organização, envolvendo:

1. Filosofia de informação, incluindo o grau de disseminação de recursos pretendido e a autonomia desejada para as áreas.
2. Papel das tecnologias de informação, e sua contribuição para um melhor posicionamento estratégico, econômico e organizacional.
3. Evolução do uso das informações, incluindo atualização e capacitação permanente no uso das tecnologias de informação.

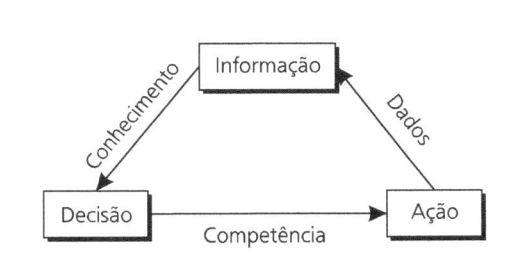

FIGURA 5.2 Relação entre a informação no processo decisório.

Tipos de políticas de informação

Podemos identificar os seguintes tipos de políticas de informação nas organizações (Davenport et al. *apud* Freitas et al., 1997):

- **Utópica tecnocrática.** Forte abordagem técnica como solução para todos os problemas; enfoca fortemente a modelagem e a categorização da informação e está sempre atenta a novas tecnologias de *software* e de *hardware*;
- **Anárquica.** Inexistência de qualquer política de gerenciamento de informação; os indivíduos determinam seus próprios sistemas de informação e a forma de gerenciá-los;
- **Feudalista.** Gerenciamento da informação por unidades ou funções individuais, que definem suas próprias necessidades de informações, reportando somente parte das informações para a organização;
- **Monárquica.** O gerenciamento da informação é ditado pelo líder da organização, que define o sistema de informação e o nível de acesso dos demais componentes da organização;
- **Federalista.** O gerenciamento da informação é feito com a participação de determinados elementos da organização; objetiva-se que a política seja determinada como resultado de consenso.

Não existe uma política mais adequada para cada organização, pois cada uma delas tem suas vantagens e desvantagens. Cada empresa, de acordo com suas características e contexto, identificará e adotará a política mais adequada a suas necessidades. O gerenciamento efetivo da política de informação da empresa envolve uma mudança cultural na organização, que requer um engajamento abrangente dos gerentes da organização. Atualmente, a informação nas organizações envolve mais do que poder e diferencial competitivo, uma questão de sobrevivência da empresa no ambiente turbulento e de profundas mudanças que estamos vivendo.

SISTEMAS DE INFORMAÇÃO

Tomando por base os conteúdos dos capítulos iniciais do livro, um sistema de informação é um tipo especializado de sistema e pode ser definido de diferentes formas. No próximo capitulo, aprofundaremos a definição de SI e o estudo de sua tipologia.

Sistemas de informação e tecnologia da informação

Há uma ambigüidade conceitual no uso dos termos tecnologia da informação (TI) e sistemas de informação (SI). Assim, é de fundamental importância a estabilização de conceitos claros com relação à área de SI.

Alguns autores seguem a linha conceitual da Teoria Geral dos Sistemas, considerando que o termo sistemas de informação abrange um conjunto de componentes inter-relacionados que coletam, processam, armazenam e distribuem informações para o suporte ao controle e à tomada de decisões nas organizações. Nesse caso, a TI é considerada apenas como infra-estrutura de suporte para os SI. Outros autores consideram o termo tecnologia de informação mais abrangente. Além dos SIs e da infra-estrutura de suporte aos mesmos (equipamentos e pessoas), o termo TI envolve técnicas de implementação, relacionamentos entre negócio e operações eficientes e eficazes, capacitações, formas de comunicação, uso e disponibilização de recursos através de vários canais de informação (redes, Internet, etc.), entre outros fatores que podem compor uma base maior para o conhecimento.

Podemos justificar essa ambigüidade explicando que alguns autores consideram a TI como o lado tecnológico dos SIs, incluindo *hardware*, BD, *software*, redes e outros dispositivos, podendo ser vista como um subsistema dos SIs. Mas muitas vezes o termo TI é intercambiável com o termo SI, sendo descrito como o conjunto dos diversos SIs, dos usuários e do gerenciamento que suporta as atividades organizacionais. Podemos concluir, ao abordarmos as diferentes linhas conceituais apresentadas pela literatura sobre os termos TI e SI, que ainda não existe uma consistência e concordância quanto à exata definição para ambos os termos ou para suas abrangências.

Neste livro, adotamos a visão ancorada na Teoria Geral dos Sistemas, na qual a TI é a dimensão tecnológica dos SIs. Além disso, dependendo do contexto, o termo SI pode:

1. identificar um sistema de informação utilizado por uma organização (sistemas de folha de pagamento ou contas a pagar ou um sistema de informação gerencial ou de apoio à decisão);
2. identificar a área funcional de sistema de informação em uma organização.

Por fim, enquanto área de pesquisa e atuação profissional, a SI abrange: planejamento de SI, auditoria de SI, gerência de projetos de SI, organização da função de SI, qualidade e melhoria de processos de SI, implementação de SI e aplicações específicas tais como sistemas de trabalho cooperativo, sistemas de gestão do conhecimento e sistemas de apoio à decisão.

Processos de negócios, sistemas de informação e tecnologia da informação

Inicialmente, é preciso considerar que os **processos de negócios** são grupos de passos ou atividades relacionadas que utilizam pessoas, informações e outros recursos para agregar valor interno ou externo aos clientes. Eles representam tempo e lugar, tem início e fim e entradas e saídas, sendo o *link* entre os clientes e a organização. Nesse contexto, uma organização consiste num grande número de processos de negócios interdependentes que trabalham em conjunto para gerar produtos ou serviços em um ambiente de negócios. E um ambiente de negócio inclui a empresa e todas as coisas que afetam seu sucesso, tais como: competição, fornecedores, clientes, agentes reguladores (governo) e condições demográficas, sociais, econômicas.

A relação fundamental que ocorre entre os processos de negócios, sistemas de informação e tecnologia da informação nas organizações pode ser representada através da Figura 5.3. No sentido *top-down*, aparece quem é determinante sobre quem no processo de incorporação de novas tecnologias nas organizações. Isso significa dizer que os processos de negócio determinam os sistemas de informação, que, por sua vez, vão especificar as necessidades de tecnologias de informação para seu funcionamento.

Por outro lado, é evidente que as novas tecnologias da informação desempenham papel importante ao afetar as possibilidades dos sistemas de informação, os quais afetam os processos de negócios em função de suas potencialidades novas e inovadoras. O importante é entender que o sentido *top-down* deve sempre ser determinante, mas o sentido *bottom-up* pode, eventualmente (principalmente em casos de novas tecnologias), influenciar uma mudança ou uma nova demanda no nível imediatamente superior, quer seja nos sistemas de informação ou nos processos de negócio.

A mesma relação ocorre quando abordamos as definições de estratégias de negócios, estratégias de sistemas de informação e estratégias de tecnologia da informação. Ocorrem relações de determinação e influência entre as três estratégias.

Evolução da tecnologia: processamento de dados, informática e TI

As tecnologias têm evoluído rapidamente ao longo do tempo, levando os gestores da área de sistemas de informação nas organizações a se preocuparem

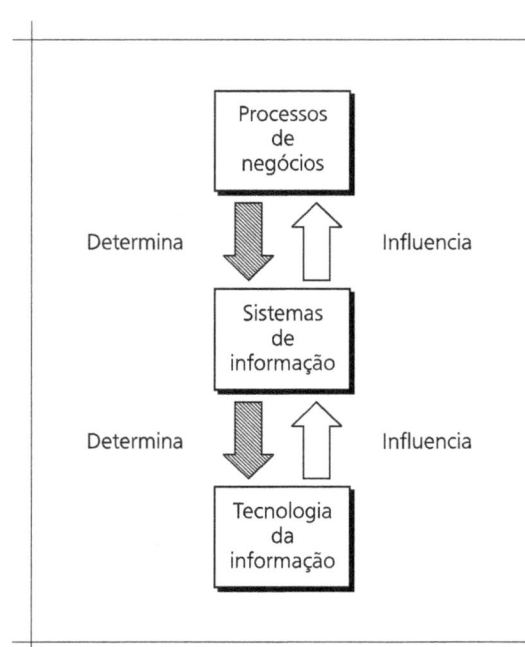

FIGURA 5.3 Relação entre processos de negócio, sistemas de informação e tecnologia da informação.

com a identificação e o desenvolvimento de novas abordagens para gerir essas tecnologias em constante evolução. A evolução do ambiente tecnológico na área de SI apresenta três fases bem características, em que as tecnologias disponíveis apresentam características importantes com relação a suas aplicações nas empresas em determinado período histórico.

Se considerarmos o ponto de partida como o início do uso dos computadores em organizações civis, identificamos a primeira fase no início dos anos 1950. A segunda fase ocorreu com a disseminação dos microcomputadores no interior das organizações. A terceira fase é associada ao emprego de tecnologias que permitiram a distribuição do processamento. A Tabela 5.3 sintetiza os principais aspectos do ambiente tecnológico de cada fase.

A CURVA DE APRENDIZAGEM E A TRANSIÇÃO DE TECNOLOGIAS

A área de educação tem estudado as curvas de aprendizagem há muitos anos. Esse conceito se aplica de duas formas na área de SI: na introdução de novos sistemas de informação nas organizações e na transição de uma antiga tecnologia para uma nova tecnologia (um novo sistema de informação ou uma migração para um novo banco de dados ou ambiente de desenvolvimento).

A curva de aprendizagem, ou curva S, mostra que a aprendizagem se desenvolve obedecendo a uma curva em formato de um S, ao longo do tempo (Figura 5.4). Isso significa que a aprendizagem de um novo sistema ou de uma nova tec-

TABELA 5.3 Fases da evolução do uso da tecnologia da informação

	Tecnologia	Período	Alvo principal	Objetivo organizacional
Fase I (computador, processamento de dados)	*Mainframe*, sistemas isolados	Décadas de 1950 e 1960	Área-meio	Produtividade Eficiência
Fase II (informação + automática = informática)	*Mainframe*, microcomputadores, integração dos sistemas, tipologia de SI	Décadas de 1970 e 1980	Área-meio e dos grupos de trabalho	Eficácia dos indivíduos
Fase III (tecnologia da informação)	Redes de computadores, sistemas integrados, Orientação a Objetos (OO), sistemas colaborativos	Década de 1990 e início século XXI	Área-fim	Criação de valor, agregação de valor Planejamento Estratégico de Sistemas de Informação (PESI) e alinhamento estratégico de TI

nologia não será imediata com relação à sua aquisição ou sua implantação. Não é uma questão de aplicar mais recursos visando a aprender instantaneamente. O resultado será inútil. As pessoas necessitam de tempo para aprender. O nível de serviço que poderá ser atingido por um novo sistema ou tecnologia também só será atingido após a aprendizagem por parte dos novos usuários. Essa mesma lógica pode ser aplicada no processo de treinamento em novas tecnologias para o pessoal técnico da área de computação.

A aplicação mais importante da curva de aprendizagem na área de sistemas de informação ocorre na análise da transição de uma antiga tecnologia para uma nova tecnologia. A Figura 5.5 mostra essa relação por meio de duas curvas S sobrepostas. Isso significa que, quando mudamos uma determinada tecnologia (um novo banco de dados, a implantação de um novo sistema, etc.), devemos esperar uma queda no nível de serviço, por um intervalo de tempo. Não podemos eliminar esse fato, mas podemos desenvolver um processo de capacitação e educação visando a reduzir ao máximo esse intervalo de queda no nível de serviço. Para o sucesso na implantação de um novo sistema, na troca de uma determinada tecnologia ou na implantação de um novo plano de sistemas de informação, os gestores devem estar cientes desse fato, e devem querer gerar nos usuários e executivos expectativas realistas com relação ao processo de mudança. Essa característica de queda momentânea no nível de serviço, quando transitamos de uma tecnologia antiga para uma nova, é bem-conhecida dos profissionais de SI e pode ser resumida com a seguinte assertiva: "Antes de melhorar, vai piorar".

INTEGRAÇÃO DA ÁREA DE SI COM OUTRAS ÁREAS DO CONHECIMENTO

A área de computação e informática tem, freqüentemente, recorrido a outras áreas de conhecimento para obter uma maior compreensão sobre os vários aspectos que circundam seu próprio campo de estudo. Podemos dizer que conhecimentos construídos em outras ciências (matemática, física, engenharias) influenciaram e ainda influenciam, de maneira decisiva, a ciência da computação.

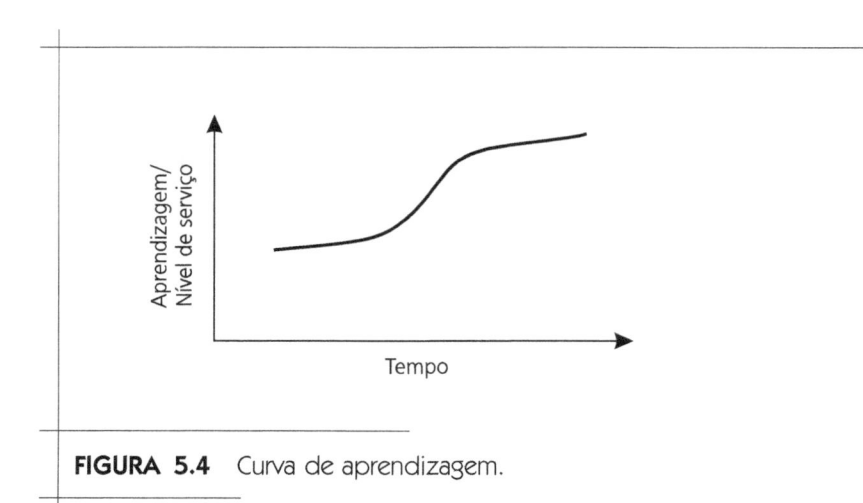

FIGURA 5.4 Curva de aprendizagem.

FIGURA 5.5 Transição da antiga para a nova tecnologia.

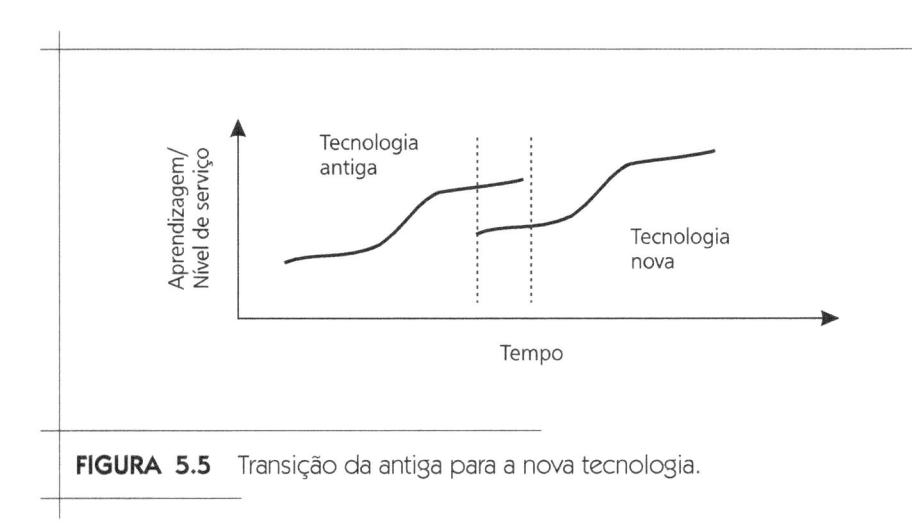

Da mesma forma, os sistemas de informação, que lidam com assuntos típicos das organizações, de forte base empírica e comportamental, necessita agregar novos conhecimentos e incorporar uma visão mais sistêmica ao desenvolver suas pesquisas e empreender atividades profissionais. A área de SI é caracterizada por possuir limites muito tênues, que permitem um amplo relacionamento entre diferentes campos de conhecimento. A área de SI, sobretudo na ciência da computação, necessita se relacionar com outras áreas de conhecimento. A necessidade de utilizar contribuições de áreas como sociologia, psicologia, ciência política e administração tem sido cada vez mais urgente.

Os mais recentes estudos na área de SI mostram que a área é multidisciplinar. Isso implica dizer que uma única teoria ou perspectiva não pode responder aos problemas formulados. No geral, podemos identificar abordagens técnicas e comportamentais (Laudon e Laudon, 1998). Na verdade, os SIs são sistemas sociotécnicos. A abordagem técnica utiliza uma base matemática, modelos normativos, tecnologias físicas e capacidades formais dos sistemas. Destacam-se as contribuições das áreas de ciência da computação, pesquisa operacional e matemática. A abordagem comportamental aborda aspectos e temas comportamentais relacionados com os SIs. Problemas como a implementação e o uso de sistemas, interfaces criativas e comunicação entre analista e usuário não podem ser expressos e entendidos com os modelos normativos utilizados na abordagem técnica. Destacam-se as contribuições das áreas de psicologia, sociologia e ciência política.

A abordagem mais adequada para estudar e desenvolver sistemas de informação é a abordagem sociotécnica (Laudon e Laudon, 1998), que auxilia no balanço entre as perspectivas técnicas e comportamentais. Partimos do princípio de que as tecnologias devem se ajustar às demandas organizacionais, sendo projetadas e alteradas continuamente para se manterem ajustadas ao longo do tempo. Por outro lado, as pessoas e as organizações devem aprender continuamente, visando a se preparar para o uso eficaz das tecnologias disponíveis e as mudanças organizacionais decorrentes.

RESUMO

Este capítulo abordou os conceitos de dados, informação, conhecimento e competência que são básicos para a compreensão da área de sistemas de informação. Dado envolve um fato ou sua representação, independente de seu contexto de uso, enquanto a informação são dados já processados para um uso específico. O conhecimento envolve a apropriação e o uso da informação em um contexto de decisão e ação, enquanto competência envolve um processo de formação e desenvolvimento de conhecimentos, habilidades e atitudes.

O processo de transformação de dados em informações e conhecimentos é necessário para o estabelecimento das competências individuais e organizacionais. Nesse sentido, as organizações estabelecem políticas de informação. As políticas de informação na empresa devem estar em sincronia com a estratégia da organização. Além disso, elas devem envolver uma filosofia de informação, o papel a ser desempenhado pelas tecnologias da informação e a forma de acompanhar a evolução dessas tecnologias. Dentre as diversas abordagens para caracterizar os sistemas de informação e as tecnologias da informação, adotamos a que considera que o SI abrange um conjunto de componentes inter-relacionados que coletam, processam, armazenam e distribuem informações para controle e decisões nas organizações. Dentro dessa perspectiva, a TI é considerada infra-estrutura de suporte para os SIs.

Além disso, devemos considerar que há uma relação fundamental entre os processos de negócios, os sistemas de informação e as tecnologias da informação nas organizações. Os processos de negócio determinam os sistemas de informação, que, por sua vez, vão especificar as necessidades das tecnologias de informação para seu funcionamento. Por outro lado, é evidente que as novas tecnologias da informação afetam os recursos a serem oferecidos pelos sistemas de informação, os quais afetam os processos de negócios em função de suas potencialidades inovadoras.

Por fim, mostramos que os sistemas de informação são componentes complexos que podem ser descritos em termos de suas dimensões tecnológica, organizacional e humana, e exigem uma abordagem multidisciplinar no que diz respeito a sua otimização e a resolução dos problemas que lhes são pertinentes. A compreensão e a solução dos problemas relacionados aos sistemas de informação só podem ser alcançadas a partir de uma perspectiva que integre essas dimensões, na medida em que raramente os problemas são exclusivamente técnicos ou comportamentais. Assim, a abordagem sociotécnica dos sistemas de informação é a perspectiva teórica adotada neste livro, já que a tecnologia deve estar alinhada com as necessidades organizacionais, o que exige o gerenciamento de um sistema de informação em termos de todos os seus componentes e dentro de uma concepção capaz de integrar as dimensões tecnológica, organizacional e humana.

LEITURAS RECOMENDADAS

Sugerimos como leitura básica os livros de Edwards, Ward e Bytheway (1995), Laudon e Laudon (1998), Stairs e Reynolds (1999), e, como leitura complementar, os livros de Davenport, Eccles e Prusak (1992), Tapscott (1996) e Turban, McLean e Wetherbe (1996).

ALGUMAS QUESTÕES DE REVISÃO

1. Defina e relacione dado, informação e conhecimento.
2. Quais são os impactos estratégicos que a informação pode gerar?
3. Qual é a relação entre SI, TI e processos de negócios?
4. Quais são as fases de uso (e características) das tecnologias nas organizações?
5. Qual é o comportamento da curva de aprendizagem na transição de uma tecnologia antiga para uma nova?
6. Por que a multidisciplinaridade é fundamental na área de SI?

EXERCÍCIOS

1. No livro *Economia Digital*, Don Tapscott faz uma análise do uso da tecnologia da informação nas organizações, apresentando um modelo que leva em conta considerações sobre as transformações organizacionais para uma nova estrutura, "A Empresa em Rede". Com base nesse modelo apresentado pelo autor (Capítulo 3), desenvolva os seguintes trabalhos:

    a) Situe sua organização dentro de um ou mais níveis de transformação. Faça o mesmo para sua área de atuação. Justifique por que você considera que ela tenha estado ou esteja no(s) nível(is) indicado(s).

    b) Projete sua organização dentro do modelo proposto, buscando abordar todos os cinco níveis de transformação. Faça o mesmo para sua área de atuação, justificando por que você considera relevante tendo em vista os objetivos de sua área.

2. Identifique e descreva detalhadamente uma situação de tomada de decisão em sua empresa, na qual você possa identificar claramente os conceitos de dado, informação, conhecimento e competência. Apresente o processo e cada um dos exemplos que caracterizam os conceitos estudados.

3. Identifique e descreva detalhadamente três situações de tomada de decisão estratégica na área de SI em sua empresa, mostrando os níveis hierárquicos e como o processo foi conduzido. A partir disso, responda as seguintes questões:

    a) Analise a política de informação utilizada em cada um dos processos descritos e faça uma crítica individualizada, enfocando também o grau de participação das pessoas no processo decisório e, se possível, como isso se manifestou nos resultados obtidos (para cada um dos processos).

    b) Busque generalizar os casos descritos, visando a identificar a política de informação adotada na empresa e posicione-se criticamente sobre o tema (está correto, inadequado e por quê).

c) Apresente sugestões (justificadas) que possam melhorar ou mudar a política de informações na empresa.

4. Apresente (detalhadamente) um exemplo de transição de uma tecnologia antiga para uma nova na sua organização (na área de SI) e comente esse processo de transição tendo como referência as curvas S (de aprendizagem) sobrepostas.
5. Apresente três exemplos que mostram a importância de se adotar uma abordagem sociotécnica na área de sistemas de informação, em contraponto a uma abordagem puramente técnica.
6. Qual é a sua opinião sobre a necessidade da área de SI adotar uma postura mais interdisciplinar para estudar e resolver seus problemas nos temas de desenvolvimento de *software*, qualidade de *software* e gerência de projetos de *software*. Fundamente sua opinião e cite exemplos de conhecimentos de outras áreas que podem ser úteis para cada um dos temas citados.

REFERÊNCIAS BIBLIOGRÁFICAS

ARAÚJO SANTOS, F. O estrategista frente ao futuro alucinante: novas teorias e velhos mestres. In: CONGRESSO LATINO-AMERICANO DE ESTRATÉGIA, 8., 1995, São Leopoldo. *Anais...* São Leopoldo: Unisinos, 1996.

AUDY, J.; BRODBECK, A. *Sistemas de informação:* planejamento e alinhamento estratégico nas organizações. Porto Alegre: Bookman, 2003.

BECKER, B.; HUSELID, M.; ULRICH, D. *The HR scorecard:* linking people, strategy and performance. Boston: HBS, 2001.

BITENCOURT, C. *A gestão de competências gerenciais:* a contribuição da aprendizagem organizacional. 2001. Tese (Doutorado) - PPGA/UFRGS, 2001.

BIO, B. Sistemas de informação: um enfoque gerencial. São Paulo: Atlas, 1991.

BURCH, J.; STRATER, F. Information systems: theory and practice. Califórnia: Hamilton Publising, 1974.

CAPRA, F. *O ponto de mutação.* São Paulo: Cultrix, 1992.

DAVENPORT, T. Ecologia de la informacion. New York: Oxford University, 1999.

DAVIS, G.B. Management information systems: conceptual foundations, structure and development. New York: McGraw-Hill, 1974.

DAVIS, G.B.; OLSON, M.H. *Sistemas de informacion gerencial.* Bogotá: McGraw-Hill, 1987.

DUTRA, J.; SILVA, J. Gestão de pessoas por competência: o caso de uma empresa do setor de telecomunicações. In: ENCONTRO NACIONAL DOS PROGRAMAS DE PÓS-GRADUAÇÃO EM ADMINISTRAÇÃO. Conferência, Foz do Iguaçu, 1998.

ELSTER, J. *Solomonic judgements:* studies in the limitation of rationality. Cambridge: University Press, 1989.

FREITAS, H. et al. *Informação para a decisão.* Porto Alegre: Ortiz, 1997.

LAUDON, K.; LAUDON, J. *Management information systems.* New Jersey: Prentice Hall, 1998.

LEVY, P. *A máquina universo.* Porto Alegre: Artmed, 1998.

____. *As tecnologias da inteligência.* Rio de Janeiro: Editora 34, 1993.

MOTTA, P.R. *Gestão contemporânea:* a arte e a ciência de ser dirigente. Rio de Janeiro: Record, 1991.

MURDICK, R.; MUNSON, J. *Sistemas de informacion administrativa.* México: Prentice Hall, 1988.

NICHOLS, G. On the nature of management information. *Management Accouting*, v.15, p.9-13, April 1969.

OZ, E. *Management information systems.* Cambridge: Course Technology, 1998.

PORTER, M.E.; MILLAR, V.E. How Information gives you competitive advantage. *Harvard Business Review,* Boston, July 1995.

REICH, B.; BENBASAT, I. Measuring the linkage between business and information technology objectives. *MIS Quarterly*, March 1996.

REPONEN, T. The role of learning in information system planning and implementation. In: GALLIERS, H.; BAETS, R. *Information technology and organizational transformation*. Chichester: John Wiley and Sons, 1998.

REZENDE, D.; ABREU, A. *Tecnologia da informação aplicada a sistemas de informação*. São Paulo: Atlas, 2000.

RUAS, R. *Gestão de competências gerenciais e a aprendizagem nas organizações*. Documento de Estudo. Escola de Administração, PPGA/UFRGS, 1999.

STAIRS, M.; REYNOLDS, G. *Principles of information systems*. Cambridge: Course Technology, 1999.

TAPSCOTT, D. *Economia digital*. São Paulo: Makron, 1997.

TURBAN, E.; McLEAN, E.; WETHERBE, J. *Information technology for management*: improving quality and productivity. New York: John Wiley and Sons, 1996.

ZARIFIAN, P. *Objetivo*: competência. São Paulo: Atlas, 2001.

6
Sistemas de Informação

OBJETIVOS DE APRENDIZAGEM

1. caracterizar os objetivos dos sistemas de informação;
2. apresentar as funções dos sistemas de informação;
3. mostrar os componentes dos sistemas de informação;
4. caracterizar as dimensões dos sistemas de informação;
5. identificar os tipos de sistemas de informação;
6. apresentar o emprego dos sistemas de informação no suporte ao controle e integração dos processos de negócio e funções empresariais;
7. demonstrar o emprego dos sistemas de informação no suporte ao processo decisório;
8. caracterizar o emprego dos sistemas de informação no suporte estratégico empresarial.

O CONCEITO DE SISTEMAS DE INFORMAÇÃO

Os conceitos de sistema e de informação, discutidos ao longo dos capítulos anteriores, permitem que possamos caracterizar o que são os sistemas de informação. No Capítulo 2, vimos que o termo "sistema" tem ampla utilização e genericamente designa todo o conjunto de elementos que interagem entre si, cumprindo determinados objetivos ou tarefas e situam-se em um contexto ambiental. Além disso, vimos que é possível especificar um sistema a partir do paradigma da entrada-saída.

No Capítulo 5, conceituamos informação como sendo dados relacionados e contextualizados. Além disso, destacamos que as informações são necessárias para que as organizações possam realizar a integração e a administração dos processos de negócio e das funções empresariais, a tomada de decisão nos diversos níveis organizacionais e a obtenção de vantagens competitivas. Dessa forma, uma organização deve dispor de informações apropriadas em termos de confiabilidade, utilização, disponibilização e custo de obtenção. Assim, vamos caracterizar alguns aspectos que nos permitem chegar a um conceito de sistemas de informação.

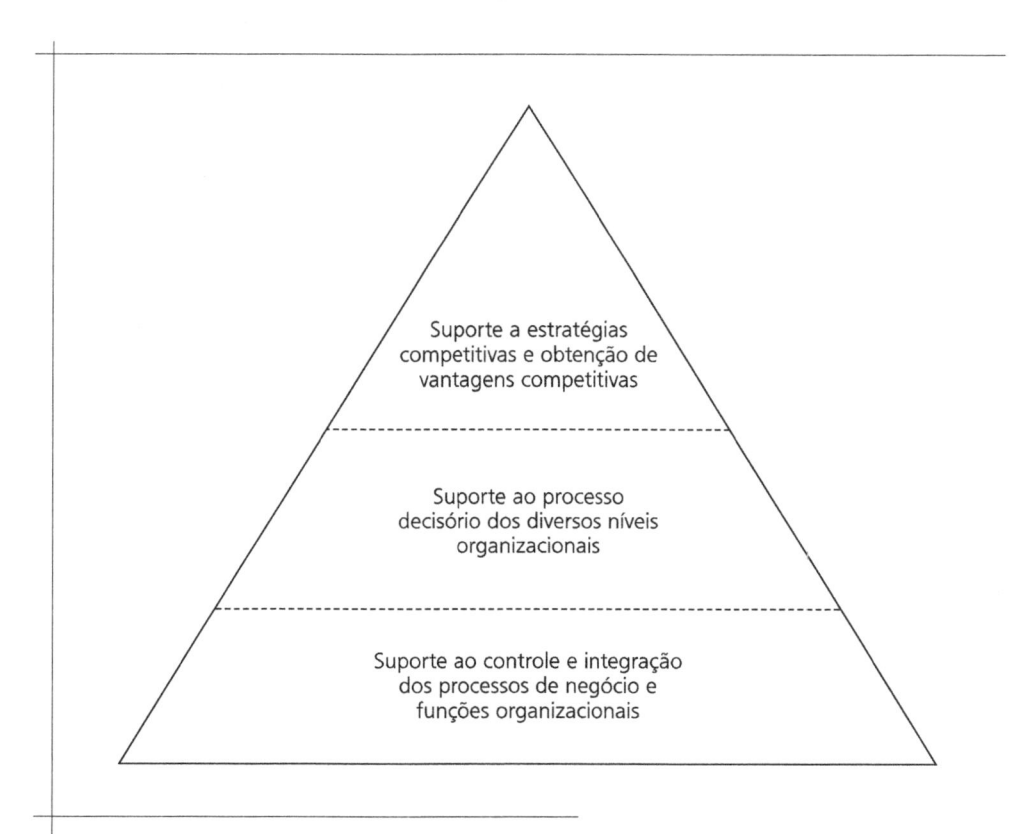

Objetivos dos sistemas de informação

O objetivo geral dos sistemas de informação é disponibilizar para a organização as informações necessárias para que ela atue em um determinado ambiente. Podemos desdobrar esse objetivo geral em três metas fundamentais (Figura 6.1) que podem ser alcançadas pelas organizações através do uso dos sistemas de informação.

Suporte ao controle e à integração dos processos de negócio e funções organizacionais

Dentro da perspectiva dos processos de negócio e das funções organizacionais (*marketing*, produção, recursos humanos, finanças, contabilidade), os sistemas de informação disponibilizam informações para o gerenciamento (planejamento, direção, organização e controle) e execução das operações da organização.

Do ponto de vista interno, esses sistemas de informação propiciam a integração entre as diversas áreas e processos de negócio da empresa. Do ponto de vista externo, os sistemas permitem a inserção da organização dentro de uma cadeia de suprimentos através da integração com clientes e fornecedores.

FIGURA 6.1 Objetivos dos sistemas de informação.

Suporte ao processo decisório nos diversos níveis organizacionais

No que diz respeito ao processo decisório, os sistemas de informação são responsáveis pela disponibilização de informações necessárias para a tomada de decisão nos diversos níveis organizacionais. Considerando a divisão clássica das organizações nos níveis operacional, tático e estratégico, a informação é o insumo básico para o processo decisório que ocorre em cada um desses níveis.

No nível operacional, os sistemas suprem os gestores e os executores com informações referentes aos processos operacionais da empresa, permitindo avaliar e controlar essas atividades rotineiras e realizar o ajuste dessas operações durante sua execução. No nível tático, os sistemas de informação suprem os processos decisórios com as informações necessárias para o acompanhamento e o controle em médio prazo dos processos de negócio, permitindo certificar o alcance de metas e atuar sobre desvios que sejam detectados.

Em termos estratégicos, os sistemas de informação fornecem as informações a respeito do ambiente externo e do ambiente interno da empresa com vistas ao planejamento de longo prazo. Tal planejamento deve levar em conta as tendências políticas, econômicas, sociais e tecnológicas, bem como as competências e capacidades da própria organização, com o intuito de traçar metas e estratégias para que a organização mantenha ou amplie sua participação no mercado.

Suporte a estratégias competitivas propiciando a obtenção de vantagens competitivas

Por fim, os sistemas de informação disponibilizam as informações que permitem à organização analisar problemas e oportunidades e criar novos produtos, serviços e formas de operação que propiciem a obtenção de vantagens competitivas. Uma vantagem competitiva pode ser considerada como a razão pela qual o cliente escolhe uma empresa determinada, e não a empresa concorrente. A obtenção dessas vantagens depende de uma estratégia competitiva. Trata-se de uma forma de atuação que busca a diferenciação em relação aos concorrentes. Em geral, essa diferenciação inclui um processo de inovação quer dos processos de negócio, quer dos produtos e serviços que são oferecidos. Um sistema de informação cumpre objetivos estratégicos quando contribui diretamente para esse processo de inovação, que permite à organização se diferenciar no mercado e conquistar a liderança.

Funções dos sistemas de informação

As funções de um sistema de informação (Figura 6.2) incluem a coleta, o processamento, o armazenamento e a distribuição dos dados que, ao serem relacionados e contextualizados pelos usuários, proporcionarão as informações necessárias para a organização. Adicionalmente, há uma função de retroalimentação (*feedback*) que possibilita a auto-regulação do sistema.

FIGURA 6.2 Funções dos sistemas de informação.

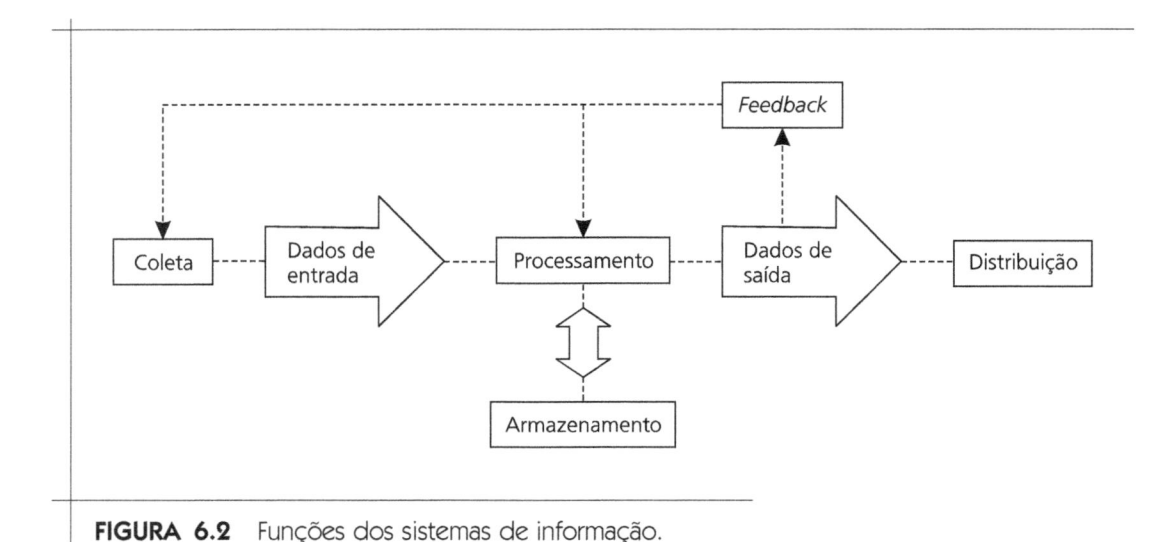

Coleta

A coleta consiste na obtenção e na codificação de dados que caracterizam entidades, eventos e previsões de eventos que sejam de interesse da organização. Os dados coletados são valores que determinados atributos da entidade ou evento apresentam em uma certa situação. Esses dados são codificados em uma forma armazenável e manipulável pelo sistema.

Assim, por exemplo, podemos considerar uma situação na qual está ocorrendo o evento da entrega de um pedido de matérias-primas em uma indústria. A empresa tem a necessidade de gerir esse evento e para isso precisa obter dados que caracterizem os atributos da entrega do pedido e das entidades envolvidas (transportadora, fornecedor, matéria-prima). Tais dados são obtidos com base em uma nota fiscal impressa pelo fornecedor e entregue no momento da chegada do caminhão. A seguir, esses dados são digitados em um microcomputador que os codifica digitalmente, disponibilizando-os para o sistema de informação de recebimento de materiais.

Processamento

O processamento transforma os dados de entrada em resultados ou dados de saída que sejam úteis para a organização. O processamento é constituído por um conjunto de algoritmos que realizam operações de acordo com os objetivos do sistema de informação, transformando os dados coletados e armazenados em dados de saída ou resultados. Esses algoritmos constituem a forma pela qual a organização gerencia e executa suas operações, realiza processos decisórios nos níveis operacional, tático e estratégico, e atua de forma estratégica em seu ambiente de negócios.

Como exemplo, podemos considerar que o processamento dos dados referentes a um evento de entrega de pedido de matérias-primas atualizará os saldos em estoque das matérias-primas entregues e realizará a baixa das ordens de compra e pedidos ao fornecedor que estavam pendentes.

Armazenamento

O armazenamento é responsável pelo registro dos dados coletados e dos dados resultantes do processamento em um meio que permita sua recuperação para utilização futura pela organização. Os dados poderão ser utilizados posteriormente na realização de procedimentos de planejamento, organização, direção e controle de eventos e processos de negócio. Além disso, o armazenamento pode cumprir exigências legais e contratuais. Por outro lado, a partir da manutenção de séries históricas do que ocorre dentro e fora da organização, é possível realizar a análise de tendências e cenários, propiciando o suporte à tomada de decisão.

Por exemplo, ao digitarmos os dados referentes a um evento de entrega de um pedido de matérias-primas, o sistema de informação armazenará esses dados em um meio magnético, permitindo sua utilização posterior.

Distribuição

A distribuição faz a disseminação dos dados dentro e fora da organização. A disseminação torna possível o acesso aos dados por aqueles que necessitam e estão autorizados a fazerem seu uso.

Em uma situação de entrega de um pedido de matérias-primas, os dados coletados e aqueles resultantes do processamento podem ser encaminhados à área de produção para que haja o disparo da execução das ordens de produção que estavam aguardando a chegada da matéria-prima. Além disso, os dados podem ser acessados pela área de contas a pagar, para que seja efetuado o pagamento ao fornecedor referente ao pedido de matérias-primas que foi entregue.

Retroalimentação ou *feedback*

Além das funções de coleta, processamento, armazenamento e distribuição dos dados, consideramos uma função dos sistemas de informação a retroalimentação ou *feedback*. A retroalimentação propicia ao sistema de informação um mecanismo de controle que monitora as saídas, compara com os objetivos do sistema e ajusta ou modifica as atividades de coleta e processamento com o intuito de manter o sistema, atendendo aos requisitos para os quais foi desenvolvido. Nesse sentido, a retroalimentação permite que haja um controle e ajuste dos processos abrangidos pelo sistema a partir da detecção de desvios e erros.

Assim, por exemplo, levando em conta que um dos objetivos do sistema de recebimento de matérias-primas seja a certificação da qualidade dos materiais que estão sendo entregues pelo fornecedor, o *feedback* consiste na verificação do atendimento dos requisitos de qualidade que haviam sido contratados entre a empresa e o fornecedor. Tais requisitos incluem especificações técnicas, preço e prazo de entrega. Caso o pedido esteja sendo entregue fora das especificações, o gestor ou executor do processo é notificado com o intuito de confirmar ou não o recebimento das matérias-primas. Se for confirmado o recebimento, o sistema poderá realizar um ajuste das entradas de dados e do processamento, no sentido de identificar a inclusão no estoque de materiais fora das especificações e de onde partiu a liberação de tal operação. Se a entrega for rejeitada, o sistema poderá realizar um ajuste das entradas de dados e do processamento para cancelar os dados de recebimento e informar o fornecedor e as outras áreas da empresa sobre a rejeição dos materiais.

Componentes de sistemas de informação

Com o avanço da tecnologia da informação, os recursos de *hardware* e *software* passaram a ser componentes dos chamados sistemas de informação baseados em computador. O uso desse tipo de sistema de informação está pautado na melhoria da capacidade de processamento, na qualidade da informação oferecida e na relação custo/benefício proporcionadas pelo emprego das ferramentas oferecidas pela informática e pelas telecomunicações. Nesse sentido, o objetivo da tecnologia da informação é dotar os sistemas de informação de maior efetividade.

A efetividade dos sistemas de informação baseados em computador é alcançada a partir de uma visão integrada dos cinco elementos que os compõem: *hardware, software*, dados, procedimentos e pessoas.

Hardware

O primeiro elemento é o conjunto de equipamentos empregados na coleta, processamento, armazenamento e distribuição dos dados. O *hardware* inclui os computadores e seus periféricos (dispositivos de entrada, saída e armazenamento), bem como os dispositivos de interconexão e equipamentos de telecomunicação como placas de rede, roteadores, *hubs*, antenas, satélites e outros.

Software

O segundo elemento, o *software*, é composto pelas instruções lógicas necessárias para que o *hardware* possa realizar a manipulação dos dados. O *software* inclui sistemas operacionais, protocolos de comunicação, sistemas gerenciadores de bancos de dados e aplicativos individuais, departamentais ou de gestão empresarial.

Dados

O terceiro componente engloba representações de fatos físicos ou de previsões de eventos que estão armazenadas no *hardware*, de forma a permitir seu processamento pelo *software*, incluindo, por exemplo, apontamentos de baixas de estoque ou estimativas de desempenho da equipe de vendas.

Procedimentos

É preciso considerar que os sistemas de informação fazem parte de um contexto organizacional no qual as pessoas desempenham papéis diferentes, de acordo com uma hierarquia que estrutura níveis de autoridade e responsabilidade. Essa estrutura, que distribui e diferencia funções, configura procedimentos operacionais que constituem o quarto elemento dos sistemas de informação. Como exemplos de procedimentos, podemos citar a forma de realização dos lançamentos contábeis ou os procedimentos para a seleção de fornecedores. Esses procedimentos operacionais padrão definem regras formais ou informais de realização de tarefas e correspondem a *scripts* a serem desempenhados pelos diversos tipos de usuários.

Pessoas

As pessoas constituem o quinto elemento de um sistema de informação e podem ser classificadas em dois grupos: os profissionais de sistemas de informação e os usuários. Os profissionais de sistemas de informação são responsáveis pelo desenvolvimento, manutenção e suporte do sistema de informação. Os usuários são indivíduos que usufruem as atividades oferecidas pelo sistema, obtendo informações significativas e úteis para a organização. O comprometimento dos usuários é fundamental na implementação dos sistemas de informação, na medida em que os sistemas existem para atender às demandas individuais, grupais e organizacionais.

É possível classificar os usuários de acordo com o tipo de uso que fazem dos sistemas de informação. Laudon e Laudon (1998) classificam os usuários em trabalhadores do conhecimento (engenheiros, cientistas, etc), trabalhadores de dados (secretárias, almoxarifes, etc) e trabalhadores de serviço ou produção (operários, montadores, vendedores, etc).

Além dos usuários diretamente envolvidos em atividades de desenvolvimento, produção e comercialização de produtos e serviços, é possível identificar os usuários gerenciais dos sistemas de informação. Os gerentes usufruem direta ou indiretamente as atividades e dados proporcionados pelo sistema de informação, e influem nos requisitos que o sistema deve atender e nas restrições orçamentárias e operacionais em que o sistema deverá ser implementado.

Dimensões de sistemas de informação

Como discutimos no capítulo 5, a área de sistemas de informação é concebida como uma área multidisciplinar, exigindo a integração de abordagens técnicas e comportamentais para seu estudo. Isso também fica evidenciado ao tratarmos dos sistemas de informação como artefatos derivados do conhecimento e empregados pelas organizações.

A compreensão e a solução dos problemas relacionados aos sistemas de informação só podem ser alcançadas a partir de uma perspectiva que integre as abordagens técnicas e comportamentais, na medida em que raramente os problemas são exclusivamente técnicos ou comportamentais (Laudon e Laudon, 1998). Nesse sentido, ao conceituarmos sistemas de informação, consideramos que os mesmos apresentam três dimensões: tecnológica, organizacional e humana. (Ver Tabela 6.1.)

Dimensão tecnológica

A dimensão tecnológica envolve a infra-estrutura (*hardware*, *software* e comunicações), aplicações de gestão orientadas ao ambiente organizacional interno (intranet, ERP, SAD, SIG), aplicações de gestão orientadas ao ambiente organizacional externo (CRM, *Call Center*, extranet).

Dimensão organizacional

A dimensão organizacional envolve processos (modelagem de negócio) e abordagens de gestão (mudança, cultura organizacional, liderança).

Dimensão humana

A dimensão humana envolve as pessoas que utilizam os sistemas, bem como aqueles que os desenvolvem e os processos de aprendizagem a eles relacionados.

Assim, podemos considerar que os sistemas de informação baseados em computador fazem parte de um contexto organizacional e são compostos por elementos (Figura 6.3) que interagem entre si para propiciar as informações de modo rápido, seguro e a custos viáveis.

TABELA 6.1 Relação entre dimensões e componentes dos sistemas de informação

Dimensão	Componente
Tecnológica	*Hardware*
	Software
	Dados
Organizacional	Procedimentos
Humana	Pessoas

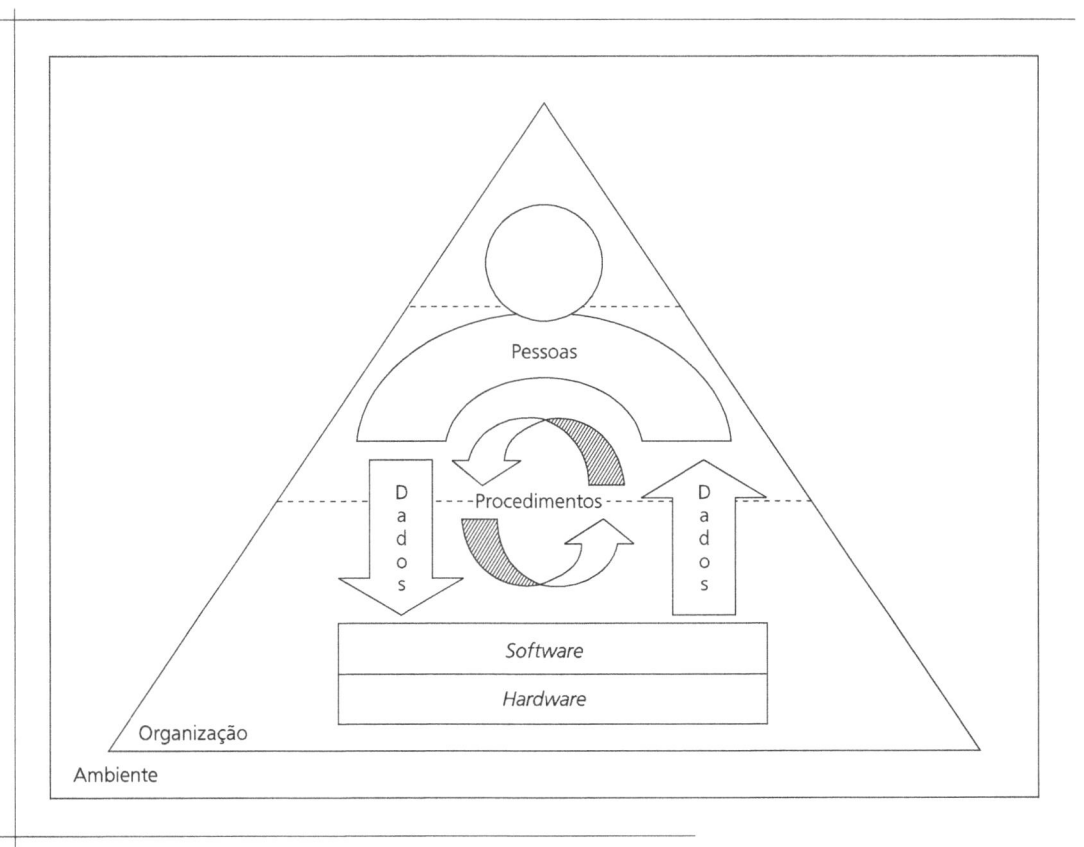

FIGURA 6.3 Componentes e contexto dos sistemas de informação.

OS TIPOS DE SISTEMAS DE INFORMAÇÃO

Há diferentes formas de classificar os sistemas de informação. Entretanto, as classificações mais aceitas agrupam os sistemas pela finalidade principal de uso e pelo nível organizacional (Figura 6.4).

Sistemas de Processamento de Transações (SPT)

No campo dos sistemas de informação, uma transação é uma troca de informações que ocorre quando duas partes estão envolvidas em alguma atividade. As operações rotineiras que ocorrem em um ambiente organizacional envolvem transações de diversos tipos: o fechamento de um pedido com um cliente, a matrícula de um aluno em uma universidade, a emissão de uma receita por um médico ou a baixa de uma quantidade do estoque de uma matéria-prima. As transações constituem os eventos básicos da vida de uma organização. Esses eventos geram dados

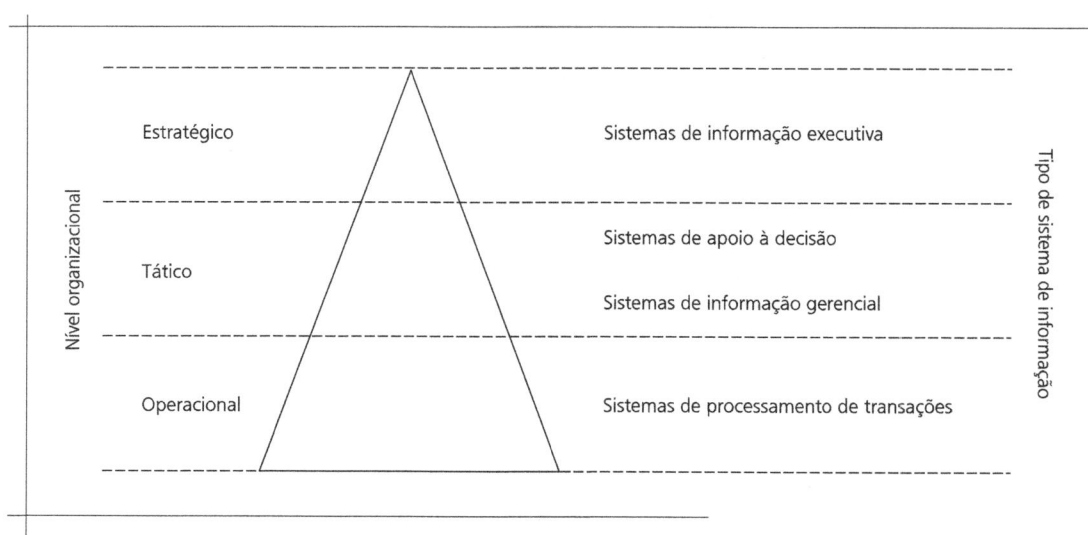

FIGURA 6.4 Tipos de sistemas de informação em relação aos níveis organizacionais.

que são coletados, processados, armazenados e distribuídos pelos sistemas de informação. À medida que as transações se tornam rotineiras, elas tendem a ser normatizadas de acordo com procedimentos operacionais padronizados. Isso faz com que haja facilidade na criação de sistemas de informação baseados em computador que realizem o processamento dessas transações.

Os sistemas de processamento de transações (SPT) são os sistemas de informação que executam e registram as transações rotineiras que a organização realiza como parte de seus processos de negócio. Essas rotinas são realizadas pelo nível operacional da organização, razão pela qual esses sistemas também são denominados sistemas operativos ou transacionais.

É possível descrever os sistemas de processamento de transações considerando as funções de um sistema de informação:

- *Coleta*. Os dados que constituem a entrada desses sistemas descrevem as transações em termos das entidades envolvidas e eventos ocorridos. Esses dados seguem formatos padronizados e sua obtenção e entrada no sistema obedecem a procedimentos normatizados.
- *Processamento:* O processamento segue algoritmos que permitem automatizar boa parte das atividades relativas à transação. Em geral, esse processamento implica realizar operações que são repetidas a cada transação. Essas operações incluem cálculos e decisões estruturadas e geram atualizações nos dados armazenados, emissão de relatórios e envio de dados para outros sistemas.
- *Armazenamento:* Os dados armazenados pelos sistemas de processamento de transações tomam a forma de bancos de dados. Esses bancos de dados guardam a série histórica e detalhada das transações ocorridas na organização. O conjunto formado pelos bancos de dados dos diversos sistemas de processamento de transações forma o banco de dados corporativo de uma

organização. Este banco de dados corporativo é um importante elemento no desenvolvimento de outros tipos de sistemas de informação, na medida em que armazena a história da organização na forma de dados gerados ao longo da rotina diária da empresa.

- *Distribuição:* Os resultados gerados resultam em documentos que formalizam a efetivação da transação, tais como faturas, duplicatas, orçamentos, atestados de matrícula, receitas médicas etc. Além disso, esses sistemas podem gerar relatórios a partir de consultas que visam listar, classificar e totalizar as transações realizadas para fins de avaliação, conferência ou auditoria. Por fim, é possível que o sistema gere remessas de dados que serão empregados por outros sistemas.
- *Feedback:* O controle e o *feedback* desses sistemas incluem o uso de recursos das próprias ferramentas de desenvolvimento de *software* (linguagens de programação, sistemas gerenciadores de bancos de dados) para realizar a consistência dos dados entrados e gerados pelo sistema. Além disso, podem ser gerados relatórios que permitem a conferência e a auditoria do sistema.

Quando uma organização decide utilizar a tecnologia da informação, os sistemas de processamento de transações tendem a ser os primeiros a serem informatizados. Isso se deve em parte porque os benefícios da automação das operações rotineiras de uma organização são bastante visíveis. A melhoria do desempenho organizacional decorrente de um processamento mais rápido, uma capacidade de armazenamento maior e da obtenção de resultados mais precisos são evidenciadas pelo uso da informática e das telecomunicações.

Além disso, a padronização dos dados e procedimentos relativos às transações facilita o desenvolvimento de sistemas baseados em computador. A algoritmização das rotinas e a normalização dos dados permitem emprego de tecnologias de desenvolvimento de *software* e o uso de sistemas gerenciadores de bancos de dados.

Sistemas de Informação Gerencial (SIG)

Os gerentes do nível tático de uma organização têm como responsabilidade a gestão de um conjunto de operações que dizem respeito a uma unidade organizacional como um setor, departamento ou divisão. Em geral, esses gerentes são responsáveis pelo planejamento, organização, direção e controle de tais operações, de forma que determinadas metas sejam alcançadas. Além disso, os gerentes estão preocupados com o cumprimento de determinados parâmetros de qualidade. Assim, esses gerentes têm a necessidade de acompanhar periodicamente os resultados da área sob sua responsabilidade. Esses resultados são medidos semanal, mensal ou anualmente através de indicadores que sintetizam certos dados das transações realizadas na organização. Com base nesses indicadores, os gerentes podem tomar decisões sobre questões estruturadas e conhecidas antecipadamente.

Os sistemas de informação gerencial (SIG) são os sistemas de informação que sintetizam, registram e relatam a situação em que se encontram as operações da organização. Esses sistemas atendem em grande parte os gerentes de nível tático da organização na forma de relatórios que apresentam indicadores sobre o desempenho de uma determinada área.

É possível descrever os sistemas de informação gerencial considerando as funções de um sistema de informação:

- *Coleta.* Os dados que constituem a entrada desses sistemas são coletados a partir dos sistemas de processamento de transações e resumem o conjunto de operações realizadas em um determinado período de tempo. Os dados são eminentemente sobre a realidade interna da empresa em um período já transcorrido.
- *Processamento.* O processamento segue algoritmos que permitem sintetizar dados transacionais e compará-los entre si ou com metas preestabelecidas.
- *Armazenamento.* Os dados armazenados pelos sistemas de informações gerenciais constituem bancos de dados que armazenam os valores que determinados indicadores apresentam ao longo do tempo.
- *Distribuição.* Os resultados gerados tomam a forma de relatórios e gráficos que permitem monitorar uma determinada área a partir dos valores de determinados indicadores. Alguns desses relatórios podem ser programados previamente, apresentando, por exemplo, um resumo da folha de pagamento por área da organização ou das vendas mensais por representante. Além disso, podem ser gerados relatórios sob demanda ("ad hoc") que são emitidos mediante solicitação, como é o caso de verificar a posição de estoque de uma determinada matéria-prima. Por fim, podem ser produzidos relatórios de exceção em situações incomuns, como é o caso da emissão de um relatório informando que a linha de crédito de um cliente já está comprometida, não permitindo que seja concedido novo financiamento.
- *Feedback.* O controle e o *feedback* desses sistemas permitem verificar se uma determinada área vem alcançando as metas estipuladas ou se uma determinada situação incomum está ocorrendo.

Os Sistemas de Informação Gerencial são ferramentas para o controle das atividades rotineiras da organização. Seu desenvolvimento e utilização é facilitado quando a organização dispõem de sistemas de processamento de transações já implementados e uma cultura de gestão pautada no uso de indicadores ou na avaliação por resultados. Os sistemas de informações gerenciais permitem oferecer suporte a decisões estruturadas. Uma decisão estruturada envolve procedimentos padronizados e se caracteriza como repetitiva e rotineira.

Sistemas de Apoio à Decisão (SAD)

Os gerentes do nível tático e estratégico de uma organização por vezes se deparam com situações que rapidamente se modificam, podem não se repetir e dificilmente podem ser previstas ou planejadas. Diante dessas situações, os gerentes precisam tomar decisões semi-estruturadas. As decisões semi-estruturadas envolvem situações parcialmente compreendidas e nas quais é possível adotar algum procedimento conhecido, embora apresente um nível superior de subjetividade quando comparado a uma decisão estruturada.

Os sistemas de apoio à decisão (SAD) são os sistemas de informação que auxiliam os gerentes de uma organização a tomar decisões semi-estruturadas, com base em dados obtidos dos sistemas de informação gerencial, dos sistemas de processamento de transações e de fontes externas. Além disso, esses sistemas disponibilizam ferramentas que permitem ao usuário realizar análises e simulações como forma de comparar o impacto de diferentes decisões.

É possível descrever os sistemas de apoio à decisão considerando as funções de um sistema de informação:

- *Coleta.* Os dados que constituem a entrada desses sistemas representam a realidade interna e externa da organização em uma determinada situação. Do ponto de vista interno, os dados são obtidos a partir dos sistemas de processamento de transações e dos sistemas de informações gerenciais. Os dados externos são obtidos a partir de fontes externas e representam a situação do ambiente de atuação da organização;
- *Processamento.* O processamento inclui modelos analíticos, bancos de dados especializados, *insights* do tomador de decisão e um processo de modelagem para apoio à tomada de decisão. Os modelos analíticos expressam matematicamente a relação entre variáveis que simbolizam o processo de tomada de decisão a ser realizado na situação em análise pelo usuário. As bases de dados especializadas contêm dados internos e externos à empresa relacionados à situação em análise. Os *insights* são posicionamentos que o usuário é capaz de inserir no sistema e que resultam da interação do tomador de decisão com o problema em análise. O processo de modelagem é realizado pelo tomador de decisão através de recursos que o sistema oferece e que permitem a interatividade do usuário com os dados e modelos disponíveis. Através do sistema, o usuário pode criar cenários e realizar simulações que permitam comparar os resultados dos diferentes cursos de ação que podem ser escolhidos;
- *Armazenamento.* Os dados armazenados pelos sistemas de apoio à decisão incluem modelos analíticos, dados sobre a realidade externa e dados sobre a realidade interna da empresa;
- *Distribuição.* Os resultados gerados tomam a forma de relatórios e gráficos que permitem visualizar e comparar os resultados das diferentes simulações realizadas;
- *Feedback.* Os sistemas de apoio à decisão são eminentemente interativos, permitindo que o usuário possa levantar suposições, incluir novos dados e realizar diferentes perguntas com o intuito de refinar os possíveis cursos de ação a tomar.

Os sistemas de apoio à decisão disponibilizam dados e técnicas para análise de problemas e oportunidades. Nesse sentido, eles devem ser suficientemente flexíveis e amigáveis na medida em que é o tomador de decisão que vai modelar a situação a ser analisada. Isso faz com que os sistemas de apoio à decisão sejam sistemas *ad hoc* que são projetados para que os próprios usuários os iniciem e controlem conforme suas necessidades e estilos de tomada de decisão.

Sistemas de Informação Executiva (SIE)

Os gerentes do nível estratégico de uma organização têm necessidade de informações diferenciadas em relação aos demais níveis da empresa. Um executivo do nível estratégico está envolvido em situações relacionadas ao planejamento corporativo de longo prazo, onde as decisões não são estruturadas e há a necessidade de informações sobre a realidade da organização, mas, sobretudo, sobre a situação e as tendências do ambiente externo à organização. Decisões não-estruturadas são aquelas em que não há um bom nível de compreensão da situação ou não há concordância a respeito do procedimento a ser adotado, caracterizando-se como não-rotineiras e implicando um maior nível de subjetividade em termos de julgamento, avaliação e *insight*.

Os sistemas de informação executiva (SIE) são os sistemas de informação que auxiliam os executivos do nível estratégico da organização a tomar decisões não-estruturadas, a partir da disponibilização de um ambiente computacional e de comunicação que permita fácil acesso a dados internos e externos da organização. A partir da disponibilização desses dados, o sistema propicia ao executivo uma visão tanto da situação atual quanto das tendências na área de negócio da organização. Esses sistemas, a princípio, não são projetados para resolver problemas específicos, mas para fornecer ferramentas que permitam aos executivos compreender as situações de negócio, identificar problemas e oportunidades, decidir por alternativas de atuação e planejar e acompanhar ações.

É possível descrever os sistemas de informação executiva considerando as funções de um sistema de informação:

- *Coleta*. Os dados que constituem a entrada desses sistemas representam a realidade interna e externa da organização. Do ponto de vista interno, os dados são obtidos a partir dos demais tipos de sistemas de informação da organização. Os dados externos são obtidos a partir de fontes externas e dizem respeito a tendências e previsões políticas, econômicas e tecnológicas.
- *Processamento*. O processamento inclui recursos que permitem a incorporação de dados sobre eventos externos, bem como a obtenção de dados internos resumidos a partir dos demais sistemas. O processamento permite a apresentação de gráficos dentro de uma perspectiva de transformar a mesa do executivo em um painel de controle empresarial. A partir desse painel de controle, o executivo pode ter uma visão geral da situação e, quando necessário, uma visão detalhada de algum aspecto de interesse naquele momento. Além disso, o processamento inclui recursos de comunicação que possibilitam ao executivo compartilhar suas observações e conclusões com seus pares.
- *Armazenamento*. Os dados armazenados pelos sistemas de informação executiva incluem dados internos e externos que permitam caracterizar a situação atual e as tendências do ambiente de negócios a ser explorado pelo executivo em suas análises.
- *Distribuição*. Os resultados gerados tomam a forma de relatórios e gráficos.
- *Feedback*. Os sistemas de informação executiva são interativos, permitindo que o usuário obtenha relatórios de exceção que indiquem situações que estão fugindo dos parâmetros estipulados pelos planos da empresa. Além

disso, através de análises de tendências, o executivo pode antecipar situações que alterem o panorama de negócios em que a empresa atua.

Os sistemas de informação executiva permitem dar subsídios para que os executivos respondam a perguntas estratégicas para a organização. Em geral, esses sistemas são desenvolvidos na forma de um conjunto de recursos que permitem ao executivo extrair informações de acordo com suas necessidades em determinado momento.

SISTEMAS DE INFORMAÇÃO COMO SUPORTE À INTEGRAÇÃO ENTRE PROCESSOS DE NEGÓCIO E FUNÇÕES EMPRESARIAIS

A evolução dos modelos de gestão da produção, desde o controle de estoque de materiais até a gestão da cadeia de suprimentos, é caracterizada pela crescente integração entre os processos de negócio. Essa integração é um dos principais objetivos perseguidos pelas organizações e um dos papéis desempenhados pelos sistemas de informação que funcionam como uma ponte que articula a tecnologia aos negócios.

A gestão de estoques

Inicialmente o foco da gestão da produção foi a preocupação com os estoques, no sentido de propiciar o atendimento da demanda a partir da pronta disponibilização dos produtos constantes dos pedidos dos clientes. Numa situação em que o ciclo de vida dos produtos fosse medido em anos e as demandas se mantivessem com poucas variações, a gestão de estoques poderia ser relativamente simples e ter como objetivo o gerenciamento eficiente de grandes volumes de estoque necessários para atender os pedidos dos clientes.

Entretanto, a dinâmica dos negócios faz com que haja diferenças entre as taxas de suprimento e consumo, tornando a gestão de estoque mais complexa. De forma mais específica, os estoques e a conseqüente necessidade de sua gestão surgem em virtude da falta de coordenação entre suprimento e demanda, da incerteza das previsões de suprimento e demanda, da intenção de especular com os estoques e da necessidade de disponibilização de produtos nos canais de distribuição. Nesse sentido, foram propostos modelos diferentes de gestão de estoques e, em conjunto com a crescente necessidade de produzir apenas o que foi vendido, surgiu o conceito de planejamento das necessidades de materiais.

O planejamento das necessidades de materiais

O passo seguinte na evolução dos modelos de gestão foi a preocupação com o planejamento das necessidades de materiais como forma de minimizar os custos de estoques e produzir apenas o que é vendido.

O cálculo da necessidade de materiais se baseia na idéia de que, se os componentes de um produto e o tempo necessário para a sua obtenção são conhecidos, é possível determinar quais os materiais, em que quantidade e quando deverão ser disponibilizados para atender às necessidades de produção, sem que ocorra falta ou sobra dos componentes. A origem desse modelo remonta à fundação, em 1957, da *American Production and Inventory Control Society* (APICS) que objetiva a educação, o treinamento e a formalização de métodos para gerenciar recursos para manufatura.

A partir dos trabalhos da APICS, as primeiras soluções empregando a tecnologia da informação surgiram na década de 1960 na forma dos sistemas de processamento de listas de materiais (*Bill of Materials* — BOM). Esses sistemas evoluíram para o primeiro sistema de *Material Requirement Planning* (MRP) baseado em computadores da família IBM/360. Na década de 1970, a expressão MRP tornou-se comum e Orlicky (1975 *apud* Ptak e Schragenheim, 1999) escreveu o livro *MRP: the new way of life in production and inventory management* que se tornou um clássico na área e contribui para que a APICS empreendesse a construção da fundamentação teórica da utilização do MRP.

Assim, durante as décadas de 1960 e 70, a utilização do MRP permitiu a melhoria da produtividade e da qualidade das áreas produtivas e, à medida que seu uso ia sendo disseminado, surgiu a questão de que não seria suficiente determinar apenas os materiais necessários para a produção, mas era preciso planejar a capacidade de produção com o intuito de gerenciar as situações de ociosidade e sobrecarga das plantas produtivas.

O planejamento dos recursos de produção

O terceiro ciclo evolutivo da gestão da produção teve como foco o planejamento da capacidade de produção e a determinação de um plano de produção.

O cálculo da capacidade de produção se baseia na idéia de que, assim como é possível determinar as necessidades de materiais, podemos determinar as necessidades de equipamentos e mão-de-obra a partir da especificação de tempos e roteiros de produção, ajustando o processo produtivo às oscilações de demanda que possam ocorrer, reduzindo custos com capacidade ociosa e estoques em excesso e mantendo a confiabilidade da entrega. O planejamento da capacidade de produção amplia o escopo do MRP, na medida em que abrange o planejamento não apenas dos materiais, mas dos recursos humanos e máquinas necessários à produção. A partir de meados da década de 1980, o modelo passa a se popularizar sob a denominação de *Manufacturing Resource Planning* (MRP II) e é definido pela APICS como "um método para o efetivo planejamento de todos os recursos de uma companhia de manufatura".

O MRP II permite a integração da função produção às funções de contabilidade, de custos e financeira. Além disso, o MRP II inclui o planejamento de vendas e operações e a gestão de demanda, embora esses processos continuem sendo o maior desafio para os modelos de gestão da produção. Dessa forma, a possibilidade de integrar outras funções ao modelo MRP II tornou-se um atrativo para as empresas e foi sendo disponibilizada pelos fornecedores de *softwares* de gestão empresarial.

Os sistemas de gestão integrada

O momento seguinte da evolução dos modelos foi transcender a esfera da função da produção e objetivar a integração de todas as funções empresariais com vistas ao planejamento dos recursos corporativos. Os modelos de gestão passam a se confundir com as soluções tecnológicas. Nesse sentido, os fornecedores de *software* passam a agregar a seus produtos outros módulos capazes de se integrar à lógica do MRP II, com o intuito de dotar as empresas de maior agilidade através da melhor coordenação entre as diversas funções empresariais e da disponibilização oportuna e precisa das informações necessárias à tomada de decisão.

A partir da década de 1990, tais modelos passam a ser identificados com os produtos de software denominados *Enterprise Resource Planning* — ERP. O ERP promete resolver uma grande gama de desafios empresariais através da integração dos processos de negócio em uma única arquitetura integrada de informação, o que exige mudanças na estrutura da organização, no processo de gerenciamento, na plataforma tecnológica e na capacidade de negócios.

O ERP é o passo seguinte na evolução dos modelos de gestão, na medida em que parte dos princípios e fundamentos desenvolvidos desde a década de 1950, mas apresenta um maior grau de sofisticação das metodologias, técnicas e ferramentas empregadas. Essa sofisticação se deve, em grande parte, à evolução da própria tecnologia da informação que passou a contar com sistemas gerenciadores de bancos de dados, linguagens de quarta geração, arquitetura cliente-servidor e a disseminação da microinformática e das redes de computadores.

Perspectivas atuais da integração de processos intra e inter organizacionais

O ciclo atual da evolução dos modelos de gestão diz respeito à integração entre os processos da empresa e os dos fornecedores e clientes. Do ponto de vista da ampliação do escopo da integração, a efetiva criação de vantagens competitivas é obtida a partir da integração de toda a empresa e da integração desta com seus clientes e fornecedores, englobando toda a cadeia de suprimentos.

A integração da cadeia de suprimentos é um desdobramento da evolução dos modelos MRP II e ERP, na medida em que a lógica de definição dos recursos corporativos está relacionada à gestão do relacionamento com os clientes (*Customer Relationship Management* — CRM) e à gestão da cadeia de suprimentos (*Supply Chain Management* — SCM). Assim, pode-se considerar que o atual momento da gestão empresarial é caracterizado por uma profusão de modelos que enfatizam aspectos organizacionais diferentes e ainda não encontraram um quadro de referência capaz de relacioná-los de forma consistente, o que não impede de surgirem soluções tecnológicas que se propõem a fazer tal integração.

No que diz respeito às soluções tecnológicas adotadas nesse ciclo da evolução dos modelos de gestão, é possível destacar o papel que a Web tem desempenhado. Com relação à integração através da cadeia de suprimentos, as tecnologias baseadas na Web facilitam a movimentação de informações para fora da empresa, na direção de fornecedores e consumidores, caracterizando o que passou a ser denominado negócios eletrônicos (*e-business*).

Os negócios eletrônicos abrangem três estágios: *e-commerce*, *e-business* e *e-partnering* (Norris et al, 2000).

- *e-commerce.* Inclui as transações de venda e compra realizadas pela empresa e focaliza a melhoria da eficiência de tais operações.
- *e-business.* Corresponde à busca da melhoria do desempenho nos negócios pelo uso da Web e de padrões de conexão entre fornecedores e consumidores em todos os passos da cadeia de valor, com o objetivo de melhorar o serviço ao consumidor, reduzir custos e estabelecer a confiança entre parceiros de negócio, permitindo a definição de procedimentos comuns de trabalho que facilitem a comunicação através da Internet.
- *e-partnering.* Envolve o estabelecimento de alianças estratégicas entre empresas, de forma que as mesmas possam compartilhar melhorias, benefícios e recompensas advindas da utilização de recursos de *e-business*.

Dentro desse panorama, é possível considerar que o desafio do atual ciclo da evolução das soluções tecnológicas é a definição de uma arquitetura capaz de integrar o ERP ao *e-business* de forma a potencializar a obtenção de vantagens competitivas. Algumas das soluções adotadas incluem a integração do ERP a *softwares* de *Supply Chain Management* (SCM) e *Customer Relationship Management* (CRM).

- **Sistemas de *Supply Chain Management*.** São sistemas de informação que propiciam a integração entre as diversas organizações que compõem uma cadeia de suprimentos. Tecnologicamente, isso implica o compartilhamento de padrões e recursos e uma integração entre os sistemas ERP da empresa e os sistemas ERP de clientes e fornecedores.
- **Sistemas de *Customer Relationship Management*.** São sistemas de informação que dão suporte ao atendimento dos clientes dentro da perspectiva de conquistar sua fidelidade. Tecnologicamente, esses sistemas incluem desde centrais de atendimento ao cliente na forma de *call centers* e *help desks* até o desenvolvimento de soluções que busquem identificar o comportamento de consumo dos clientes utilizando técnicas de *datamining* e *datawarehouse*.

Assim, a partir da retrospectiva histórica dos modelos de gestão e das soluções tecnológicas adotadas, é possível considerar que, ao longo do tempo, houve uma gradativa ampliação do escopo dos modelos e soluções tecnológicas. Essa ampliação do escopo dos modelos e soluções tecnológicas é traduzida na gradativa abrangência de um número cada vez maior de processos de negócios ao longo das diversas funções organizacionais. Além disso, essa ampliação do escopo se estende na direção de fornecedores e clientes, com o intuito de promover uma maior articulação entre os participantes da cadeia de suprimentos. Dessa forma, considera-se que a evolução dos modelos de gestão e soluções tecnológicas adotadas corresponde a uma ampliação horizontal da capacidade de integração das diversas funções organizacionais através da maior disseminação da informação, o que acaba por influenciar o tipo e a forma de suporte ao apoio à decisão propiciado pelos sistemas de informação.

SISTEMAS DE INFORMAÇÃO COMO SUPORTE AO PROCESSO DECISÓRIO

É possível considerar que a evolução dos modelos de gestão e soluções tecnológicas adotadas tem levado a uma mudança no suporte à tomada de decisão, em termos do nível organizacional e do tipo do processo decisório apoiado. Nesse sentido, é necessário caracterizar o processo decisório dentro das organizações para, a seguir, delinear a mudança ocorrida no suporte à tomada de decisão ao longo da evolução dos modelos de gestão.

Tipos de decisão

No que diz respeito ao nível organizacional, é possível considerar que o processo decisório apresenta diferenças em termos dos atores envolvidos, da abrangência organizacional e do tipo de informação necessário. As organizações podem ser divididas nos níveis operacional, tático e estratégico. Conseqüentemente, a tomada de decisão também pode ser classificada levando-se em conta esses níveis.

- **Decisões do nível operacional.** Envolvem gerentes operacionais, abrangem a forma com que a rotina diária deve ser realizada para atender aos objetivos organizacionais e requer informações relacionadas aos critérios e procedimentos de realização das tarefas, recursos a serem utilizados e indicadores para a avaliação e o controle dos resultados obtidos.
- **Decisões do nível tático.** Envolvem os gerentes do nível intermediário, abrangem os aspectos relacionados à eficiência e à efetividade da utilização de recursos e do desempenho das unidades de negócio em consonância com os objetivos organizacionais e demandam informações que permitem o acompanhamento do desempenho das unidades organizacionais.
- **Decisões do nível estratégico.** Envolvem a alta gerência, abrangem os objetivos, recursos e política da organização como um todo em relação ao ambiente de negócios e necessitam de informações relativas à situação atual e futura da organização e do ambiente com o intuito de buscar formas de alinhamento entre a realidade organizacional e as necessidades e as tendências do mercado.

Além da caracterização das decisões com base no nível organizacional, é possível observar que, em cada nível, há tipos diferentes de decisão de acordo com a maior ou menor estruturação das mesmas. O desenvolvimento de sistemas de informação sofre influência não só do nível organizacional a ser atendido, mas também se a decisão é estruturada, não estruturada ou semi-estruturada.

- **Decisões estruturadas.** Envolvem procedimentos padronizados e se caracterizam como repetitivas e rotineiras.
- **Decisões não-estruturadas.** São aquelas em que não há um bom nível de compreensão da situação ou não há concordância a respeito do procedimento a ser adotado, caracterizando-se como não-rotineiras e implicando um maior nível de subjetividade em termos de julgamento, avaliação e *insight*.

- **Decisões semi-estruturadas.** Envolvem situações parcialmente compreendidas e nas quais é possível adotar algum procedimento conhecido, embora apresente um nível superior de subjetividade quando comparado a uma decisão estruturada.

Perspectivas atuais do suporte ao processo decisório

A partir da classificação da tomada de decisão em termos de nível organizacional e do tipo de decisão, observa-se que a evolução dos modelos de gestão e das soluções tecnológicas adotadas tem levado a um gradativo suporte à tomada de decisão dos níveis organizacionais mais altos e a decisões dos tipos semi-estruturado e não-estruturado. Pode-se identificar uma relação entre o tipo e o nível organizacionais das decisões e os tipos de sistemas de informação, destacando as implicações dessa relação no desenvolvimento dos sistemas da informação. Nesse sentido, o sucesso de muitos sistemas desenvolvidos no passado se deve ao fato de que a maior parte deles estava relacionada ao suporte à tomada de decisões estruturadas e operacionais e que, na atualidade, o desafio está no desenvolvimento de soluções tecnológicas que atendam aos níveis tático e estratégico, em que as decisões são em grande parte semi-estruturadas e não-estruturadas. Essas considerações ratificam a compreensão de que os modelos de gestão e as soluções tecnológicas adotadas são articulados por sistemas de informação que têm propiciado um gradativo crescimento do suporte a decisões estratégicas, isto é, decisões que buscam a criação de vantagens competitivas.

No ciclo atual da evolução dos modelos de gestão, busca-se a potencialização do uso dos dados, informações e conhecimentos organizacionais nos processos decisórios e na geração de valor nas empresas. Nesse sentido, é que surgem as aplicações de gestão do conhecimento (*Knowledge Management* — KM) e inteligência de negócios (*Business Intelligence* — BI). Além disso, há também uma tendência de integração dessas aplicações ao ERP e demais sistemas legados (sistemas já existentes na empresa), com o objetivo de aproveitar os recursos de dados, informações e conhecimentos existentes e melhorar a velocidade e a capacidade analítica do processo decisório organizacional.

- **Sistemas de *Knowledge Management*.** São sistemas de informação que propiciam o suporte à geração e à gestão do conhecimento nas organizações. Tecnologicamente, isso implica disponibilizar recursos que facilitem a troca de dados, informações e conhecimentos entre as pessoas. Nesse sentido, as tecnologias empregadas incluem ferramentas baseadas na Internet, gerenciamento eletrônico de documentos, *groupware*, *workflow*, sistemas de construção de bases inteligentes de conhecimento, entre outras.
- **Sistemas de *Business Intelligence*.** São sistemas de informação que dão suporte à análise de dados e ao processo decisório com vistas a propiciar à organização a obtenção de vantagens competitivas. Esses sistemas empregam tecnologias como *datawarehouse*, *olap* e *datamining* para o suporte ao processo decisório nos níveis tático e estratégico.

SISTEMAS DE INFORMAÇÃO COMO ELEMENTO ESTRATÉGICO PARA A ORGANIZAÇÃO EMPRESARIAL

O emprego estratégico dos sistemas de informação está pautado na utilização desses sistemas como elemento que dá suporte a estratégias empresariais para enfrentar as forças competitivas atuantes no mercado. O ambiente de negócios em que uma organização atua apresenta cinco forças que definem a competição em um ramo de atividades:

a) os concorrentes já em atuação;
b) a ameaça de entrada de novos concorrentes;
c) a ameaça de produtos e serviços substitutos;
d) o poder de negociação dos clientes;
e) o poder de negociação dos fornecedores.

Para enfrentar essas forças, uma organização precisa definir e implementar uma estratégia competitiva. Uma estratégia competitiva é basicamente uma linha de ação que a organização adota como forma de se diferenciar de seus concorrentes e conquistar o mercado. Uma estratégia competitiva bem-sucedida é aquela que proporciona a obtenção de vantagens competitivas sobre os concorrentes. Essas vantagens competitivas podem ser consideradas as razões pelas quais os clientes preferem nossos produtos e serviços. As quatro estratégias competitivas básicas são:

Estratégia da liderança em custo

Nessa estratégia, a organização busca oferecer produtos e serviços a baixo custo de forma que possa praticar preços menores que seus concorrentes. Dentro dessa perspectiva, sistemas de informação que dão suporte a essa estratégia são aqueles que permitem reduzir os custos de produção e comercialização dos produtos e serviços oferecidos pela organização. Por exemplo, uma organização pode priorizar os investimentos na implementação de um sistema integrado de gestão (ERP) dentro da perspectiva estratégica de que esse sistema proporcionará a redução dos custos das operações.

Estratégia de diferenciação de produto

A organização que adota a estratégia de diferenciação do produto tem como objetivo conquistar a fidelidade do cliente através da criação de novos produtos e serviços que são distinguidos dos produtos concorrentes ou que a concorrência não é capaz de copiar.

Os sistemas de informação que dão suporte a essa estratégia são aqueles que permitem agregar aos produtos e serviços da organização novas características que dificilmente podem ser imitadas pela concorrência. Além disso, esses sistemas de informação podem associar a marca a características capazes de enfatizar o diferencial oferecido pela organização. Por exemplo, uma organização pode oferecer seus produtos pela Web e garantir a entrega dentro de prazos inferiores aos da concorrência.

Estratégia de diferenciação focalizada

Na estratégia de diferenciação focalizada, a organização busca conquistar uma fatia específica do mercado, oferecendo produtos e serviços especializados para uma determinada clientela.

Os sistemas de informação que dão suporte a essa estratégia são aqueles que permitem analisar detalhadamente o mercado para identificar padrões de consumo e estratificar a clientela de forma a focar as ações da organização no atendimento de clientes com um determinado perfil. Um exemplo é o uso de sistemas de *Customer Relationship Management* que, através de técnicas de mineração de dados (*datamining*), podem identificar nichos de mercado a serem explorados pela empresa.

Estratégia de desenvolvimento de alianças

No desenvolvimento de alianças, o que se busca é o estabelecimento de parcerias com clientes e fornecedores dentro de uma determinada cadeia de suprimentos e fazer frente a cadeias concorrentes no mesmo ramo de atividade. Essa estratégia inclui fusões, aquisições e outras modalidades de contratos relacionados à produção ou comercialização de produtos e serviços. Os sistemas que dão suporte a essa estratégia permitem integrar as operações de empresas parceiras, reduzindo custos, otimizando processos e compartilhando recursos tecnológicos e dados. Um exemplo de tais sistemas é o emprego da Web e a construção de portais corporativos em que as empresas parceiras podem realizar operações conjuntas.

Antes de encerrarmos este capítulo, é preciso dizer que a evolução dos modelos de gestão e do suporte proporcionado pelos sistemas de informação à integração entre processos de negócio e funções empresariais contou com subsídios dos trabalhos de Corrêa, Gianesi e Caon (1999), Ptak e Schragenheim (1999) e Langenwalter (1999). Parte das explicações referentes ao papel da Web e a caracterização dos negócios eletrônicos foi baseada em Norris et al (2000). Porter (1980) estabelece os fundamentos sobre estratégias e forças competitivas, enquanto Gorry e Morton (1971) estabelecem as relações entre os níveis de decisão e os tipos de SI.

RESUMO

Inicialmente caracterizamos nesse capítulo os objetivos, as funções, os componentes e as dimensões de um sistema de informação. A partir disso, podemos considerar que um sistema de informação:

1. é um conjunto de elementos que interagem entre si e é formado por *hardware*, *software*, *dados*, *pessoas* e *procedimentos*;

2. tem por objetivo a disponibilização de informações com vistas ao suporte ao controle e à integração dos processos de negócio e funções empresariais, ao processo decisório nos diversos níveis organizacionais e a estratégias competitivas propiciando a obtenção de vantagens competitivas;
3. tem por funções a *coleta*, o *processamento*, o *armazenamento* e a *distribuição de dados*;
4. dispõem de um mecanismo de *feedback* que permite ajustar a coleta e o processamento de dados a partir do controle de suas saídas e da avaliação da divergência entre os resultados obtidos e metas inicialmente previstas;
5. apresenta dimensões *tecnológica, humana e organizacional* que devem ser levadas em conta em nossa atuação profissional e científica.

A seguir, caracterizamos os tipos de sistemas de informação levando em conta o nível organizacional a que atendem. Os *sistemas de processamento de transações* realizam as rotinas diárias do nível operacional da organização. Os *sistemas de informação gerencial* possibilitam aos gerentes do nível tático acompanhar as atividades de uma área, subsidiando o controle das operações e o monitoramento do alcance das metas. Os *sistemas de apoio à decisão* oferecem recursos para que os gerentes do nível tático e do nível estratégico possam lidar com decisões semi-estruturadas e relacionar a realidade interna da organização ao ambiente externo. Os *sistemas de informação executiva* permitem ao nível estratégico da organização analisar cenários e avaliar situações de longo prazo caracterizadas pela necessidade de monitorar o ambiente externo e tomas decisões não-estruturadas.

Por fim, caracterizamos a utilização dos sistemas de informação no cumprimento de suas três metas principais. Do ponto de vista do *suporte à integração entre processos de negócio e funções empresariais*, pudemos observar que os sistemas de informação são o elemento articulador entre a evolução da tecnologia da informação e a evolução dos modelos de negócio. Nesse sentido, os sistemas de informação têm proporcionado uma integração cada vez maior entre os processos da organização e esses com os processos de fornecedores e clientes que compõem a cadeia de suprimentos. No que diz respeito ao *suporte ao processo decisório*, os sistemas de informação têm propiciado recursos para a tomada de decisão em todos os níveis da organização. Além disso, observamos que há um avanço dos sistemas para propiciar maior suporte às decisões semi-estruturadas e não-estruturadas. Com relação ao uso dos sistemas de informação *como elemento estratégico para a organização empresarial*, vimos que os sistemas de informação podem ser usados para dar apoio direto a estratégias competitivas diferentes na medida em que podem proporcionar à organização características que a diferenciam de seus concorrentes.

LEITURAS RECOMENDADAS

Sugerimos como leitura complementar os textos de Gorry e Morton (1971), Langenwalter (2000), Norris (2000) e Porter (1980).

QUESTÕES DE REVISÃO

1. Quais são os objetivos dos sistemas de informação?
2. Descreva as funções dos sistemas de informação.
3. Descreva e exemplifique os componentes dos sistemas de informação.
4. Por que dizemos que os sistemas de informação são multidimensionais?
5. Descreva os tipos de sistemas de informação.
6. Como os sistemas de informação oferecem o suporte ao controle e à integração dos processos de negócio e às funções empresariais?
7. Como os sistemas de informação oferecem o suporte ao processo decisório?
8. De que maneira os sistemas de informação podem ser empregados estrategicamente?

EXERCÍCIOS

1. Pesquise três sistemas de informação e caracterize cada um deles em termos de:
   a) objetivos
   b) funções
   c) componentes
2. Em grupos de quatro a cinco componentes, pesquisem em organizações reais um sistema de informação que proporcione o suporte ao controle e à integração dos processos de negócio e funções empresariais. Apresente um relatório caracterizando o sistema pesquisado em termos de seus objetivos, funções e componentes.
3. Em grupos de quatro a cinco componentes, pesquisem em organizações reais um sistema de informação que proporcione o suporte ao processo decisório. Apresente um relatório caracterizando o sistema pesquisado em termos de seus objetivos, funções, componentes e nível decisório que atende.
4. Em grupos de quatro a cinco componentes, pesquisem em organizações reais um sistema de informação que proporcione o suporte à estratégia competitiva de liderança em custo. Apresente um relatório caracterizando o sistema pesquisado em termos de seus objetivos, funções, componentes.
5. Em grupos de quatro a cinco componentes, pesquisem em organizações reais um sistema de informação que proporcione o suporte à estratégia competitiva de diferenciação de produto. Apresente um relatório caracterizando o sistema pesquisado em termos de seus objetivos, funções, componentes.
6. Em grupos de quatro a cinco componentes, pesquisem em organizações reais um sistema de informação que proporcione o suporte à estratégia competitiva de diferenciação focalizada. Apresente um relatório caracterizando o sistema pesquisado em termos de seus objetivos, funções, componentes.
7. Em grupos de quatro a cinco componentes, pesquisem em organizações reais um sistema de informação que proporcione o suporte à estratégia competitiva de desenvolvimento de alianças. Apresente um relatório caracterizando o sistema pesquisado em termos de seus objetivos, funções, componentes.

REFERÊNCIAS BIBLIOGRÁFICAS

CORRÊA, H.L.; GIANESI, I.G.N.; CAON, M. *Planejamento, programação e controle da produção:* MRP II/ERP: conceitos, uso e implantação. 2. ed. São Paulo: Gianesi Corrêa & Associados, Atlas, 1999.

FREITAS, H. et al. *Informação e decisão:* sistemas de apoio e seu impacto. Porto Alegre: Ortiz, 1997.

GORRY, G.A.; MORTON, M.S.S. A framework for management information system. *Sloan Mangement Review*, v. 13, n. 1, 1971.

LANGENWALTER, G.A. *Enterprise resources planning and beyond integrating your entire organization*. USA: St. Lucie Press, 2000.

LAUDON, K.C.; LAUDON, J.P. *Management information system:* organization and technology. 5. ed. EUA: Prentice-Hall, 1998.

_____. *Management information systems:* organization and technology in the networked enterprise. 6 ed. EUA: Prentice Hall, 2000.

McLEOD, R., Jr. *Management information systems*: a study of computer-based information systems. 7th ed. New Jersey: Prentice Hall, 1998.

NORRIS, G. et al. *E-business and ERP:* transforming the enterprise. New York: John Wiley & Sons, 2000.

O'BRIEN, J. A. *Introduction to information systems*. 9th ed. USA: Irwin McGraw Hill, 2000.

PORTER, M. *Competitive strategy*. New York: Free, 1980.

PTAK, C.A.; SCHRAGENHEIM, E. *ERP:* tools, techniques, and applications for integrating supply chain. USA: St. Lucie Press, 1999.

STAIR, R.M. *Principles of information systems*. 2nd ed. USA: Boyd & Fraser/Thomson, 1996.

YOURDON, E. *Análise estruturada moderna*. Rio de Janeiro: Campus, 1992.

7

Implementação de sistemas de informação

OBJETIVOS DE APRENDIZAGEM

1. caracterizar as etapas do ciclo de vida dos sistemas de informação;
2. conceituar implementação de sistemas de informação;
3. caracterizar as abordagens de implementação de sistemas de informação adotadas pelas organizações;
4. mostrar o sucesso da implementação de sistemas de informação;
5. caracterizar as medidas de avaliação do sucesso de sistemas de informação;
6. assinalar as principais áreas de problemas dos sistemas de informação;
7. caracterizar um modelo de avaliação da efetividade dos sistemas de informação.

O CICLO DE VIDA DOS SISTEMAS DE INFORMAÇÃO

A necessidade de informações faz com que a organização implemente sistemas de informação que, com o passar do tempo, podem não mais atender às necessidades organizacionais, fazendo com que novas soluções tenham de ser buscadas, num processo denominado "ciclo de vida". O ciclo de vida do sistema é o processo evolucionário constituído de fases pelas quais um sistema passa desde seu planejamento até sua obsolescência e conseqüente necessidade de replanejamento, originando um novo sistema.

Esse caráter processual toma formas diferentes e também pode ser caracterizado como um "ciclo de vida do projeto", na medida em que é a maneira com que os projetos de implementação de sistemas de informação são realizados em uma organização, podendo variar desde uma abordagem eminentemente informal, até procedimentos altamente documentados e formalizados, conforme o porte e a cultura da organização.

Essa referência à forma com que os procedimentos são realizados e gerenciados permite abordar o processo como "ciclo de vida do software" e caracterizá-lo como um modelo de alto nível que especifica as atividades de desenvolvimento, instalação, operação e manutenção de *software* em termos gerenciais e tecnológicos, sendo detalhado através de metodologias que estipulam técnicas e ferramentas a serem empregadas na gerência e execução das atividades.

Assim, o ciclo de vida de sistemas de informação baseados em computador abrange as fases de análise, projeto, construção, instalação, produção e manutenção desses sistemas (Figura 7.1). Ao estudarmos esse ciclo e nele atuarmos, devemos levar em conta aspectos organizacionais, humanos e tecnológicos a partir do emprego de metodologias que especificam as técnicas e ferramentas a serem utilizadas nas diversas etapas pelas quais o sistema passa:

- **Necessidade.** Embora não seja efetivamente uma etapa, a necessidade é o ponto de partida e o retorno do ciclo de vida dos sistemas de informação. As organizações buscam os sistemas de informação com o intuito de solucionar problemas organizacionais. Esses problemas podem ser traduzidos por necessidades ou requisitos a serem atendidos. A implementação de sistemas de informação é então um processo de mudança em que a organização busca melhorar seu desempenho na relação com o ambiente em que atua. Existem quatro tipos de mudanças organizacionais propiciadas pela Tecnologia da Informação (Laudon e Laudon, 1998):

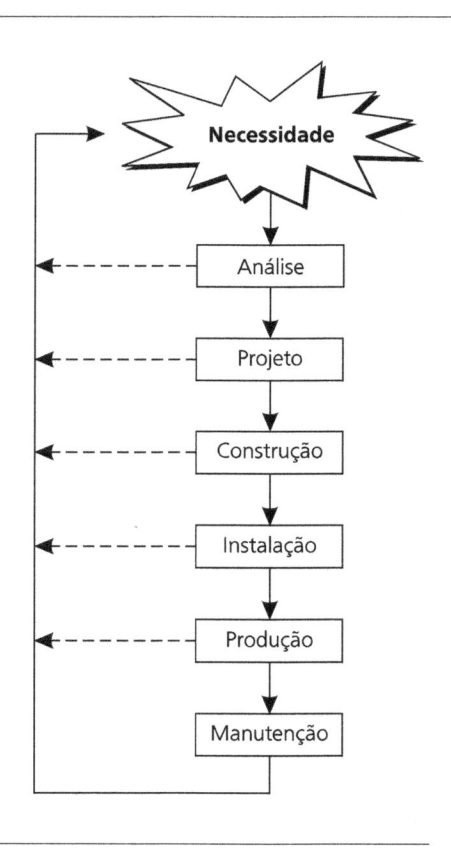

FIGURA 7.1 O ciclo de vida dos sistemas de informação.

- **Automação.** Quando os sistemas de informação são implementados com vistas a realizar procedimentos de forma automática, visando a maior rapidez, confiabilidade e capacidade oferecidas pela TI.
- **Racionalização de processos.** Quando os sistemas de informação são vistos como uma forma de atender à necessidade de eliminar gargalos e reduzir custos.
- **Reengenharia empresarial.** Quando os sistemas de informação atendem à necessidade de reestruturar processos de negócio com vistas à melhoria da qualidade dos serviços e produtos.
- **Mudança de paradigmas.** Quando os sistemas de informação são vistos como uma forma de mudar a natureza dos negócios que a organização realiza.

À medida que avançamos da automação na direção da mudança de paradigmas, constatamos que os riscos e as recompensas envolvidas aumentam.

- **Análise.** É a etapa na qual o profissional de sistemas de informação e os usuários definem o problema/necessidade e especificam a solução a ser implementada. Para isso, eles devem identificar os problemas e caracterizá-los em termos de aspectos organizacionais, humanos e tecnológicos. A seguir são definidos os objetivos e requisitos a serem atendidos pela solução a ser implementada. Com base nos objetivos e requisitos, as possíveis alternativas de solução são levantadas. Essas alternativas devem ser avaliadas em termos de sua viabilidade técnica, viabilidade financeira e viabilidade operacional. O resultado da análise é a seleção da alternativa a ser implementada, bem como a especificação em termos do que o novo sistema deverá oferecer.
- **Projeto.** É a etapa na qual se procede o detalhamento das especificações lógica e física da alternativa de solução que foi escolhida na análise. Nesse momento, são especificados os aspectos organizacionais, humanos e tecnológicos que comporão o novo sistema. Em termos organizacionais, é o momento de proceder a reengenharia dos processos de negócio. No que diz respeito aos aspectos humanos, é o momento de especificar os requisitos comportamentais a serem cumpridos pelos recursos humanos quando o novo sistema entrar em funcionamento. Do ponto de vista tecnológico, é necessário especificar os dados, *software* e *hardware* que integrarão o sistema. O resultado da etapa de projeto é o detalhamento de como o novo sistema será construído e funcionará.
- **Construção.** É a etapa na qual são concretizadas as especificações que foram definidas na análise e detalhadas no projeto. Em termos organizacionais é o momento de detalhar os novos procedimentos de trabalho. Do ponto de vista humano é necessário definir e capacitar a equipe que passará a empregar o sistema. No que diz respeito à dimensão tecnológica, as soluções de *hardware*, *software* e tecnologia de comunicação deverão ser construídas e testadas. O resultado da etapa de construção é a disponibilização dos componentes organizacionais, humanos e tecnológicos do novo sistema.
- **Instalação.** É a etapa na qual o novo sistema é disponibilizado e ocorre uma conversão do antigo para o novo sistema. Há diferentes estratégias de conversão dos sistemas:

— *Paralela:* quando o sistema antigo e o sistema novo permanecem em funcionamento durante um período de tempo.
— *Corte direto:* quando o sistema antigo é completamente substituído pelo sistema novo em uma determinada data, sem que haja coexistência de ambos.
— *Estudo-piloto:* quando o novo sistema é instalado em uma área da organização e, após a consolidação do piloto, o processo é replicado para outras áreas.
— *Fásica:* quando o novo sistema é instalado de forma gradual, por exemplo, em módulos.

Em todas as abordagens de instalação, é necessário que ocorra o planejamento de como serão realizadas as atividades de conversão organizacional, humana e tecnológica. Em termos organizacionais, é preciso definir a maneira pela qual os procedimentos antigos serão substituídos pelos novos. Do ponto de vista humano, é preciso prever o treinamento das pessoas envolvidas no sistema, bem como a forma com que obterão suporte ao se depararem com dificuldades relacionadas à nova forma de proceder em sua rotina diária. No que diz respeito à tecnologia, é preciso que haja a conversão dos dados já existentes para o novo banco de dados, a auditoria das interfaces do novo sistema com os demais sistemas da organização, a disponibilização dos recursos de *hardware* e comunicação previstos no novo sistema. O resultado da etapa de instalação é a entrada em produção do novo sistema de informação.

- **Produção.** É a etapa na qual o novo sistema passa a integrar o ambiente organizacional. Nessa etapa, a expectativa é de que gradualmente a comunidade de usuários ganhe experiência na utilização do sistema. Além disso, os usuários devem passar a dispor de um senso de propriedade e responsabilidade em relação ao sistema que passa a fazer parte de seu cotidiano. Em virtude da própria dinâmica organizacional e da forma com que as demais etapas foram cumpridas, podemos esperar que surjam dúvidas em relação ao uso do sistema, demandas por novos recursos a serem oferecidos pelo sistema e a constatação de falhas em qualquer das dimensões do sistema. Nesse sentido, é preciso que seja disponibilizado o **suporte ao uso do sistema**. O processo de implementação de um sistema de informação se encerra formalmente quando o sistema entra em produção. Entretanto, é possível estabelecer a prática de **auditorias de pós-implementação**. Uma auditoria de pós-implementação tem por objetivo avaliar a efetividade de um sistema de informação, levantando problemas e melhorias e encaminhando a solução desses problemas e a execução dessas melhorias.
- **Manutenção.** É a etapa na qual o sistema deve ser mantido em funcionamento. Isso significa manter o sistema atualizado para que continue dando suporte às atividades organizacionais que lhe deram origem. Por outro lado, podemos considerar que, nessa etapa, também é necessário aperfeiçoar o sistema para atender às novas demandas do ambiente organizacional e corrigir falhas que surjam a partir de seu uso. De forma genérica, podemos classificar os tipos de manutenção em corretiva e adaptativa:

— *Corretiva*. É a manutenção realizada para corrigir uma falha do sistema. Podemos exemplificar esse tipo de manutenção através dos casos de correção de defeitos (*bugs*) de *software*.
— *Adaptativa*. É a manutenção realizada para que o sistema continue aderente à realidade organizacional. Por exemplo, a necessidade de adequar o sistema de folha de pagamentos a um novo procedimento legal referente ao recolhimento de encargos sociais.

Gradativamente, durante as etapas de produção e manutenção, um sistema de informação pode dar sinais de decadência, apontando a necessidade de sua substituição por um novo sistema. O fechamento do ciclo ocorre em virtude da obsolescência tanto do ponto de vista tecnológico quanto de negócios e se traduz por uma ineficiência e uma ineficácia do sistema em atender às necessidades dos processos de negócio da organização.

A IMPLEMENTAÇÃO DE SISTEMAS DE INFORMAÇÃO

Primeiramente, consideramos que a implementação é um **processo que ocorre ao longo de todo o ciclo de vida do sistema**. A implementação é fundamentalmente um processo na medida em que abrange um período de tempo relativamente longo; é uma situação complexa e dinâmica e se caracteriza como uma mudança. No que diz respeito à abrangência desse processo, pode-se considerar que a implementação inclui todo o ciclo de vida desde a concepção inicial do sistema a partir da apuração de uma necessidade até a instalação do sistema, o treinamento dos usuários e a efetiva mudança organizacional. Assim, a implementação tem um caráter dinâmico, realiza-se através de um conjunto de etapas que apresentam certo grau de interatividade entre si, conta com a participação de profissionais de sistemas de informação, usuários e gerentes, e almeja alcançar um objetivo específico.

Em segundo lugar, o processo de implementação de um sistema de informação **objetiva a melhoria do desempenho organizacional**. Na medida em que a tecnologia da informação oferece uma infra-estrutura capaz de permitir respostas organizacionais às mudanças que ocorrem no contexto de atuação empresarial, a implementação de sistemas de informação objetiva operacionalizar os recursos que essas tecnologias podem oferecer para a melhoria da organização e a obtenção de vantagens competitivas. Em conseqüência desse objetivo, a implementação de um sistema de informação implica mudanças na dinâmica gerencial, no que diz respeito à tomada de decisão, e na dinâmica organizacional, quanto à forma dos usuários realizarem as tarefas abrangidas pelo sistema.

Nesse sentido, a implementação de sistemas de informação caracteriza-se como um **processo de mudança gerencial**. Do ponto de vista gerencial, a implementação de sistemas de informação pode ser operacionalizada em termos do processo de mudança de gerenciamento para a obtenção de melhorias que, em última instância, são a razão pela qual uma organização investe em sistemas de informação. Isto é, um sistema de informação é implementado a partir de uma constatação gerencial de que é preciso mudar a maneira como as informações são processadas, com o intuito de obter uma nova forma de gerenciamento e proporcionar melhorias nos negócios.

Por outro lado, é preciso levar em conta que, para alcançar seu objetivo, a implementação implica também uma **mudança mútua entre organização e tecnologia**, com o intuito de promover o ajuste necessário para o alcance das melhorias almejadas. O processo de implementação é um esforço para ajustar uma tecnologia disponível a uma unidade organizacional. Entretanto, a implementação também implica mudanças organizacionais que podem incluir modificações nos processos de trabalho e nas relações de poder dentro da empresa. Por essa razão, ao abordar o tema da implementação, é preciso considerar a dinâmica própria dos processos de mudança que, nesse caso, é conseqüência da inovação tecnológica na organização.

Levando em conta a necessidade do ajuste mútuo entre organização, tecnologia e pessoas, a implementação de sistemas de informação é também um **processo de inovação tecnológica**. A inovação tecnológica envolve o desenvolvimento e a introdução de novas ferramentas, artefatos e equipamentos derivados do conhecimento e através dos quais as pessoas interagem com o ambiente. A partir dessa definição, é possível considerar que um sistema de informação é uma inovação tecnológica e, por isso, a abordagem de sua implementação pode se beneficiar de modelos que buscam relacionar os estágios que compõem o processo de inovação tecnológica. Por outro lado, a implementação de sistemas de informação é um esforço organizacional para difundir uma tecnologia apropriada numa comunidade de usuários, ressaltando a importância do foco gerencial no processo de inclusão dessa tecnologia. Assim, a implementação de um sistema de informação é uma inovação tecnológica e refere-se a todas as atividades organizacionais que dizem respeito à adoção e ao gerenciamento dessa inovação.

Além disso, a implementação de sistemas de informação pode ser classificada como uma **implementação de projeto** em virtude de seu caráter temporário; isso envolve a realização de algo único, sendo realizado de forma progressiva e processual, estando orientada a um objetivo e dispondo de métodos, técnicas e ferramentas que permitem o gerenciamento dos recursos a serem utilizados e das atividades a serem realizadas. Conforme o modelo do Project Management Institute (PMI), as organizações realizam trabalhos que envolvem tanto as operações rotineiras da empresa quanto os projetos. Em ambas as situações, o trabalho é realizado por pessoas, está condicionado ao uso limitado de recursos e deve ser planejado, executado e controlado. O que difere a operação rotineira de um projeto é o fato de que este último é realizado por um período definido, isto é, ele tem um início e um fim determinado, sendo por isso temporário. Adicionalmente, esse caráter temporário está relacionado ao fato de que um projeto é finalizado quando seus objetivos são alcançados e a equipe de projeto tende a ser dissolvida quando o trabalho chega ao fim. Outra característica distintiva dos projetos é que eles consistem na produção ou no oferecimento de um resultado, produto ou serviço que é único em termos de planejamento, execução e controle. Além disso, em virtude de seu caráter único, a elaboração de um projeto é progressiva, isto é, um projeto é realizado em etapas que avançam em incrementos progressivos, o que implica uma coordenação cuidadosa dos esforços. Assim, a implementação de um sistema de informação pode ser enquadrada como um projeto e pode se beneficiar dos estudos realizados na área de gerenciamento de projeto. Tais estudos oferecem orientações teóricas e empíricas que permitem a operacionalização das mudanças organizacionais, humanas e tecnológicas advindas do processo de inovação que ocorre ao se implementar um sistema de informação.

Por fim, a implementação de um sistema de informação é um **processo de aprendizagem** que objetiva o desenvolvimento de novas competências e é realizado com base no compartilhamento de informações e experiências entre profissionais de sistemas de informação, usuários e gerentes. A implementação de sistemas de informação é uma ponte entre o projeto e a utilização de um sistema. Esse elo de ligação entre a concepção e o uso de um sistema é realizado através de encontros entre projetistas, implementadores e clientes que participam de um processo de aprendizagem. Nessa perspectiva, a equipe incumbida da implementação de sistemas de informação é multidisciplinar, visa à aquisição de conhecimento e à mudança de comportamento e trabalha em torno do objetivo específico de concretizar o sistema proposto. Para isso, os componentes da equipe desempenham diferentes papéis que exigem competências específicas. Em especial, o profissional de sistemas de informação desempenha os papéis de agente de mudança, consultor organizacional e gerente do projeto. Isso faz com que o profissional de sistemas de informação deva dispor de um perfil que não contempla apenas aspectos tecnológicos, mas inclui características gerenciais e organizacionais. Com isso, ao abordar a implementação de sistemas de informação, é possível levar em conta a dinâmica de aprendizagem que se estabelece entre usuários, profissionais de sistemas de informação e gerentes, em um processo que tem por objetivo a assimilação de novas formas de atuação no âmbito das atividades de trabalho.

As abordagens para a implementação de sistemas de informação

Uma organização pode optar por diferentes abordagens para disponibilizar seus sistemas de informação, mas todas as perspectivas implicam a implementação de sistemas de informação que atendam às necessidades de suporte ao controle e à integração das operações, à tomada de decisão e à obtenção de vantagens competitivas. Cada uma dessas abordagens apresenta vantagens e desvantagens.

Implementação pela equipe interna de sistemas de informação

A organização pode optar em implementar os sistemas de informação através de uma equipe própria. Essa equipe é formada por usuários e profissionais de sistemas de informação, como analistas de sistemas, programadores, analistas de suporte e analistas de negócio. Profissionais de sistemas de informação e usuários trabalham em conjunto no desenvolvimento de um projeto que deverá ser gerenciado e executado empregando-se certos métodos, técnicas e ferramentas.

Do ponto de vista da engenharia de *software*, a implementação de sistemas de informação inclui um processo de *software* onde devem ser cumpridas as fases de levantamento de requisitos, análise, projeto, construção, teste, implantação e manutenção. Essas fases podem ser organizadas em diferentes modelos de processo de *software*. A escolha de um modelo e a seleção dos métodos, técnicas e ferramentas de desenvolvimento de *software* é uma das tarefas a serem cumpridas pela organização que opta pela implementação interna de sistemas de informação.

Na perspectiva do gerenciamento de projetos, a implementação de sistemas de informação inclui os processos de definição, planejamento, execução, controle e término do projeto. Em cada um desses processos é necessário o emprego de métodos, técnicas e ferramentas de gerenciamento de projetos conforme proposto no corpo de conhecimento em gerenciamento de projetos do PMI. Isso implica considerar que a equipe de implementação deve estar capacitada para realizar o gerenciamento do projeto.

A opção pela implementação interna levanta questões a respeito do investimento em recursos humanos e materiais na área de sistemas de informação. Uma dessas questões diz respeito ao volume de recursos necessário para atender à demanda por sistemas de informação da organização. Num ambiente de negócios em acelerada mudança e cada vez mais dependente de sistemas de informação, os usuários tendem a não tolerar tempos de espera (*backlog*) muito grandes para o atendimento de suas necessidades. O dimensionamento e a qualificação da equipe de sistemas de informação passa a ser uma decisão estratégica e pode levar a escolha de outras abordagens para a implementação de sistemas de informação.

Implementação pelo usuário final

Uma organização pode optar pela implementação dos sistemas de informação por parte dos próprios usuários finais. Isso permite aos usuários controlar a construção de suas aplicações de acordo com suas necessidades. Em um primeiro momento, essa abordagem pode reduzir custos e tempo de implementação. Conseqüentemente, é possível ocorrer uma redução do *backlog* das aplicações. Para que essa abordagem possa ser colocada em prática, é preciso que os usuários finais sejam treinados no uso das ferramentas de *software* que empregarão na implementação de seus sistemas. Essas ferramentas incluem planilhas eletrônicas, sistemas de gerenciamento de banco de dados, editores de texto, geradores de relatórios, editores de imagens e linguagens de programação de quarta geração.

Entretanto, essa abordagem pode levar à proliferação de sistemas de informação não controlados. Além disso, esses sistemas podem não atender a requisitos mínimos de qualidade e ocasionar situações de "retrabalho", redundância e falta de integridade de dados.

Implementação por terceiros

A terceirização da implementação e a operação dos sistemas de informação pode ser uma opção adotada por uma organização quando se pretende reduzir ou controlar custos de atividades não relacionadas diretamente à missão da empresa. Além disso, a terceirização pode ser a opção viável quando os recursos humanos e tecnológicos internos não estão disponíveis ou são tecnicamente deficientes para realizar a implementação.

Nesses casos, um aspecto crucial a ser levantado são os requisitos a serem preenchidos pela empresa a ser contratada. Como em todo processo de compra, é preciso qualificar o fornecedores, sobretudo nas situações em que os sistemas de informação a serem implementados são críticos para a empresa, e uma possível falha em sua operação acarretaria prejuízos ou até mesmo a quebra do negócio. Dentre os critérios para selecionar um fornecedor de serviços de tecnologia da informação podem ser incluídos o tempo de atuação no mercado, o nível de satisfação de seus clientes atuais, a qualidade das ferramentas tecnológicas utilizadas além da relação custo/benefício da proposta de serviços oferecida.

Por fim, é preciso levar em conta que a terceirização implica a perda de controle sobre a função empresarial de sistemas de informação. Além disso, pode levar a organização a uma dependência do direcionamento técnico e da prosperidade dos fornecedores contratados.

Implementação através de pacotes de *software*

A implementação de sistemas de informação através da aquisição de pacotes de *software* é uma prática comum nas organizações. A premissa básica dessa opção é a de que já existem no mercado soluções de *software* para uma boa parcela dos processos de negócio das empresas. Essas soluções trazem embutidas as melhores práticas de negócio de uma determinada área e representam um conhecimento acumulado que já foi operacionalizado na forma de produtos e serviços previamente testados e aceitos pelo mercado.

As razões para se optar por um pacote de *software* incluem a redução do trabalho de análise, projeto, construção, instalação e manutenção do sistema. Além disso, a aquisição de um pacote pode reduzir custo e tempo no desenvolvimento de aplicações de negócio comuns. Por fim, essa opção reduz a necessidade de recursos internos de sistema de informação. Também nesse caso a seleção do pacote deve estar pautada em uma lista de requisitos derivada dos problemas e das oportunidades que se quer atingir com a implementação do novo sistema. Esses requisitos abrangem funcionalidades que o pacote oferece, como manutenção de cadastros e tabelas específicos, emissão de relatórios determinados e recursos de integração com sistemas já existentes. Além disso, o pacote deve ser analisado do ponto de vista de requisitos tecnológicos como a plataforma de *hardware*, o sistema gerenciador de banco de dados e o suporte a tempos de resposta e formatos de dados específicos. De forma semelhante ao caso da terceirização, é preciso analisar as características oferecidas pelo fornecedor do pacote. Tais características podem incluir o tipo de suporte oferecido e a modalidade de contrato de manutenção e atualização de versões.

Entretanto, assim como nas demais abordagens, a implementação através de pacotes de *software* pode apresentar algumas desvantagens. O pacote pode não contemplar os requisitos da organização ou não realizar os processos de negócio da forma com que a organização atua. Em geral, estas situações fazem com que haja a necessidade de adequações do pacote e da própria organização. Além disso, pode ser necessário o desenvolvimento de interfaces com os sistemas legados. Sistemas legados são aqueles sistemas que já existem e permanecerão em funcionamento após a implementação do novo pacote. Essas adequações, desenvolvimento de interfaces e o próprio volume de treinamento e consultoria necessários para integrar o pacote à organização podem aumentar consideravelmente os custos de implementação.

Uma organização pode empregar simultaneamente abordagens diferentes de implementação. Assim, é possível encontrar em uma mesma organização:

1. equipes internas implementando projetos estratégicos que a empresa não pretende delegar a fornecedores por questões de sigilo de negócios;
2. sistemas de informação sendo implementados por usuários para atender às necessidades específicas de um indivíduo, grupo ou área;
3. serviços de sistemas de informação terceirizados para empregar tecnologias em que a empresa não dispõe de competência estabelecida;
4. pacotes de *software* que tragam para a organização soluções já consolidadas no mercado a custo e prazo viáveis.

O SUCESSO NA IMPLEMENTAÇÃO DE SISTEMAS DE INFORMAÇÃO

Inicialmente, é possível considerar que um sistema de informação bem-sucedido é aquele que proporciona a **melhoria do desempenho organizacional** pretendida com sua implementação. Assim, a implementação é bem-sucedida quando ocorre a melhoria do processamento das informações e do processo decisório a partir do uso do sistema. Por essa razão, o nível de utilização é empregado como uma medida de sucesso de um sistema de informação.

Em segundo lugar, um sistema de informação de sucesso é o que proporciona o **ajuste organizacional, humano e tecnológico** a partir de mudanças nas três dimensões. Do ponto de vista organizacional, o sucesso da implementação é a mudança no comportamento de tomada de decisão e pode ser aferido pelo uso do sistema e pela aceitação do mesmo pelos usuários. No que diz respeito à mudança humana, o sucesso é a efetiva assimilação dos novos padrões comportamentais exigidos pelo sistema, bem como o comprometimento dos usuários com sua utilização e responsabilidade por sua manutenção e continuidade da operação nos níveis de desempenho esperados, fazendo com que a atitude dos usuários em relação ao sistema seja outro indicador do sucesso da implementação. Por fim, o sucesso tecnológico da implementação do sistema diz respeito à adequação dos recursos de *hardware* e *software* empregados no sistema e à qualidade das informações fornecidas pelo mesmo, o que permite relacionar o cumprimento dos requisitos técnicos e de utilização como outra medida do sucesso da implementação. Vale a pena ressaltar que, embora analisadas de forma individualizada, as mudanças organizacionais, humanas e tecnológicas ocorrem de maneira integrada, fazendo com que o ajuste mútuo deva ser avaliado a partir de medidas provenientes das três dimensões.

Por outro lado, dentro da perspectiva de que a implementação de um sistema de informação é uma inovação tecnológica, é possível considerar que um sistema de informação é bem-sucedido na medida em que ocorrem a **adoção, o gerenciamento e a "rotinização" por parte da organização**. O processo de inovação tecnológica inicia com a decisão de adotar uma nova tecnologia, fazendo com que a organização deixe um estado de relativo equilíbrio para ingressar em um período de instabilidade, até que a nova tecnologia se torna cada vez mais específica em sua utilização e resultados, de forma que é incorporada à rotina diária de trabalho. Assim, do ponto de vista da inovação tecnológica, o sucesso da implementação é a assimilação do sistema de informação pela comunidade de usuários, a partir de uma série de mudanças organizacionais, humanas e tecnológicas. Aqui também está presente a perspectiva de que o sucesso pode ser medido pelos níveis de utilização, aceitação e melhoria de desempenho.

Considerando-se a implementação de um sistema de informação como sendo a implementação de um projeto, o sucesso se traduz no **alcance dos objetivos do projeto** através da efetividade do planejamento e da execução das atividades. Dessa forma, a implementação bem-sucedida de um sistema de informação é aquela em que houve a efetiva gerência dos recursos envolvidos e a entrega dentro de prazos, custos e qualidade técnica contratados.

Por fim, uma implementação bem-sucedida é aquela em que ocorreu o **desenvolvimento das competências necessárias para a utilização do sistema** por parte de usuários, gerentes e profissionais de sistemas de informação. O processo de implementação é bem-sucedido na medida em que ocorre a integração entre os diversos participantes, permitindo que haja o compartilhamento de informações, a distribuição de responsabilidades e o desempenho dos papéis necessários à execução das atividades previstas. Em suma, o sucesso da implementação é traduzido em mudanças comportamentais (aprendizagem) que operacionalizam as mudanças organizacionais, humanas e tecnológicas previstas para a melhoria do desempenho da empresa.

AS MEDIDAS DO SUCESSO DA IMPLEMENTAÇÃO DE SISTEMAS DE INFORMAÇÃO

A forma de medir o sucesso da implementação de sistemas de informação é uma das preocupações das pesquisas em sistemas de informação. Desde a década de 1960, vêm sendo feitos inúmeros estudos com o intuito de oferecer um conjunto de medidas que permita avaliar de maneira confiável a efetividade dos processos de implementação e dos próprios sistemas de informação. De maneira geral, constatamos que medir o sucesso da implementação é uma tarefa complexa que exige múltiplos indicadores, já que os sistemas de informação apresentam dimensões organizacionais, humanas e tecnológicas.

Aceitação, uso, desempenho e satisfação

Em 1990, Lucas, Ginzberg e Schultz publicaram um trabalho que buscou integrar os estudos realizados durante as décadas de 1970 e 80. O modelo proposto considera que o sucesso de uma implementação é traduzido na mudança e na melhoria proporcionadas pelo sistema e pode ser medido através da aceitação, do uso, do desempenho e da satisfação.

- **Aceitação.** É definida como uma predisposição para o uso do sistema.

- **Uso.** É a efetiva experiência com o sistema. A partir da aceitação e do uso do sistema, pode-se avaliar seu sucesso no que diz respeito ao desempenho e à satisfação proporcionados.
- **Desempenho.** Reflete a qualidade do processamento da informação feito pelo usuário e pela organização, sendo um resultado objetivo do sistema, independentemente da avaliação que o usuário faça do mesmo.
- **Satisfação.** É a avaliação que o usuário faz do impacto do sistema sobre suas atividades e desempenha um papel de reforço na continuidade do uso.

Assim, as quatro medidas de sucesso de um sistema de informação foram relacionadas em uma hierarquia causal (Figura 7.2), enfatizando-se determinada variável de acordo com os objetivos do sistema estudado e da pesquisa a ser realizada.

Aceitação ⟶ Uso ⟶ Desempenho ⟶ Satisfação

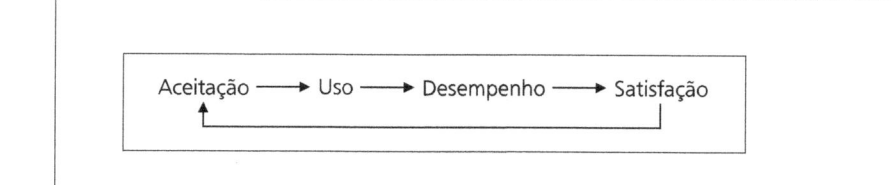

FIGURA 7.2 Medidas de sucesso da implementação de sistemas de Lucas, Ginzberg e Schultz.
Fonte: Lucas, Ginzberg e Schultz (1990, p. 26).

Retorno financeiro

Há um certo consenso entre os pesquisadores de que o retorno financeiro que um sistema de informação proporciona é uma medida insuficiente do sucesso da implementação. De qualquer forma, o valor financeiro de um sistema de informação pode ser apurado através de diferentes métodos, tais como a relação custo/benefício, o valor presente líquido e a taxa de retorno sobre investimento.

Uma das limitações dos modelos financeiros diz respeito à quantificação dos benefícios. Há uma série de benefícios que não podem ser quantificados financeiramente. Além disso, há aqueles que só podem ser quantificados a médio e longo prazos. Dentre os benefícios intangíveis proporcionados pelos sistemas de informação, podemos citar a melhoria do processo decisório, a melhoria das operações e o aumento da flexibilidade organizacional, entre outros. Além disso, o fato de a tecnologia da informação poder mudar durante o projeto introduz um alto grau de incerteza em relação às estimativas de custos. O gerenciamento de projetos de sistemas de informação precisa criar mecanismos de acompanhamento e controle dessas variações. Ainda que esses mecanismos sejam utilizados, há uma variabilidade razoável no cumprimento de estimativas, o que dificulta a avaliação do sucesso da implementação com base no estrito cumprimento de prazos e orçamentos.

Assim, os benefícios advindos da implementação de um sistema de informações não são totalmente quantificáveis e há grande risco de variação de prazos e custos em virtude da evolução tecnológica. Isto faz com que o retorno financeiro proporcionado pelo sistema não seja aceito pelos pesquisadores como uma medida suficiente do sucesso.

Qualidade técnica

Um outro aspecto a considerar na avaliação do sucesso dos sistemas de informação é a qualidade técnica. Os indicadores organizacionais e humanos do sucesso da implementação de um sistema de informação estão relacionados à qualidade do sistema e da informação disponibilizados. Do ponto de vista da qualidade do sistema, a viabilidade e a efetividade técnica e operacional do sistema devem ser levadas em conta. Medir a qualidade do sistema é verificar se o sistema cumpre satisfatoriamente requisitos técnicos de produção e manutenção. No que diz respeito à qualidade da informação, as saídas produzidas pelo sistema devem atender às necessidades de informação dos usuários. O produto do processamento deve ser fidedigno, preciso, pontual, amigável e conciso.

Entretanto, devemos considerar que a qualidade técnica é necessária, mas não suficiente para o sucesso da implementação. O sucesso de um sistema de informação e de sua implementação deve levar em conta as dimensões humana, organizacional e tecnológica, e isso deve se refletir nas medidas empregadas para avaliar esse sucesso.

OS PROBLEMAS DA IMPLEMENTAÇÃO

Na medida em que os sistemas de informação apresentam um caráter multidimensional e o seu sucesso pode ser interpretado de diferentes formas, os problemas relacionados à implementação também são diversos e podem ser classificados de acordo com as diferentes abordagens dadas à implementação de sistemas de informação.

Os problemas nos sistemas de informação são pertinentes a quatro domínios inter-relacionados (Lyytinen e Hirschheim, 1987):

- **Domínio técnico.** Inclui os problemas relacionados ao *hardware* e *software* que compõem o sistema de informação, bem como os métodos, as técnicas e as ferramentas utilizados em sua implementação.
- **Domínio de dados.** Lida com a natureza, a forma e o conteúdo dos dados processados e comunicados pelo sistema.
- **Domínio do usuário.** Abrange as competências da população usuária que direta ou indiretamente está envolvida com a implementação e o uso do sistema.
- **Domínio organizacional.** Captura a natureza e o conteúdo dos papéis organizacionais pelos quais as tarefas e as atividades organizacionais são realizadas, incluindo comportamentos, expectativas, responsabilidades, autoridade e desempenho dos membros da organização.

A partir dessa categorização, as razões para as falhas nos sistemas de informação podem ser agrupadas em (Lyytinem e Hirschheim, 1987):

- **Características do sistema de informação.** Incluem aspectos de *hardware*, *software* e dados que não estão de acordo com os objetivos propostos pelo sistema.
- **Características do ambiente do sistema de informação.** Abrangem as razões individuais e organizacionais que impedem os ajustes organizacional, humano e tecnológico do sistema de informação.
- **Características do processo de implementação.** Dizem respeito às deficiências nos métodos, técnicas e ferramentas empregados pela equipe de implementação.
- **Características do ambiente de desenvolvimento.** Incluem aspectos socioculturais que dificultam a interação entre o processo de desenvolvimento do sistema e alguma parte do ambiente organizacional.

As pesquisas realizadas nas áreas de sistemas de informação, gerenciamento de projetos, pesquisa operacional e ciências administrativas têm apresentado alguma convergência ao destacar que o principal foco de problemas na implementação de sistemas de informação diz respeito às dimensões organizacional e humana. Neste sentido, podemos considerar que a adequação tecnológica é um requisito mínimo, mas não suficiente, para o sucesso da implementação.

De forma semelhante, os problemas que ocasionam o fracasso dos sistemas de informação são de múltiplas categorias (projeto, dados, custos e operacional), mas muitos desses problemas são devidos a fatores organizacionais. Nesse sentido, o desenvolvimento de sistemas de informação tem se preocupado com aspectos técnicos em detrimento dos aspectos organizacionais. Isso resulta em falhas, na medida em que, sem uma adequação à estrutura, cultura e objetivos organizacionais, os sistemas criam tensões, instabilidade e conflitos em níveis acima dos que podem ser gerenciáveis e pertinentes a todo processo de mudança.

Dessa forma, a falha de um sistema de informação está relacionada a problemas que afetam as três dimensões de um sistema e seus diversos componentes. Além disso, a falha se traduz em um sistema de informação que não apresenta o desempenho esperado, não opera como o especificado ou não pode ser utilizado como pretendido.

UM MODELO PARA AVALIAR A EFETIVIDADE DOS SISTEMAS DE INFORMAÇÃO

A evolução dos estudos sobre o sucesso e o fracasso da implementação dos sistemas de informação levou à busca de modelos que permitissem a mensuração da efetividade desses projetos e dos próprios sistemas de informação decorrentes de sua execução. O conceito de efetividade passou a ser empregado para designar o quanto um sistema de informação alcança os objetivos para os quais foi implementado. Em termos organizacionais, o que buscamos avaliar é o quanto o sistema proporciona à empresa que o implementa a melhoria do desempenho organizacional e o valor agregado a seus produtos e serviços. Em termos grupais e individuais, a efetividade de um sistema diz respeito ao impacto das informações por ele disponibilizadas sobre o suporte ao controle da operação e ao processo decisório dos diferentes indivíduos e grupos que o utilizam.

O modelo de DeLone e McLean (1992) foi uma importante contribuição para a avaliação da efetividade de sistemas de informação. Os autores consolidaram diversos estudos realizados anteriormente. Além disso, as medidas de sucesso dos sistemas de informação foram agrupadas em categorias consistentes e de fácil utilização. Além disso, o modelo proporcionou a identificação de diferentes grupos interessados nos sistemas de informação. Por fim, o modelo representou uma base consistente para a continuidade das pesquisas sobre a implementação de sistemas de informação. (Ver Figura 7.3.)

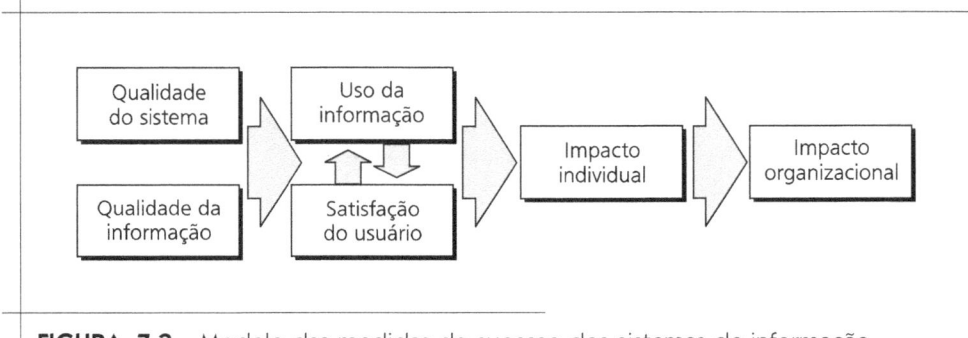

FIGURA 7.3 Modelo das medidas do sucesso dos sistemas de informação.
Fonte: DeLone e McLean (1992, p.87).

Qualidade do sistema

As medidas de qualidade do sistema abrangem características de desempenho do sistema. Entre as medidas mais conhecidas temos o tempo de resposta, a flexibilidade do sistema, a facilidade de uso, a "manutenibilidade", a qualidade da documentação, a eficiência de utilização do *hardware* e a confiabilidade do sistema, dentre outros.

Qualidade da informação

As medidas de qualidade da informação abrangem o valor, a utilidade ou a importância atribuídos pelo usuário aos resultados produzidos pelo sistema de informação. Incluem características da informação, como precisão, confiabilidade, completude, concisão, relevância e formato, entre outras.

Uso da informação

As medidas de uso da informação incluem características do efetivo emprego das saídas produzidas pelo sistema. Há de se considerar aqui a distinção entre sistemas de uso obrigatório e sistemas de uso voluntário como uma característica que afeta o uso da informação. Além disso, outro aspecto preponderante no uso da informação é o grau com que as características do sistema estão alinhadas com as necessidades dos usuários. Dentre as medidas empregadas podemos citar a utilidade do sistema percebida pelo usuário, a facilidade de uso percebida pelo usuário, o nível de capacitação do usuário, o nível de atitude positiva do usuário em relação ao sistema.

Satisfação do usuário

As medidas de satisfação do usuário abrangem os benefícios percebidos pelos diferentes indivíduos e grupos que se beneficiam do sistema de informação (*stakeholders*). Tais medidas incluem fatores tais como uso, envolvimento e aceitação.

Impacto individual

As medidas do impacto individual dos sistemas de informação buscam avaliar o efeito da informação disponibilizada sobre o comportamento dos usuários. Há medidas objetivas como o tempo ou a freqüência de uso, o número de recursos ou relatórios selecionados e o tipo de atividade realizada. Outras medidas são subjetivas, como a efetividade da tomada de decisão, o nível de aprendizagem e o valor do sistema percebido pelo usuário.

Impacto organizacional

As medidas de impacto organizacional buscam avaliar o efeito da informação disponibilizada sobre o desempenho da organização. Há medidas que buscam quantificar em termos financeiros o valor dos investimentos em sistemas de informação: taxa interna de retorno dos investimentos, custo, produtividade, participação no mercado. Outras medidas buscam relacionar os sistemas de informação e os aspectos qualitativos como estrutura organizacional, aumento da qualidade da tomada de decisão, mudança organizacional entre outros. Para terminar, há medidas que estão voltadas para a mensuração da função organizacional dos sistemas de informação e incluem a qualidade do serviço ao cliente e a avaliação da obtenção de vantagens competitivas com os sistemas de informação.

Por fim, precisamos ressaltar que, a partir de sua aplicação, o modelo tem sofrido críticas e recebido contribuições. DeLone e McLean (2002) incorporaram algumas das contribuições de pesquisadores que fizeram o uso do modelo ao longo dos últimos 10 anos. Em muitos casos, essas contribuições permitiram ampliar o número de medidas em cada um dos agrupamentos e incluir um agrupamento relacionado à qualidade dos serviços da função de sistemas de informação (Pitt e Watson, 1997) como determinante da efetividade dos sistemas de informação.

É necessário ressaltar, ainda, que o conceito de implementação de sistemas de informação, bem como a discussão sobre o sucesso e o fracasso da implementação de sistemas de informação apresentados neste capítulo, partiram das contribuições dos trabalhos de Ginzberg (1979), Lucas (1981), Lucas, Ginzberg e Schultz (1990), Bikson e Eveland (1990), Tornatzky e Fleischer (1990), Kwon e Zmud (1987), Pinto e Millet (1999), Swanson (1988) e Lyytinen e Hirschheim (1987). As diferentes abordagens do processo de *software* são detalhadas em livros de engenharia de *software*, como o de Sommerville (2001).

RESUMO

Neste capítulo, vimos que a implementação de um sistema de informação:

1. e um processo realizado ao longo de todo o ciclo de vida do sistema;
2. tem por objetivo a melhoria do desempenho organizacional;
3. caracteriza-se como processo de mudança nas dimensões organizacional, gerencial e tecnológica, na medida em que exige um ajuste mútuo entre organização, gestão e tecnologia;
4. é uma inovação tecnológica que abrange atividades organizacionais de adoção, gerenciamento e "rotinização" dessa inovação;
5. é um projeto que exige gerenciamento através de metodologias, técnicas e ferramentas para planejamento, direção, organização e controle das atividades realizadas;
6. é um processo de aprendizagem empreendido por uma equipe que deve dispor de competências específicas;

Também pudemos verificar que as organizações adotam diferentes abordagens para a implementação de seus sistemas de informação. As principais abordagens são a implementação por parte de uma equipe interna, a implementação pelo usuário final, a terceirização da implementação e a aquisição de pacotes de *software*. Cada uma dessas abordagens tem suas vantagens e desvantagens. Além disso, as organizações costumam adotar mais de uma dessas alternativas de implementação.

O capítulo também apresentou algumas considerações sobre o sucesso da implementação, considerando que um sistema de informação bem-sucedido é aquele que:

1. proporciona a melhoria do desempenho organizacional;
2. proporciona o ajuste das dimensões humana, organizacional e tecnológica do sistema de informação;
3. ocorre quando o sistema efetivamente é adotado, gerenciado e "rotinizado" pela organização;
4. é traduzido no alcance dos objetivos do projeto através da efetividade do planejamento e execução das atividades e da atuação sobre aqueles fatores que são mais importantes em cada etapa do processo;
5. proporciona o desenvolvimento das competências necessárias para a utilização do sistema por parte de usuários, gerentes e profissionais de sistemas de informação;

6. pode ser medido com base na qualidade do sistema, na qualidade da informação proporcionada pelo sistema, no uso do sistema e na satisfação dos usuários do sistema, levando em conta os impactos individual e organizacional;
7. é obtido a partir da solução de problemas relacionados ao domínio técnico, ao domínio dos dados, ao domínio do usuário e ao domínio da organização, destacando-se que os maiores focos de problemas dizem respeito aos domínios do usuário e da organização.

Por fim, foram apresentadas algumas medidas do sucesso da implementação de sistemas, bem como um modelo que pode ser empregado na avaliação da efetividade dos sistemas de informação.

LEITURAS RECOMENDADAS

Sugerimos como leitura complementar os textos de DeLone e McLean (1992), Lyytinen e Hirschheim (1987) e Pinto e Millet (1999).

QUESTÕES DE REVISÃO

1. O que é o ciclo de vida dos sistemas de informação?
2. Explique as etapas do ciclo de vida dos sistemas de informação.
3. O que é a implementação de sistemas de informação?
4. Explique as abordagens empregadas pelas organizações para implementar os sistemas de informação.
5. Como caracterizamos o sucesso da implementação dos sistemas de informação?
6. Explique as principais medidas empregadas para avaliar o sucesso dos sistemas de informação de acordo com Lucas, Ginzberg e Schultz (1990).
7. Caracterize as principais áreas de problemas dos sistemas de informação.
8. O que é a efetividade dos sistemas de informação?
9. Explique os agrupamentos de medidas da efetividade dos sistemas de informação propostos por DeLone e McLean (1992).

EXERCÍCIOS

1. Em grupos de três a quatro componentes, faça contato com uma empresa produtora de *software* e levante a metodologia de desenvolvimento de *software* adotada por ela. A seguir, faça um comparativo entre a metodologia da empresa e as etapas do ciclo de vida de sistemas de informação. Prepare um relatório e apresente aos demais colegas.
2. Em grupos de três a quatro componentes, faça contato com empresas que adotaram abordagens diferentes para a implementação de sistemas de informação. Obtenha junto às empresas as vantagens e as desvantagens de cada uma das abordagens adotadas.

3. Escolha um sistema de informação do qual é usuário (sistema de biblioteca, sistema acadêmico, sistema bancário, etc). Faça uma análise do sistema levando em conta uma medida de sucesso de cada um dos agrupamentos propostos por DeLone e McLean (1992).

REFERÊNCIAS BIBLIOGRÁFICAS

APPLEGATE, L.M. et al. *Corporate information systems management*: the challenges of managing in an information age. 5th ed. New York: Irwin/McGraw-Hill, 1999.
BIKSON, T.K.; EVELAND, J.D. *Technology transfer as a framework for understanding social impacts of computerization*. EUA: Rand Corporation, 1990.
DeLONE, W.H.; McLEAN, E.R. Information system success: the quest for the dependent variable. *Information Systems Research*, v. 3, n. 1, p. 60-95, 1992.
____. *Information systems success revisited*. Proceedings of the 35th Hawaii International Conference on System Sciences, 2002, Big Island, Hawaii, p238, 12 p.
GINZBERG, M.J. A study of the implementation process. *TIMS Studies in the Management Sciences*. vol. 13, p. 85-102, 1979.
KOLB, D.A.; FROHMAN, A.L. An organization development approach to consulting. *Sloan Management Review*, v. 12, n. 1, p. 51-65, Fall 1970.
KWON, T.H.; ZMUD, R.W. Unifying the fragmented models of information systems implementation. In: BOLAND, R.J.; HIRSCHHEIM, R.A. (Ed.). *Critical issues in information systems research*. New York: John Wiley e Sons, 1987. p. 227-252.
LAUDON, C.K.; LAUDON, J.P. *Management information system*: organization and technology. 5th ed. EUA: Prentice-Hall, 1998.
LUCAS Jr, H.C., *Implementation*: the key to successful information systems. New York: Columbia University, 1981.
LUCAS Jr., H.C.; GINZBERG, M.J.; SCHULTZ, R.L. *Information systems implementation*: testing a structural model. New Jersey: Ablex, 1990.
LYYTINEN, K.; HIRSCHHEIM, R. Information systems failures: a survey and classification of the empirical literature. *Oxford Surveys in Information Technology*, v. 4, p. 257-309, 1987.
MAFFEO, B. *Engenharia de software e especificação de sistemas*. Rio de Janeiro: Campus, 1992.
McLEOD Jr., R. *Management information systems*: a study of computer-based information systems. 7th ed. New Jersey: Prentice Hall, 1998.
O'BRIEN, J.A. *Introduction to information systems*. 9th ed. USA: Irwin McGraw Hill, 2000.
PINTO, J.K.; MILLET, I. *Successful information system implementation*: the human side. 2nd ed. Pennsylvania: Project Management Institute, 1999.
PITT, L.F.; WATSON, R.T. Measuring information systems service quality: concerns for a complete canvas. *MIS Quarterly*, v. 21, n.2, p. 209-223, June 1997.
PMI. *PMBOKâ guide*: a guide to the project management body of knowledge. Pennsylvania: Project Management Institute, 2000.
SCHULTZ, R.L.; SLEVIN, D.P. *Implementing operations research/management science*. New York: American Elsevier, 1975.
SCHULTZ, R.L.; SLEVIN, D.P.; PINTO, J.K. Strategic and tatics in a process model of project implementation. *Interfaces*, v. 17, n. 3, p. 34-46, May/June 1987.
SOMMERVILLE, I. Software engineering. 6th ed. USA: Pearson Education, 2001.
SWANSON, E.B. *Information system implementation*: bridging the gap between design and utilization. Illinois: Irwin, 1988.
TORNATZKY, L.G.; FLEISCHER, M. *The process of technological innovation*. EUA: Lexington, 1990.
YOURDON, E. *Administrando o ciclo de vida do sistema*. Rio de Janeiro: Campus, 1989.

8
Tecnologia da informação

OBJETIVOS DE APRENDIZAGEM

1. conceituar tecnologia da informação;
2. caracterizar os recursos de *hardware* empregados em sistemas de informação;
3. caracterizar os recursos de *software* empregados em sistemas de informação;
4. apresentar os recursos de telecomunicações e de redes empregados em sistemas de informação.

O CONCEITO DE TECNOLOGIA DA INFORMAÇÃO

Os sistemas de informação baseados em computador utilizam a informática e as telecomunicações como instrumentos para melhorar sua efetividade. As tecnologias empregadas melhoram a capacidade e a velocidade das funções de coleta, armazenamento, processamento e distribuição da informação. Isso contribui para a melhoria da qualidade e da relação custo/benefício da informação disponibilizada. Podemos conceituar a tecnologia da informação (TI) como o conjunto de recursos não-humanos empregados na coleta, armazenamento, processamento e distribuição da informação. Além disso, consideramos que a TI abrange os métodos, as técnicas e as ferramentas para planejamento, desenvolvimento e suporte dos processos de utilização da informação.

Na atualidade, o conceito de TI, ou tecnologias de informação e comunicação (TIC), é utilizado para expressar a convergência entre a informática e as telecomunicações. Desde a década de 1940, com a construção dos primeiros computadores eletrônicos, vem ocorrendo um processo de transição do perfil tecnológico da indústria. Esse perfil tem passado de uma base eletromecânica para uma base microeletrônica. Os avanços da eletrônica digital, que inicialmente foram aplicados à indústria de computadores, criaram dispositivos eletrônicos que passaram a ser empregados nos mais diversos setores da economia.

No caso específico do processamento eletrônico de dados e das telecomunicações, a convergência na direção do uso intensivo da tecnologia digital vem proporcionando uma nova gama de métodos, técnicas e ferramentas utilizados em sistemas de informação. Assim, podemos classificar as principais tecnologias utilizadas nos sistemas de informação como:

1. tecnologias de *hardware*;
2. tecnologias de *software*;
3. tecnologias de comunicação.

TECNOLOGIAS DE *HARDWARE*

No contexto da TI, usamos a palavra *hardware* para designar o conjunto formado pelos equipamentos empregados em um sistema de informação. Em especial, *hardware* designa os dispositivos que compõem um sistema de computador.

Os componentes de um sistema de computador

Um sistema de computador é um conjunto de unidades que realizam a entrada, o processamento, o armazenamento e a saída de dados a partir de um conjunto de instruções previamente programado. Na ciência da computação, a arquitetura de computadores é a área que estuda as formas de organizar as unidades de um sistema de computador. Dentre as diferentes maneiras de organizar um sistema de computador, é possível identificar uma arquitetura básica representada na Figura 8.1.

Unidade de entrada

A unidade de entrada é formada pelos equipamentos que permitem a inclusão de dados a serem processados pelo sistema de computador. A evolução das

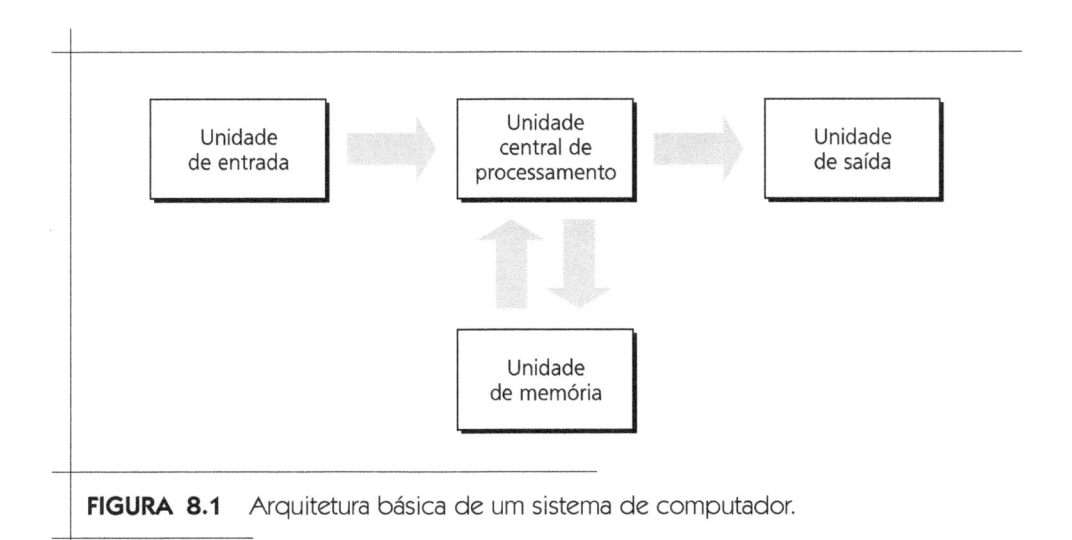

FIGURA 8.1 Arquitetura básica de um sistema de computador.

tecnologias de entrada de dados busca métodos, técnicas e ferramentas cada vez mais fáceis de utilizar.

- **Teclados.** São os dispositivos de entrada de dados mais populares. O teclado permite a entrada de dados através da digitação de caracteres. Há inúmeros modelos de teclados que incluem teclas alfanuméricas, teclados numéricos e teclas de funções. Uma preocupação crescente com as Lesões por Esforço Repetitivo (LER) tem levado ao desenvolvimento de dispositivos ergonômicos.
- **Dispositivos indicadores.** Em conjunto com interfaces gráficas com o usuário (GUI — *Graphic User Interface*), esses dispositivos permitem a entrada de textos e números. Entretanto, os dispositivos indicadores são a alternativa mais empregada para emitir comandos e realizar seleção de alternativas. *Mouse*, *trackball*, *touch screen* e canetas óticas são exemplos desses dispositivos.
- **Dispositivos de leitura magnética.** Esses dispositivos são capazes de ler e reconhecer caracteres e códigos impressos com base em alguma tecnologia magnética. Os cartões magnéticos empregados por operadoras de cartões de crédito e bancos são um exemplo dessa tecnologia. Os cartões usam uma faixa magnética na qual são gravados dados que podem ser coletados por uma leitora magnética. Outro exemplo é a tecnologia de reconhecimento de caracteres em tinta magnética. Documentos impressos com a tinta magnética podem ser lidos por equipamentos que fazem o reconhecimento dos dados.
- **Dispositivos de leitura ótica.** São dispositivos que coletam dados a partir da imagem refletida por um raio de luz ou uma matriz de células fotoelétricas. Os dispositivos são denominados *scanners* e apresentam uma variedade de modelos. Inicialmente, os *scanners* eram utilizados para a captura de imagens. Atualmente, os *scanners* dispõem de recursos de reconhecimento ótico de caracteres (OCR — *Optical Character Recognition*). Essa tecnologia permite capturar textos e convertê-los em um formato em que possam ser editados. Uma outra forma de leitura ótica utiliza códigos de barras. Esses códigos empregam barras para representar caracteres de acordo com um determinado padrão, como o UPC (*Universal Product Code*). Os dados codificados dessa forma podem ser coletados através de dispositivos denominados leitoras de códigos de barras.
- **Dispositivos de captura de imagens.** Permitem a captura de imagens estáticas e em movimento que são digitalizadas e posteriormente podem ser editadas. Esses dispositivos incluem câmeras fotográficas, câmeras de vídeo e câmeras Web que possuem recursos de captura e armazenamento digital de imagens.
- **Dispositivos de captura de áudio.** Dentre esses dispositivos, há os que permitem a captura e o reconhecimento da voz a partir de um microfone conectado a uma unidade de reconhecimento de voz. Unidades de reconhecimento de voz analisam padrões analógicos da fala e os convertem para a forma digital. Nos sistemas de reconhecimento de voz dependentes do falante, o usuário deve alimentar o sistema com as palavras que deseja que sejam reconhecidas. Cada palavra deve ser repetida várias vezes para que o sistema armazene as variações e mantenha um conjunto de referências em

relação às quais vai comparar uma determinada palavra capturada. Os sistemas de reconhecimento de voz independentes do falante vêm sendo aperfeiçoados e contam com contribuições da inteligência artificial, em especial dos estudos sobre o processamento da linguagem natural. Além da captura de voz, há dispositivos que permitem a digitalização de som capturado a partir de microfones ou de interfaces conectadas a aparelhos e instrumentos musicais. Os sons são capturados e digitalizados em diferentes formatos para posterior processamento e reprodução.

- **Dispositivos de captura de sinais.** São dispositivos que permitem a captura de sinais a partir do emprego de sensores de luz, som, calor ou movimento. Através de um processo de digitalização, os sinais captados pelos sensores são codificados e enviados ao sistema de computador onde são processados. Esses sensores têm importância sobretudo em aplicações industriais e científicas, na medida em que permitem monitorar e controlar processos através de sistemas de informação baseados em computador.

Unidade de saída

A unidade de saída é formada pelos equipamentos que permitem a apresentação de resultados processados pelo sistema de computador. De forma semelhante às tecnologias de entrada de dados, as tecnologias de saída de dados têm evoluído no sentido de proporcionarem resultados mais atraentes e fáceis de utilizar. Destacamos os seguintes:

- **Dispositivos de saída em vídeo.** São a forma mais popular de visualização de resultados do processamento. É uma maneira adequada de apresentação de resultados que não precisam ser mantidos de forma permanente. Além disso, a saída em vídeo permite, em conjunto com algum dispositivo de entrada, manter a interatividade com o sistema de computador. Os dispositivos podem ser caracterizados em termos da tecnologia empregada na geração da saída, tamanho, resolução e capacidade de apresentar cores e gráficos. Do ponto de vista da tecnologia, os monitores de vídeo mais populares utilizam tubos de raios catódicos (CRT — *Cathode Ray Tube*). Essa tecnologia produz a saída através de um canhão que projeta feixes de elétrons para iluminar os pontos que compõem a tela. Outra tecnologia empregada é a dos cristais líquidos (LCD — *Liquid Crystal Display*). Os LCDs são telas planas que usam cristais líquidos para formar imagens em uma tela de fundo iluminado e de pequena espessura. Os LCDs são o tipo de tela mais empregado em computadores portáteis. Quanto ao tamanho, os monitores de vídeo são classificados pela medida da diagonal da tela em polegadas. A resolução dos monitores é medida pelo número de pontos por polegada. Cada ponto é denominado *pixel* (*picture element*) e, quanto maior for o número de pixels por polegada, melhor será a resolução da imagem. No que diz respeito à capacidade de visualização de cores, os monitores podem ser monocromáticos e coloridos. Nos monitores monocromáticos, os caracteres são apresentados em uma cor de contraste tal como verde, cinza ou âmbar. Os monitores coloridos são capazes de apresentar as cores básicas (RGB — *Red Green Blue*) em diversas tonalidades. A capacidade de apresentar gráficos requer o uso de tecnologias específicas. Uma dessas tecnologias é a de mapeamento de *bits*, que permite endereçar e manipular individualmente cada *pixel*. Isso exige maior quantidade de memória no computador e na placa adaptadora de gráficos. As placas adaptadoras seguem padrões, dos quais o mais popular é o Extended VGA (*Video Graphics Array*).

- **Dispositivos de saída impressa.** A impressão é a forma de saída que emprega como suporte mais comum o papel. Os dispositivos de impressão podem ser caracterizados pelo tipo de tecnologia, resolução e velocidade de impressão. Com relação à tecnologia, há a impressão por impacto e a impressão sem impacto. Na impressão por impacto, há um contato físico entre o dispositivo de impressão (martelo, roda impressora, pincel) e o meio que dá suporte à impressão (papel, plástico, etc). Um exemplo desse tipo de dispositivo é a impressora matricial de impacto. Dispositivos de impressão sem impacto são aqueles em que não há contato do dispositivo com o papel durante a impressão. Nessa categoria encontram-se as impressoras jato de tinta, que produzem a impressão a partir da aspersão de tinta, e as impressoras a laser, que produzem a impressão a partir de processo eletrostático. A resolução da impressão é medida por pontos impressos por polegada (dpi — *dot per inch*). Quanto maior for o número de pontos impressos por polegada, maior será a qualidade da impressão. A velocidade de impressão é medida em geral em páginas por minuto (ppm), mas há impressoras cuja velocidade é definida por linhas por minuto. Por fim, deve-se considerar que há dispositivos especiais de impressão como os *plotters* e os dispositivos de saída de microfilmes e microfichas. *Plotters* são dispositivos especiais que permitem gerar resultados gráficos a partir do acionamento de pincéis que deslizam sobre o material que dará suporte à impressão. Os *plotters* são amplamente utilizados nas áreas de engenharia, arquitetura e *design*. Dispositivos de saída de microfilmes e microfichas permitem imprimir miniaturas de documentos mantidos em um sistema de computador. Essas miniaturas posteriormente podem ser manipuladas e lidas através de leitoras de microfilmes e microfichas. Essa forma de produção de saída é útil em ambientes nos quais há a necessidade de manter grandes quantidades de documentos. Por outro lado, essa tecnologia vem sendo substituída a partir da digitalização de documentos e gravação em CDs e DVDs.
- **Dispositivos de saída sonora.** São dispositivos que permitem a emissão de áudio pelo sistema de computador. Os dispositivos de saída de voz convertem palavras previamente digitalizadas em uma forma audível, podendo ser transmitidas por um canal de comunicação. Esse é o caso das saídas de voz emitidas por sistemas de atendimento telefônico automático. Os dispositivos de saída de áudio também incluem placas de som que convertem sons digitalizados em sons audíveis transmitidos para alto-falantes ou outros aparelhos de áudio.
- **Dispositivos de saída de sinais.** São dispositivos que permitem a emissão de sinais interpretáveis por outros sistemas. São dispositivos importantes em aplicações que incluem o controle de processos com o uso de sistemas de informação baseados em computador. Por exemplo, os sistemas que controlam processos industriais (tempo de cozimento de um alimento) e que

são capazes de emitir sinais que ligam ou desligam determinados equipamentos (fornos) conforme determinada situação é detectada (temperatura ou tempo de preparo do alimento chegou ao limite programado).

Unidade de memória principal

A unidade de memória principal é formada pelos dispositivos que armazenam os dados e as instruções em processamento pela Unidade Central de Processamento (UCP). A memória principal tem uma velocidade de acesso compatível àquela em que a UCP funciona. Assim, os dados e os programas são armazenados na memória principal durante o processamento. Posteriormente, os resultados são liberados para o armazenamento em memória secundária ou para a unidade de saída.

A memória principal é constituída por tipos diferentes de componentes eletrônicos fabricados com material semicondutor e denominados *chips*. Dois tipos de *chips* de memória destacam-se:

- **RAM (*Random Access Memory*)**. Esse tipo de memória permite que os dados sejam gravados e apagados durante o processamento. É a área que o sistema de computador emprega para armazenar e atualizar os dados e as instruções em execução pela UCP em determinado momento. A principal limitação desse *chip* é o fato de que os dados são mantidos apenas enquanto o dispositivo for alimentado com energia. Isso implica dizer que, ao desligarmos o sistema de computador, o conteúdo da memória RAM é perdido. Em função disso, é comum dizermos que a RAM é uma memória volátil e que é necessário dispor de unidades de memória secundária para o armazenamento permanente de dados e instruções.
- **ROM (*Read Only Memory*)**. Esse tipo de memória recebe dados e instruções de forma única e permanente. Os chips ROM de um sistema de computador vêm gravados de fábrica com dados e instruções específicos. Um exemplo é o uso de ROM para armazenar os dados e as instruções necessários para que o sistema realize a inicialização ao ligarmos um microcomputador (o *boot* do sistema). Há variações de ROM que permitem gravações para fins específicos, como as PROMs (*Programmable Read Only Memory*) e EPROMs (*Erasable Programmable Read Only Memory*).

Além dos chips RAM e ROM, também são utilizadas memórias do tipo cache. Uma **memória cache** é um *chip* de alta velocidade empregado para armazenar dados mais freqüentemente utilizados pela UCP durante um determinado processamento. A memória cache serve como área intermediária entre a UCP e a memória principal, permitindo um aumento da velocidade de processamento.

O armazenamento de dados e instruções na memória principal e em outros dispositivos de armazenamento magnético é feito através da propriedade que determinados materiais têm de apresentarem um sinal ou corrente eletromagnética. Mais precisamente, é possível considerar que o dispositivo é composto por uma série de elementos que, em determinado momento, podem apresentar corrente ou não. A representação desse fenômeno é feita ao considerarmos que cada elemento de armazenamento constitui um dígito binário ou ***bit*** (*Binary Digit*). Em determinado momento, um *bit* pode apresentar ou não corrente eletromagnética, isto é, pode valer 0 (zero) ou 1 (um). Dessa forma, a menor fração de armazenamento de dados é um *bit* e este é um dos princípios do processamento eletrônico ou digital de dados.

Ao longo da evolução do processamento eletrônico de dados, houve a necessidade de organizar a forma como os dados poderiam ser armazenados e processados no sistema de computador. Nesse sentido, um primeiro passo foi dado ao se definir como unidade de medida de memória o ***byte***. Um *byte* é um conjunto de oito *bits* sendo considerado a memória necessária para o armazenamento de um caractere. O tamanho do *byte* foi definido a partir da constatação de que com oito *bits* é possível dispor de 256 (2^8) combinações diferentes de *bits*. Essas 256 diferentes combinações foram consideradas suficientes para armazenar o conjunto de caracteres empregados pelos ocidentais em sua linguagem escrita a partir de uma codificação inicial.

Com o surgimento da indústria de computadores, foram desenvolvidas diferentes formas de **codificação** dos caracteres da linguagem humana em uma forma inteligível pelos computadores. Algumas dessas codificações foram definidas por indústrias e outras por entidades de padronização. Entre os **códigos** mais populares podem ser citados o EBCDIC (*Extended Binary Code Decimal Interchange Code*) criado pela IBM, o ASCII (*American Standard Code for Information Interchange*) criado pelo ANSI (*American Standards Institute*) e, mais recentemente, o UNICODE, um padrão criado por um consórcio de organizações da área de computação e que vem sendo disseminado na indústria de *software* e *hardware*. Consideramos que o *byte* e seus múltiplos são empregados para medir a capacidade de armazenamento de um sistema de computador. Os múltiplos do *byte* e seus valores podem ser observados na Tabela 8.1.

Por fim, devemos considerar que cada elemento ou posição de armazenamento da memória apresenta um endereço. O **endereço de uma posição de memória** identifica cada uma das posições. Essa identificação permite ao sistema buscar e enviar dados e instruções em determinada posição de memória para fins de processamento. Esse endereçamento toma a forma de conjuntos de *bits* que são emitidos pela CPU e decodificados por um circuito de endereçamento existente na memória principal.

TABELA 8.1 Medidas de capacidade de armazenamento

Múltiplo	Capacidade (posições de armazenamento)
1 *byte*	1
1 *kilobyte*	2^{10} = 1.024 ≈ 1 mil
1 *megabyte*	2^{20} = 1.048.576 ≈ 1 milhão
1 *gigabyte*	2^{30} = 1.073.741.824 ≈ 1 bilhão
1 *terabyte*	2^{40} = 1.099.511.627.776 ≈ 1 trilhão

Unidade de memória secundária

Precisamos dispor de dispositivos de armazenamento secundário em virtude das limitações da memória principal. Os dispositivos de armazenamento secundário são mais baratos que os dispositivos de memória principal e viabilizam o armazenamento de grandes volumes de dados por períodos prolongados na medida em que mantém os dados mesmo quando não estão sendo alimentados por energia. Entretanto, apresentam como desvantagem a menor velocidade de acesso em virtude de empregarem mecanismos eletromecânicos para a leitura e a gravação dos dados.

Ao estudarmos o armazenamento secundário, levamos em conta os diferentes meios de armazenamento. Um **meio de armazenamento** é o material sobre o qual os dados serão gravados para posterior leitura. Nesse sentido, podemos considerar que o papel ainda é um meio de armazenamento amplamente utilizado. Entretanto, em termos de Tecnologia da Informação, o meio magnético e o meio ótico são os que preferencialmente dão suporte ao armazenamento.

- O **meio magnético** é composto por uma base metálica ou plástica recoberta por material magnetizável. Durante a gravação, os dados são transferidos para o meio através de um processo de magnetização que obedece a um determinado padrão de codificação binária passível de leitura posterior.
- O **meio ótico** é composto por uma base, em geral plástica, que durante a gravação sofre a ação de alguma fonte de calor que produz perfurações de acordo com determinado padrão de codificação. A leitura ocorre a partir da incidência de um feixe de luz que detecta a presença e a ausência de perfurações e as codifica em termos de *bits*.

Em geral, os meios de armazenamento devem ser preparados antes de sua utilização através de um processo de **formatação**. A formatação proporciona a estruturação dos meios de armazenamento com vistas a uma melhor organização dos dados a serem gravados e recuperados.

A gravação e a leitura de dados em um meio são realizadas por **dispositivos ou unidades de leitura e gravação**. De acordo com o tipo de meio de armazenamento, os dispositivos podem ser caracterizados como dispositivos de armazenamento magnético e dispositivos de armazenamento ótico.

- **Dispositivos de armazenamento magnético.** São equipamentos que realizam a gravação e leitura de dados em meio magnético. Os principais representantes dessa tecnologia são as fitas e os discos magnéticos.
    — *Fitas magnéticas.* São meios que permitem o armazenamento de grandes volumes de dados de forma seqüencial. As fitas apresentam a forma de rolos e cartuchos. A capacidade de armazenamento de uma fita depende da densidade de armazenamento. A densidade de armazenamento de fitas é medida em *bytes* por polegada (bpi — *bytes per inch*). Quanto maior for a densidade da fita, maior será a capacidade de armazenamento. A leitura e a gravação de fitas magnéticas são feitas por **unidades de fita**. Há fitas de diversos cumprimentos e larguras e diferentes modelos de unidades de fita, de acordo com o porte dos sistemas

de computador. A principal limitação do uso de fitas magnéticas é que o processo de gravação e leitura é estritamente seqüencial. Isso torna o processo de leitura e gravação mais lento do que nos discos. Um outro aspecto a ser levado em conta é a necessidade de um ambiente de armazenamento e gerenciamento das fitas gravadas, na medida em que são suscetíveis à umidade, calor e poeira. Entretanto, o uso de fitas magnéticas é adequado sobretudo na realização de cópias de segurança (*backup*) de grandes volumes de dados.

— *Discos magnéticos.* São meios de armazenamento que permitem o acesso direto aos dados. Um dos tipos mais populares de discos magnéticos é o **disco flexível**, ou *floppy disk*. Discos flexíveis são fabricados em material plástico e recobertos por uma camada magnetizável. Apresentam diversos tamanhos e atualmente os mais populares são os de 3 ½ polegadas. Os disquetes são meios portáteis usados no transporte de dados e sua capacidade de armazenamento depende do sistema de formatação, chegando a alguns *megabytes*. A leitura e a gravação de dados são realizadas por um dispositivo denominado **unidade de discos flexíveis**. Essas unidades dispõem de cabeçotes que realizam a leitura e a gravação de dados na superfície dos disquetes. Outros discos magnéticos são denominados **discos rígidos** ou *hard disks*. Os discos rígidos são fabricados em ligas metálicas e recobertos por material magnetizável. Além disso, os discos rígidos vêm integrados a mecanismos de leitura e gravação, formando um único conjunto denominado **unidade de disco rígido**. Essas unidades podem ser fixas e estar no interior do gabinete dos sistemas de computador. Além disso, há unidades removíveis que permitem o transporte e a conexão a outro sistema de computador. As unidades de disco rígido também apresentam grande variação de tamanhos de acordo com o porte do sistema de computador. As unidades de disco rígido disponibilizam uma capacidade de armazenamento maior que a dos disquetes, alcançando vários *gigabytes*. Além disso, as unidades de disco rígido propiciam maior velocidade de leitura e gravação. O aumento da capacidade de armazenamento pode ser conseguido através da interconexão de várias unidades de disco rígido, formando um **RAID** — (*Redundant Arrays of Independent Disks*). Além de disponibilizarem maior capacidade de armazenamento, os RAIDs podem atuar para minimizar riscos de falhas através de técnicas de espelhamento de dados em mais de um dos discos do conjunto. A principal vantagem dos discos magnéticos diz respeito à possibilidade de realizar o acesso direto aos dados através de técnicas de indexação. Em virtude disso, as unidades de disco rígido tornaram-se elementos indispensáveis nos sistemas de computador na medida em que aliam uma grande capacidade de armazenamento a maior velocidade de acesso e gravação.

• **Dispositivos de armazenamento ótico.** São equipamentos que realizam a gravação e a leitura de dados em meio óptico. Os principais representantes dessa tecnologia são os CDs e os DVDs.

— *CD (Compact Disk).* É um meio de armazenamento constituído de um disco que, em geral, mede 12 cm de diâmetro e tem capacidade de armazenamento de 600 *megabytes*. Dentre os tipos de CDs, há os que são apenas para leitura ou CD-ROMs (*Compact Disk — Read Only Memory*). Esses discos são empregados para armazenamento de *softwares*, bases de dados e materiais multimídia que não sofrem atualização pelo usuário. São produzidos em massa a partir de um disco-mestre que sofreu a gravação dos dados através de *laser* e se constitui na matriz dos demais. A leitura dos CD-ROMs é realizada por dispositivos denominados **unidades de CD-ROM**. O processo de leitura é feito através da emissão de um raio *laser* sobre a superfície do disco. O raio reflete-se em áreas sem depressões, indicando 1, e torna-se difuso em regiões com depressão, indicando 0. A evolução da tecnologia permitiu o aparecimento de CDs graváveis denominados **CD-R** (*Compact Disk — Recordable*). Um CD-R permite que o usuário grave dados uma única vez. Esse processo de gravação é realizado em unidades de CD-R e produz CDs que podem ser lidos por unidades de CD-ROM. Após a gravação, os dados de um CD-R não podem mais ser alterados. Essa tecnologia permitiu que mais empresas e indivíduos pudessem criar seus próprios CDs. O passo seguinte foi o desenvolvimento de CDs regraváveis ou **CD-RW** (*Compact Disk — ReWritable*). Um CD-RW emprega tecnologia óptico-magnética que permite ao usuário regravar dados através de unidades de CD-RW. A tecnologia empregada nos CDs está se tornando cada vez mais rápida e barata, fazendo com que as unidades de CD se tornem um item indispensável nos sistemas de computador.

— *DVD (Digital Vídeo Disk)*. É um meio de armazenamento que emprega uma tecnologia mais evoluída que a utilizada nos CDs e que permite alcançar uma capacidade de armazenamento que atualmente se encontra em torno de 3 a 8,5 *gigabytes*. Inicialmente, a tecnologia havia sido projetada para o emprego na indústria cinematográfica. Entretanto, sua utilização nos sistemas de computador vem ganhando espaço, havendo a possibilidade de que efetivamente substitua a tecnologia de CD. Os DVDs estão seguindo a mesma trilha percorrida pelos CDs. Inicialmente prevalecem os DVDs apenas de leitura que são produzidos em massa pela indústria. A seguir, começam a surgir os primeiros DVDs regraváveis cuja tecnologia deve evoluir gradativamente e alcançar custos viáveis para sua disseminação comercial. A perspectiva é de que haja um período de transição em que as unidades de DVD também sejam capazes de ler CDs até que a tecnologia anterior seja abandonada.

Unidade Central de Processamento

A Unidade Central de Processamento (UCP) é o componente de *hardware* que realiza o processamento dos dados de entrada, transformando-os em dados de saída. Essa transformação ocorre a partir da execução de instruções previamente organizadas e fornecidas à UCP. Para executar essa função, a UCP é dividida em alguns componentes:

- **Unidade lógico-aritmética.** É formada pelos componentes da UCP que realizam cálculos matemáticos e comparações lógicas.

```
┌─────────────────────────┐
│ Unidade    │            │
│ lógico-    │            │
│ aritmética │ Registradores│
│────────────│            │
│ Unidade    │            │
│ de controle│            │
└─────────────────────────┘
```

FIGURA 8.2 Componentes da unidade central de processamento.

- **Unidade de controle.** É a parte da UCP que acessa as instruções a serem executadas, decodifica essas instruções e coordena os demais componentes com o intuito de executar as operações decodificadas.
- **Registradores.** São componentes da UCP que armazenam as instruções e os dados em processamento.

Uma das principais características de uma UCP é sua velocidade. Há diferentes formas de medir a velocidade de uma UCP.

- **Tempo de ciclo de máquina.** O ciclo de máquina é o período de tempo que uma UCP gasta para buscar uma instrução na memória principal, realizar sua decodificação, proceder sua execução e armazenar os resultados em registradores ou na memória principal. Nos sistemas de computador de menor porte, esse tempo é medido em frações de segundos, como milissegundos (milésimo de segundo), microssegundos (milionésimo de segundo), nanossegundos (bilionésimo de segundo) e picossegundos (trilionésimo de segundo). Em computadores de altíssima velocidade, emprega-se como unidade de medida o número de milhões de instruções executadas por segundo (MIPS). Também para sistemas de grande capacidade de processamento, pode-se empregar como unidade de medida o FLOP, ou seja, o número de operações de ponto flutuante por segundo. Uma operação de ponto flutuante é uma operação aritmética em que o ponto decimal se move para obter maior precisão durante a computação. Os múltiplos do FLOP incluem o megaFLOP (milhões de instruções de ponto flutuante por segundo) e o gigaFLOP (bilhões de instruções de ponto flutuante por segundo).
- **Velocidade de relógio (*clock*).** Internamente a UCP marca o ciclo de máquina com base em pulsos eletrônicos. Essa marcação de tempo é chamada de velocidade de relógio. Quanto menor for o intervalo entre esses pulsos, maior será a velocidade de processamento da UCP. A velocidade de relógio é medida pelo número de pulsos por segundo ou hertz. Os múltiplos do hertz mais empregados são o *megahertz* (Mhz — milhões de ciclos por segundo) e o *gigaherts* (Ghz — bilhões de ciclos por segundo).

Um outro aspecto que influencia a velocidade global do sistema de computador é o tamanho da palavra do processador. Uma **palavra** é o conjunto de *bits* que uma UCP é capaz de processar durante um ciclo de máquina. O tamanho da palavra é medido em *bits*. Outra característica importante de uma UCP é o seu **conjunto de instruções**. O conjunto de instruções compõe o repertório de ações que uma UCP é capaz de realizar. Esse repertório é definido durante o projeto da UCP e constitui um microcódigo predeterminado a partir do qual o processador pode ser programado. As famílias mais conhecidas de computadores em termos de classificação do conjunto de instruções são os *chips* CISC e os *chips* RISC.

- **CISC (*Complex Instruction Set Computing*).** São *chips* desenvolvidos dentro do princípio de que o repertório de instruções deveria ser tão abrangente quanto possível e incluindo as instruções de gerações anteriores de CPUs. Como resultado, esses *chips* podem apresentar várias instruções que têm a mesma finalidade. A partir dessa constatação, alguns fabricantes buscaram reduzir o conjunto de instruções, dando origem a família RISC.
- **RISC (*Reduced Instruction Set Computing*).** São *chips* produzidos com o número de instruções essencial para execução das operações. A conseqüência disso é a obtenção de CPUs mais velozes.

A UCP de um sistema de computador pode ser constituída por um ou mais componentes eletrônicos. Nos microcomputadores, o mais comum é que a UCP seja um único *chip* denominado microprocessador. Entretanto, é possível utilizar mais de uma UCP para potencializar a capacidade de processamento do sistema de computador.

- **Co-processamento.** Nessa modalidade, usamos um processador adicional para realizar operações específicas. Assim, há sistemas que dispõem de um co-processador matemático ou um co-processador gráfico que agiliza o processamento de rotinas específicas.
- **Processamento em paralelo.** Consiste em ligar vários processadores para que operem ao mesmo tempo. Nessa modalidade, é necessário dispor de um *software* capaz de gerenciar os diversos processadores e potencializar a capacidade de processamento.

Barramentos

As diversas unidades de um sistema de computador são interligadas através de um conjunto de linhas por onde circulam dados, instruções, endereços e sinais de controle. Esse conjunto de linhas é denominado barramento (*bus*).

- **Barramento de dados (*Data Bus*).** É o barramento por onde circulam os dados em processamento pelo sistema. A largura do barramento de dados é o número de *bits* que, em determinado momento, podem estar trafegando naquele barramento. Essa largura afeta o desempenho do sistema e deve ser compatível com o tamanho de palavra da CPU.
- **Barramento de endereços (*Address Bus*).** É o barramento por onde trafegam os endereços das posições de memória e das unidades de entrada e saída onde vão ser armazenados ou de onde vão ser lidos dados e instruções.

A largura do barramento de endereços é expressa em *bits* e determina o tamanho máximo de endereçamento da memória principal.
- **Barramento de controle (*Control Bus*).** É o barramento por onde trafegam sinais de controle e interrupção que circulam entre a UCP e as demais unidades. Os sinais de controle e interrupção marcam a coordenação do trabalho entre as diversas unidades do sistema de computador, indicando quando cada uma delas deve iniciar ou suspender sua atuação ou situações em que o processamento deve ser interrompido.

O projeto de um sistema de computador prevê a forma com que os componentes serão dispostos e interligados. Esse projeto é implementado através de vários tipos de componentes eletrônicos dispostos em placas de circuito impresso. As **placas de circuito impresso** apresentam as diversas opções de conexão dos componentes previstas no projeto. No caso dos microcomputadores, a **placa-mãe** é a principal placa de circuito impresso onde são montados os demais componentes, incluindo o microprocessador, os *chips* de memória e as interfaces com unidades de saída e unidades de entrada.

O funcionamento básico de um sistema de computador

O funcionamento de um sistema de computador se baseia no princípio do **programa armazenado**. Um programa é um conjunto de instruções inteligíveis pelo computador e organizado de acordo com uma determinada lógica para transformar dados de entrada em dados de saída. O princípio do programa armazenado prevê que as instruções a serem executadas e os dados a serem processados estão armazenados na memória principal. Como a memória principal é composta por elementos endereçáveis, a UCP carregará instruções e dados para seus registradores e procederá a execução do programa instrução a instrução. Essa abordagem é eminentemente seqüencial e constitui o modelo básico de funcionamento dos computadores. Existem outras abordagens de acordo com a arquitetura do sistema de computador.

Ao iniciar a execução de um programa, a UCP carrega o endereço da primeira instrução a ser executada. A partir daí ocorrem a carga, a decodificação e a execução da instrução. Ao final, a UCP acessa o endereço da próxima instrução e reinicia o processo até que encontre a instrução de término do processamento. O ciclo básico cumprido pela UCP para processar cada instrução é denominado **ciclo de máquina**. Durante esse ciclo, são realizados quatro passos básicos.

- **1º passo — carregar a instrução.** A unidade de controle acessa o endereço de memória que contém a instrução a ser executada e carrega essa instrução para dentro dos registradores da UCP.
- **2º passo — decodificar a instrução.** A unidade de controle decodifica a instrução. Essa decodificação pode implicar o acionamento de circuitos que farão o carregamento de dados que estão na memória e devem ser transferidos para os registradores para que possam ser operados.
- **3º passo — executar a instrução.** A unidade de controle aciona a unidade lógico-aritmética. A unidade lógico-aritmética realiza as operações previstas na instrução sobre os dados disponibilizados nos registradores.

- **4º passo — armazenar os resultados.** Os resultados gerados pela execução da instrução são armazenados nos registradores ou em posições da memória principal.

Esse ciclo básico pode sofrer variações de acordo com o tipo de instrução que está sendo executado. Durante esse processo, dados e instruções transitam entre as diversas unidades do sistema de computador através dos barramentos.

A evolução dos sistemas de computador

A evolução dos sistemas de computador pode ser caracterizada por gerações tecnológicas que se sucederam desde a década de 1940, quando surgiram os primeiros computadores eletrônicos.

- **1ª geração — Tecnologia de válvulas (décadas de 1940 e 1950).** Os sistemas dessa primeira geração utilizavam válvulas como componente básico. Nesse período, os sistemas de computador apresentavam grandes dimensões, ocupando andares inteiros de um edifício. Sua velocidade era da ordem de 10 mil instruções por segundo e sua capacidade de armazenamento era de cerca de 2 *kilobytes*. Nesse período, os sistemas eram caros e de difícil manutenção e operação. Eram usados sobretudo na resolução de problemas científicos, em alguns casos para fins militares. Sua operação era realizada por técnicos, engenheiros e cientistas que os projetaram.
- **2ª geração — Tecnologia de transistores (final da década de 1950 e década de 1960).** A invenção do transistor proporcionou o primeiro grande salto qualitativo da indústria eletrônica. Os sistemas de computador dessa geração usavam o transistor como componente básico, ocasionando uma drástica redução de tamanho. Esses sistemas passaram a ocupar uma sala, e seu custo e sua tecnologia permitiram que começassem a ser fabricados para uso comercial. Sua velocidade era da ordem de 300 mil instruções por segundo e sua capacidade de armazenamento chegava a 32 *kilobytes*. Ainda eram sistemas caros, sendo utilizados por grandes empresas e pelo poder público. Nessa época, surgem os primeiros sistemas operacionais que proporcionavam maiores facilidades de operação. Além disso, surgiram as primeiras linguagens de programação de alto nível que proporcionaram a construção de *software*s dedicados a aplicações científicas e comerciais. Sua operação passou a ser realizada por pessoal especializado em processamento eletrônico de dados nas empresas.
- **3ª geração — Tecnologia de circuitos integrados (final da década de 1960 e década de 1970).** A tecnologia de circuitos integrados permitiu a miniaturização de circuitos eletrônicos e sua produção na forma de *chips* de silício. Na terceira geração, os circuitos puderam integrar milhares de componentes, propiciando mais uma redução no porte dos equipamentos eletrônicos. Os sistemas de computador dessa geração empregavam *chips* como componente básico e suas dimensões foram reduzidas drasticamente. A velocidade desses sistemas era da ordem de 5 MIPS e sua capacidade de armazenamento chegou a 2 *megabytes*. Nesse período, ocorre o desenvolvimento de linguagens de programação de terceira geração para usos científico,

comercial e educacional. Inicia a popularização do uso do computador nas empresas. Ao final desse período, começam a surgir os primeiros microprocessadores. Esses chips eram capazes de concentrar em um único componente todas as funções de uma UCP. Os microprocessadores passam a ser utilizados pela indústria na produção de microcomputadores. Surge o conceito de computação pessoal. A partir disso, as primeiras aplicações individuais e domésticas dos microprocessadores e microcomputadores começam a ocorrer.

- **4ª geração — Tecnologia de circuitos integrados em escala muito alta (década de 1980 até os dias atuais).** A evolução da indústria de circuitos integrados permitiu que um único *chip* pudesse concentrar centenas de milhares e até milhões de componentes. Essa tecnologia passou a produzir os LSIC (*Large Scale Integrated Circuits*) e os VLSIC (*Very Large Scale Integrated Circuits*) como componentes eletrônicos com aplicações nas mais diversas áreas. A velocidade dos sistemas de computador baseados nessa tecnologia ultrapassa os 300 MIPS, e sua capacidade de armazenamento chega aos *gigabytes* e *terabytes*. Os sistemas de computador passam a ser empregados nas mais diversas áreas. Novas tecnologias como a Multimídia, Internet, a telefonia celular e a transmissão sem-fio agregam recursos cada vez mais sofisticados aos sistemas.

A evolução dos sistemas de computador continua, a ponto de alguns considerarem que já estaríamos no início da quinta geração tecnológica. Essa quinta geração seria caracterizada pela convergência entre as diversas tecnologias de base microeletrônica, o uso de novas arquiteturas de computador e o emprego de novas tecnologias que permitissem a construção de sistemas que efetivamente disponham de uma inteligência artificial. Por outro lado, é possível que já não possamos mais empregar o conceito de gerações tecnológicas, em virtude das rápidas mudanças que vêm ocorrendo nas tecnologias de *hardware*, *software* e comunicações e a dificuldade de aplicar os parâmetros de classificação que utilizávamos até agora.

Tipos de computadores

Podemos empregar a capacidade de armazenamento e a velocidade de processamento para classificar os tipos de computadores.

- *Mainframe.* É um sistema de computador que apresenta grande capacidade de memória e velocidade de processamento. É utilizado em aplicações empresariais, científicas e governamentais que exigem o processamento de grandes volumes de dados ou processamento complexo. Muitas empresas os utilizam pela segurança que proporcionam em situações de processamento crítico, como é o caso de sistemas de reservas aéreas e sistemas de processamento de transações bancárias. Em geral, caracterizam-se pelo processamento centralizado, em que uma UCP é acessada por diversos usuários através de terminais compostos por um monitor de vídeo, um teclado e um dispositivo indicador como um *mouse*.
- **Minicomputador.** É um sistema de computador que apresenta média capacidade de memória e velocidade de processamento. É utilizado em

aplicações específicas como servidores de rede, servidores de dados, servidores de sistemas multiusuário. Embora o termo minicomputador esteja em desuso, pode ser empregado como referência àqueles equipamentos que, mesmo sendo microcomputadores, apresentam uma maior capacidade de memória e velocidade de processamento quando comparados aos demais microcomputadores utilizados na organização.

- **Microcomputador.** É um sistema de computador que apresenta menor capacidade de memória e velocidade de processamento. É utilizado em aplicações pessoais e domésticas ou como terminais de sistemas multiusuário. Além disso, podem dispor de recursos de *hardware* e *software* adicionais para serem utilizados como estações de trabalho (*workstations*) por usuários especializados. Atualmente, é possível distinguir alguns modelos de microcomputador.
    - *Desktop.* É o microcomputador de mesa. A configuração mais comum inclui gabinete, monitor de vídeo, teclado, *mouse* e outros periféricos de acordo com a sua utilização.
    - *Notebook/Laptop.* É um microcomputador portátil. Tem o tamanho aproximado de uma valise. Seu gabinete em geral é composto por duas partes que se abrem e onde estão integrados todos os componentes incluindo placa mãe, CPU, memória principal, tela de cristal líquido, dispositivo indicador tipo *trackball*, teclado e unidades de memória secundária.
    - *Palmtop.* É um microcomputador de mão. Tem o tamanho aproximado de uma calculadora ou agenda eletrônica. Seu gabinete integra as diversas unidades de um sistema de computador e inclui recursos de *software* de agenda, editor de textos, planilha de cálculo.
- **Supercomputador.** É um sistema de computador dedicado à resolução de problemas que exigem grande capacidade de processamento em termos de velocidade e precisão de resultados. Em geral, utilizam recursos de processamento paralelo e arquiteturas não-convencionais. Suas principais aplicações estão nas áreas científica e militar.
- **Cluster de computadores.** É uma alternativa que vem sendo adotada em substituição aos supercomputadores e aos *mainframes*. Um *cluster* de computadores é um conjunto de sistemas computacionais independentes e ligados em rede, mas que podem ser configurados para realizar em conjunto um determinado trabalho de processamento. Um conceito associado ao de *cluster* de computadores é o de computação em *grid*. Um *grid* é uma rede de centros de pesquisa computacional cujos *clusters* formam um *pool* de recursos a ser empregado para um determinado fim.

Embora essa classificação possa sofrer críticas por não conseguir acompanhar a rápida evolução do *hardware*, ela pode nos auxiliar na diferenciação dos tipos de computador mais adequados para determinadas finalidades.

TECNOLOGIA DE *SOFTWARE*

Os equipamentos que compõem a tecnologia da informação são capazes de executar instruções que operacionalizam a solução de problemas. No caso dos sistemas de computador, uma **instrução** é um comando que pode ser decodificado e executado pela unidade de controle de acordo com o conjunto de instruções definido no projeto da UCP. As instruções para a resolução de um determinado problema operam certos dados e estão organizadas conforme alguma lógica algorítmica.

Um **algoritmo** expressa formalmente uma solução para um problema através de um conjunto finito de passos que, ao ser executado, opera certas estruturas de dados, produz resultados e cumpre determinados objetivos. O estudo dos algoritmos, das linguagens empregadas para expressá-los e dos modelos de computação capazes de executá-los é um dos focos da ciência da computação e uma das bases de atuação dos profissionais da área de computação e informática. Além disso, um **programa de computador** é um algoritmo expresso em uma linguagem que um sistema de computador é capaz de executar. A programação de computadores é a área da ciência da computação que se dedica ao estudo dos métodos, das técnicas e das ferramentas empregados no desenvolvimento de programas de computador. Esses programas constituem o elemento básico do que chamamos de *software*.

A palavra *software* designa o conjunto de programas que um equipamento e, em especial, um sistema de computador é capaz de executar. Podemos considerar que um *software* é uma solução para um determinado problema. Essa solução pode ser composta por vários programas de computador formando um sistema de *software*. Assim, um **sistema de *software*** é um conjunto de programas de computador que operam de forma conjunta para solucionar problemas de uma determinada área. Em um sentido mais amplo, Sommerville (2003, p. 5) afirma que um sistema de *software* abrange "uma série de programas separados, arquivos de configuração que são utilizados para configurar esses programas, a documentação do sistema, que descreve a estrutura desse sistema, e a documentação do usuário, que explica como utilizar o sistema e, no caso dos produtos de *software*, sites da Web para os usuários fazerem *download* das informações recentes do produto".

Um **produto de *software*** é um sistema de *software* que pode ser disponibilizado para uma clientela. Esses produtos podem ser genéricos ou personalizados. Produtos genéricos são sistemas de *software* produzidos por uma organização e comercializados para qualquer cliente que seja capaz de utilizá-los. Produtos personalizados são sistemas de *software* desenvolvidos para atender às necessidades de um cliente em especial. Em ambos os casos, a empresa produtora disporá de um processo de *software*. O **processo de *software*** é o conjunto de atividades gerenciais e tecnológicas, bem como os resultados gerados por tais atividades, que um determinado produtor de *software* emprega no desenvolvimento e na manutenção de seus produtos de *software*.

A **engenharia de *software*** se dedica aos aspectos gerenciais e tecnológicos relacionados ao desenvolvimento, ao suporte à utilização e à manutenção e evolução de sistemas de *software*. A perspectiva é dotar a indústria de *software* de conceitos, métodos, técnicas e ferramentas capazes de propiciar a melhoria da qualidade e da produtividade dos processos e produtos de *software*.

Relação entre *hardware*, *software* e usuário

Uma forma de classificar os *software*s é levar em conta as principais funções que esse componente dos sistemas de informação desempenha em relação ao *hardware* e ao usuário. O *software* pode ser compreendido como uma camada intermediária entre o *hardware* e o usuário. Essa camada pode ser caracterizada como uma interface através da qual *hardware* e usuário mantêm trocas de dados e instruções. Por outro lado, a própria camada de *software* pode ser subdividida em *softwares* de sistema ou básico e *software* aplicativo. (Ver Figura 8.3.)

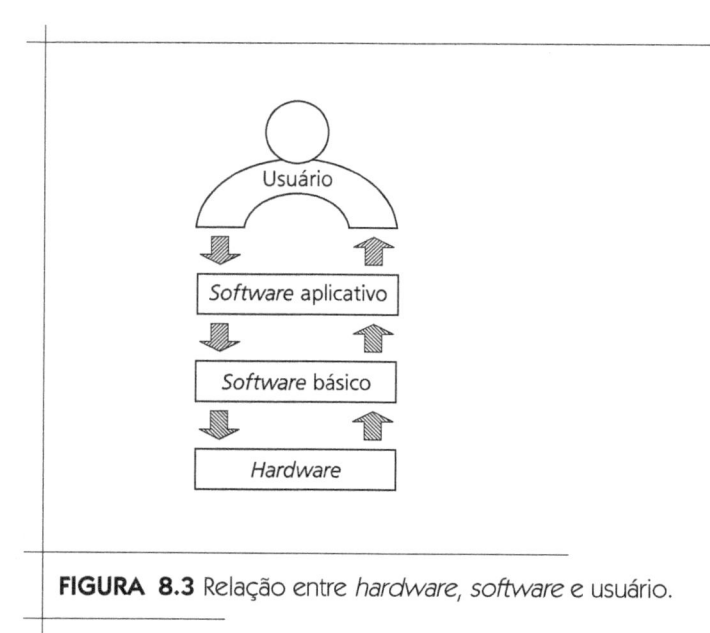

FIGURA 8.3 Relação entre *hardware*, *software* e usuário.

Software de sistema ou básico

Essa categoria compreende os *softwares* que realizam tarefas fundamentais para o funcionamento do *hardware* e a utilização dos recursos de máquina pelos *softwares* aplicativos e usuários.

Sistemas operacionais

Como vimos anteriormente, o *hardware* que compõe um sistema de computador é um conjunto de componentes eletrônicos que apresenta um nível de complexidade alto. Nesse sentido, é necessário encontrar formas de tornar seu uso conveniente, além de alcançar uma forma de operação eficiente. Um sistema operacional é um *software* cujos principais objetivos são disponibilizar aos usuários um meio conveniente de utilização do *hardware* e gerenciar o funcionamento do sistema de computador. Dentro dessa perspectiva, um sistema operacional pode ser encarado como uma máquina virtual que proporciona o acesso aos recursos de *hardware* sem que seja necessário o conhecimento detalhado de como os dispositivos funcionam. Além disso, o sistema operacional é um gerenciador de recursos que proporciona o funcionamento integrado e sincronizado de todos os elementos de um sistema de computador. Para isso, o sistema operacional desempenha as funções de:

- **Gerenciador de processos.** Um processo é uma tarefa em execução pela UCP. Nesse sentido, o sistema operacional gerencia a execução das diversas tarefas em processamento, coordenando o compartilhamento dos recursos do sistema por essas tarefas.
- **Gerenciador de memória.** Na medida em que a UCP precisa de memória para executar os processos, o sistema operacional emprega certas técnicas que permitem otimizar a utilização desse recurso.
- **Gerenciador de entrada e saída.** O sistema operacional controla o acesso aos dispositivos de entrada e saída nas diversas situações em que os processos fazem uso desses dispositivos para obter dados ou apresentar resultados.
- **Gerenciador de arquivos.** Dados e instruções podem ser armazenados em memória secundária. A organização das unidades de memória secundária e da forma como os dados podem estar armazenados e acessados é uma tarefa do sistema operacional.

A tecnologia de sistemas operacionais é uma área da ciência da computação que continua em evolução. Há diversos produtos de *software* nessa categoria. A escolha do sistema operacional adequado para um determinado sistema de informação é uma decisão que deve levar em conta a tecnologia de *hardware* a ser empregada e as aplicações a serem disponibilizadas para os usuários.

Utilitários

Os utilitários são *software*s que permitem realizar tarefas rotineiras que proporcionam melhoria da *performance* e segurança do sistema. Nessa classe se enquadram *software*s de antivírus, *backup*, segurança, organização de unidades de memória entre outros.

Ferramentas de desenvolvimento de *software*

As ferramentas de desenvolvimento são *software*s empregados pelos profissionais de sistemas de informação para o desenvolvimento de outros *software*s. Nessa categoria, destacam-se as linguagens de programação e seus tradutores e os sistemas gerenciadores de bancos de dados.

- **Linguagens de programação.** Uma linguagem de programação é uma ferramenta de desenvolvimento que permite especificar um programa de computador. A evolução das linguagens de programação permite classificá-las em gerações:
  — *Linguagens de 1ª geração ou linguagens de máquina.* Os primeiros computadores eram programados fisicamente a partir da configuração manual de seus componentes. Essa programação primitiva implicava a determinação das seqüências de *bits* correspondentes às instruções e dados a serem processados. Com o aperfeiçoamento dos sistemas de computador, a programação passou a ser realizada através da entrada desses códigos binários através de outros meios e dispositivos de entrada. Esses

códigos binários representavam efetivamente o que a UCP era capaz de realizar, daí a denominação linguagem de máquina. Atualmente, o conceito de linguagem de máquina permanece para designar o código que efetivamente um determinado sistema de computador é capaz de decodificar e executar. Esse código é denominado código-objeto, e os programas nele escritos são conhecidos como programas-objeto. Esses programas resultam de algum processo de tradução que converte programas escritos em linguagens mais próximas da linguagem humana para a linguagem que uma determinada máquina (UCP) é capaz de executar.

— *Linguagens de 2ª geração ou linguagens assembly*. A dificuldade de programação em linguagem de máquina levou ao surgimento de linguagens que buscam codificar determinadas seqüências de instruções de máquina em códigos e símbolos mnemônicos. As operações básicas e posições de armazenamento de um determinado tipo de UCP são representadas por códigos e símbolos que são parecidos ou são abreviaturas de palavras da linguagem humana. Essas linguagens são denominadas montagem (*assembly*) e são dependentes do projeto da UCP. Além disso, o uso de uma linguagem *assembly* exige que seja utilizado um *software* montador (*assembler*) que traduz para linguagem de máquina o programa escrito em linguagem *assembly*. Uma das limitações da programação *assembly* é o fato de que produz programas baseados em códigos de uma determinada UCP. Isso obriga os programadores a dominar os detalhes específicos de um determinado sistema de computador. Por outro lado, a programação *assembly* é útil em situações nas quais desejamos usar recursos específicos de uma UCP ou melhorar a *performance* de determinados programas de computador.

— *Linguagens de 3ª geração ou linguagens de alto nível*. A partir da década de 1950, surgiram linguagens de programação que buscaram se aproximar mais da linguagem humana como forma de tornar a programação mais fácil e os programas mais independentes do tipo de sistema de computador em que iam ser executados. Assim, surgiram linguagens que usam um subconjunto de símbolos e palavras da linguagem humana natural e obedecem a regras gramaticais bem-definidas. Os programas escritos nessas linguagens são eminentemente procedurais. Isto é, o programador deve especificar detalhadamente o procedimento a ser executado pelo sistema de computador. Um programa escrito em uma linguagem de 3ª geração é denominado programa-fonte. Para que ele seja executado por um sistema de computador, ele deverá ser traduzido para linguagem de máquina, gerando um programa-objeto. Esse processo de tradução é realizado por *software*s tradutores. Dentre as várias linguagens de programação que já foram criadas podemos citar Fortran, Cobol, Basic, Pascal e C.

— *Linguagens de 4ª geração*. A perspectiva de tornar a programação de computadores uma tarefa próxima da forma de comunicação humana levou ao aparecimento de um outro conjunto de linguagens ainda mais próxima da linguagem humana. As linguagens de programação da 4ª geração caracterizam-se por apresentarem comandos capazes de realizar tarefas que, na terceira geração, implicariam a construção de programas detalhados. Em função disso, as linguagens dessa geração são consideradas não-procedurais. Programas escritos em tais linguagens também passam por um processo de tradução que transforma código-fonte em código objeto. Como exemplos dessas linguagens, podemos citar as linguagens de definição e manipulação de dados, bem como geradores de relatórios e de aplicações.

Com a evolução das linguagens de programação, ocorreu a proliferação de versões diferentes de uma mesma linguagem. Na tentativa de minimizar os problemas de compatibilidade, órgãos de padronização têm proposto normas para a especificação das principais linguagens de programação. Essas normas descrevem os comandos-padrão de uma linguagem, bem como as regras gramaticais que devem ser obedecidas. Esse é o caso das linguagens C e SQL que dispõem de padrões especificados pelo ANSI (*American National Standards Institute*). Outro aspecto a se levar em conta é que o desenvolvimento de linguagens de programação não parou. O principal esforço continua sendo a busca de linguagens de programação que se aproximem cada vez mais da linguagem natural.

- **Tradutores de linguagens de programação.** São *software*s que realizam o processo de conversão dos programas-fonte escritos em uma linguagem de programação em programas-objeto. Os principais tipos de tradutores são:
  — *Montadores*. *Software*s que permitem a tradução de programas *assembly* para código de máquina.
  — *Interpretadores*. *Software*s que traduzem código-fonte para código-objeto instrução a instrução, indicando imediatamente se um determinando comando está errado.
  — *Compiladores*. *Software*s que traduzem o código-fonte em código-objeto processando todo um programa escrito em uma determinada linguagem de programação. Após a compilação, os códigos sofrem um processo de "linkedição". A "linkedição" consiste em "empacotar" todo o código-objeto em um único módulo executável pelo sistema de computador e que pode ser armazenado em uma unidade de memória secundária.

Os tradutores de *software* e, em especial, os compiladores constituem produtos de *software* comercializados por diferentes empresas. Assim, para uma mesma linguagem de programação, especificada conforme padrões aceitos pela indústria, podem existir diferentes compiladores. Esses compiladores suportam os comandos-padrão da linguagem e dispõem de recursos adicionais incluídos pelo fabricante como características diferenciadoras de seu produto em relação ao dos concorrentes.

- **Sistemas gerenciadores de bancos de dados.** Um sistema que gerencia dados armazenados num banco de dados, garantindo recuperação de falhas, concorrência e acesso otimizados aos dados, via vários tipos de linguagens. Um banco de dados é um conjunto integrado e organizado de dados. Esses dados estão armazenados em unidades de armazenamento secundário e são acessados por *software*s de acordo com as necessidades de processamento.

Para o cumprimento de suas finalidades, um sistema gerenciador de banco de dados emprega dois tipos de linguagens:
— *Linguagem de definição de dados.* Permite a definição da estrutura do banco de dados tanto do ponto de vista do usuário (modelo lógico) quanto do ponto de vista dos recursos do sistema de computador (projeto físico).
— *Linguagem de manipulação de dados.* Permite realizar operações sobre os dados do banco de dados. As operações básicas são a inclusão, exclusão, alteração e consulta dos dados. O padrão mais aceito em termos de linguagens de definição e manipulação de dados é o SQL (*Structured Query Language*).

Além disso, um sistema Gerenciador de Banco de Dados mantém um dicionário de dados. Um dicionário de dados é um banco de dados que contém todas as definições dos demais bancos administrados pelos sistemas gerenciadores de banco de dados. Essas definições incluem características e padrões de armazenamento, segurança e integridade dos dados. Adicionalmente, os sistemas gerenciadores de bancos de dados podem dispor de recursos para a realização de cópias, a recuperação de falhas e a definição de mecanismos de segurança contra acesso não-autorizado. Além disso, é comum que esses produtos de *software* agreguem linguagens de programação de 4ª geração, geradores de consultas e relatórios e ferramentas de monitoramento de desempenho.

- **Ambientes integrados de desenvolvimento de *software***: são produtos de *software*s que integram em um único pacote um conjunto de ferramentas de desenvolvimento como editores, compiladores, depuradores de erro, sistemas gerenciadores de bancos de dados, geradores de código e geradores de telas e relatórios. Esses ambientes visam a aumentar a produtividade do desenvolvedor, que passa a dispor de uma autêntica bancada de trabalho.
- **Ferramentas CASE (*Computer Aided Software Engineering*).** São produtos de *software* empregados em atividades do processo de desenvolvimento de *software*. Essas ferramentas podem ser classificadas de acordo com as atividades de desenvolvimento em que são empregadas (Mcleod, 1998):
    — *Upper-CASE.* Dão suporte às atividades de planejamento de sistemas;
    — *Middle-CASE.* Empregadas nas atividades de análise e projeto, proporcionando a documentação dos requisitos de *software* e dos modelos de análise e projeto;
    — *Lower-CASE.* Empregadas nas atividades de construção e teste de *software*s e incluem geradores de código, de relatórios e de telas.
    — *Total-CASE.* São produtos que procuram integrar ferramentas a serem utilizadas em todas as atividades de desenvolvimento de *software*.

A inclusão das ferramentas de desenvolvimento na categoria de *software* de sistemas ou básico não é amplamente aceita. Entretanto, incluímos esses produtos de *software* nessa categoria levando em conta que sua utilização se distingue dos *software*s aplicativos por serem empregadas por profissionais da área de sistemas de informação em tarefas específicas que não são de domínio da maioria dos usuários. Além disso, essas ferramentas apresentam a particularidade de serem empregadas no desenvolvimento tanto dos *software*s aplicativos como dos próprios *software*s de sistema ou básicos.

Software aplicativo

A categoria de *software* aplicativo abrange os produtos de *software* que permitem aplicar os recursos da Tecnologia da Informação na solução de problemas específicos nas mais diversas áreas de atividade humana.

*Software*s aplicativos genéricos

Os *software*s aplicativos genéricos compreendem os produtos de *software* disponibilizados pela indústria na forma de pacotes que atendem às necessidades comuns a uma ampla gama de usuários.

- **Aplicativos de produtividade pessoal.** Incluem produtos de *software* empregados no âmbito doméstico e organizacional para realizar atividades como editoração de textos, editoração gráfica, agenda de compromissos, realização de cálculos básicos e gerenciamento de pequenos bancos de dados. Nessa categoria encontram-se editores de texto, calculadoras, agendas, planilhas de cálculo, editores gráficos e sistemas gerenciadores de bancos de dados que podem ser comercializados em separado ou formando pacotes integrados ou suítes de automação de escritório.
- **Aplicativos de uso geral nos negócios.** São produtos de *software* empregados nas diversas funções e níveis empresariais comuns a qualquer organização. Incluem aplicativos para as áreas de produção, recursos humanos, finanças, contabilidade e *marketing*. Atendem aos níveis operacional, tático e estratégico. Nesse sentido, são componentes de sistemas de informação de processamento de transações, de informações gerenciais, de apoio à decisão e de informação executiva. Esses *software*s podem ser disponibilizados como soluções individualizadas ou como módulos de pacotes de gestão integrada denominados comercialmente de ERP (*Enterprise Resource Planning*).
- **Aplicativos para indústrias específicas.** São produtos de *software* que atendem às necessidades específicas de um determinado ramo de atividade. Produtores de *software* podem se especializar na produção de soluções para áreas específicas como agronegócios, siderurgia, educação, saúde, transporte, etc.

*Software*s aplicativos personalizados

Os *software*s aplicativos personalizados compreendem os produtos de *software* desenvolvidos sob demanda para atender às necessidades específicas de um cliente. Esses *software*s podem ser desenvolvidos internamente ou de forma terceirizada e constituem uma opção adotada em situações nas quais não há soluções padronizadas no mercado que atendam às necessidades da empresa ou a relação custo/benefício do desenvolvimento específico é avaliada como vantajosa quando comparada com a aquisição de algum pacote padronizado.

TECNOLOGIA DE COMUNICAÇÃO

A palavra **comunicação** vem do latim *"comunicare"*, que significa tornar comum. Ao longo da história, a comunicação tem sido a responsável pela transmissão de dados, informações e conhecimento entre os homens de uma mesma época e entre gerações de épocas diferentes. Para isso são empregados diversos sistemas que seguem um mesmo processo básico. (Ver Figura 8.4.)

- **Emissor.** É o componente que emite a mensagem. Para isso o emissor usa um código que permite registrar a mensagem num determinado meio de transmissão.
- **Canal.** É o componente que conecta o transmissor ao receptor durante a transmissão de uma mensagem. Um canal faz essa conexão através de um determinado meio que possa dar o suporte de transmissão a uma mensagem.
- **Mensagem.** É o componente que contém as informações que se deseja tornar comum entre emissor e receptor.
- **Receptor.** É o componente que capta a mensagem e a decodifica.
- *Feedback.* É o mecanismo através do qual o receptor confirma para o emissor o recebimento da mensagem. Nesse momento, o receptor pode indicar se a mensagem foi recebida ou não.

A **tecnologia de comunicação** é o conjunto de métodos, técnicas e ferramentas que possibilita a criação de sistemas de comunicação. Os sistemas de informação usam tecnologias de comunicação para cumprir suas diferentes funções. Dentre as tecnologias de comunicação empregadas pelos sistemas de informação, é possível destacar:

— tecnologia de telecomunicações;
— tecnologia de redes de computadores.

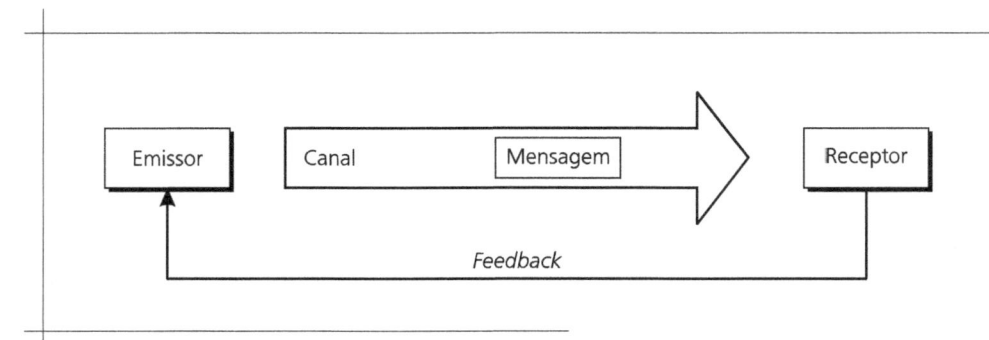

FIGURA 8.4 Componentes do processo de comunicação.

Tecnologia de telecomunicações

A **tecnologia de telecomunicações** engloba o *hardware* e o *software* que propiciam a transmissão e a recepção de sinais de comunicação. Como dissemos anteriormente, vem ocorrendo uma convergência entre a informática e as telecomunicações em virtude da disseminação da microeletrônica como base do perfil tecnológico contemporâneo. A conseqüência disso é que a tecnologia de telecomunicações tem utilizado e integrado sistemas de computador na constituição de sistemas de telecomunicação.

Um **sistema de telecomunicação** é um conjunto de componentes de *hardware* e *software* que permite a transmissão de informação. Para isso um sistema de telecomunicação cumpre as seguintes funções:

— estabelece uma conexão entre o emissor e o receptor;
— propicia a codificação e a decodificação das mensagens;
— converte as mensagens em sinais compatíveis com os meios de transmissão empregados;
— efetua a transmissão das mensagens através dos canais estabelecidos;
— controla o fluxo de transmissão das mensagens;
— detecta erros que possam ocorrer nas diversas fases do processo de comunicação;
— emprega mecanismos de correção de erros e recuperação de falhas;
— monitora o desempenho e a segurança do processo de comunicação.

Tipos de sinais

Um sinal é uma forma de representação e tratamento da informação através das variações que um determinado fenômeno sofre ao longo do tempo. Por exemplo, a transmissão de uma corrente elétrica por um meio condutor pode ser medida através das variações de voltagem. Essas variações constituem um sinal que pode ser empregado na transmissão de informação. A tecnologia de telecomunicações emprega dois tipos de sinais:

- **Sinal analógico.** É o sinal que sofre variação contínua ao longo do tempo entre alta e baixa voltagem. Ao ser representado graficamente, esse sinal terá a forma de uma curva senoidal.
- **Sinal digital.** É o sinal que sofre variações entre dois estados ao longo do tempo. Os dois estados representam os valores que um *bit* pode assumir. Ao ser representado graficamente, um sinal digital toma a forma de retas que se sucedem, indicando alta ou baixa voltagem.

O emprego do sinal digital pelo *hardware* de telecomunicações traz vantagens na medida em que há compatibilidade com os sistemas de computador que, em sua maioria, são digitais. Além disso, os sinais digitais tendem a ser mais rápidos e estar menos sujeitos à distorção. Entretanto, é possível que haja a necessidade de realizar a comunicação entre um dispositivo digital e um analógico, exigindo um processo de conversão:

- **Modulação.** É o processo de conversão de um sinal digital em sinal analógico.
- **Demodulação.** É o processo de conversão de um sinal analógico em digital.

Modos de transmissão

A transmissão dos sinais pode ser realizada em três modalidades, conforme a direção do fluxo de comunicações:

- **Simplex.** Uma transmissão é simplex quando ocorre em um único sentido. É a situação observada na transmissão das estações de rádio ou canais de televisão.
- **Half-duplex.** As mensagens podem fluir do emissor para o receptor e vice-versa, mas apenas em uma direção de cada vez. Um exemplo são os aparelhos de rádio amador.
- **Full-duplex.** A transmissão pode ocorrer do emissor para o receptor e vice-versa ao mesmo tempo. É a situação encontrada nas comunicações telefônicas.

A transmissão dos sinais também pode ser classificada de acordo com a forma como os dados são organizados:

- **Assíncrona.** A mensagem é enviada na forma de pacotes de *bits* em que cada pacote representa um caractere. Em cada pacote há um *bit* indicando o início e um *bit* indicando o fim do caractere. Além disso, há um *bit* de paridade que permite ao receptor verificar se o caractere recebido foi o caractere enviado pelo emissor. A transmissão assíncrona é adequada em situações em que as mensagens são geradas à medida que a comunicação se processa.
- **Síncrona.** A mensagem é enviada na forma de pacotes que contêm mais de um caractere. Esse tipo de transmissão é mais bem empregado em situações em que as mensagens já estão prontas ou o volume de dados a transmitir é grande.

Por fim, a transmissão dos sinais pode ser classificada levando-se em conta a transmissão de um *bit* de cada vez ou de vários simultaneamente:

- **Serial.** Os *bits* são transmitidos um a um.
- **Paralela.** Ocorre a transmissão de vários *bits* simultaneamente através de linhas paralelas de transmissão.

Meios de transmissão

Um meio de transmissão dá o suporte para que as mensagens possam ser transportadas entre o emissor e o receptor.

- **Par trançado.** São cabos compostos por dois ou mais fios, geralmente de cobre. São um meio de baixo custo e adequado para situações em que as distâncias envolvidas são pequenas. Entretanto, o par trançado é vulnerável a interferências e não permite a transmissão a velocidades tão altas quanto as conseguidas com outros meios.
- **Cabo coaxial.** É composto por um fio condutor envolto por três camadas. A mais próxima do condutor é constituída de um material isolante. A seguir vem uma camada protetora de material mais rígido e, por fim, uma camada de isolamento adicional. Os cabos coaxiais são mais resistentes e oferecem uma melhor transmissão que os pares trançados. Entretanto, são mais difíceis de instalar e exigem a utilização de conectores especiais.
- **Cabo de fibras óticas.** É constituído por milhares de fios de fibra de vidro ou plástico que tem a capacidade de transmitir sinais através de feixes de luz produzidos por um dispositivo laser. Alcançam grande velocidade e capacidade de transmissão. Entretanto, são mais caros que os pares trançados e cabos coaxiais. Além disso, sua instalação exige equipamentos e cuidados especiais.
- **Infravermelho.** Utiliza ondas de luz para a transmissão das mensagens. Essa tecnologia de transmissão exige que emissor e receptor estejam em linha de visão e seu alcance é de poucos metros. Tem sido utilizada para a transmissão de dados entre dispositivos que estão à curta distância. O uso de infravermelho tem a vantagem de não exigir a instalação de cabos.
- **Rádio.** Esse meio emprega ondas de rádio para transmitir as mensagens. As ondas de rádio são transmitidas através de estações de recepção e transmissão. Há diversos tipos de dispositivos de transmissão que se baseiam desse meio; dentre eles podemos citar a transmissão via antenas de microondas e as transmissões via telefonia celular.
- **Satélite.** São estações transmissoras e receptoras de microondas situadas no espaço. Os satélites são mantidos em órbita da terra. Um satélite permite a transmissão de mensagens a longas distâncias, inclusive entre pontos situados em diferentes continentes. Em geral, os satélites são propriedade de empresas, consórcios de empresas e governos que alugam canais para outras organizações.

Capacidade de transmissão

A **velocidade de transmissão** é medida em *bits* por segundo (bps). Como os *bits* são representados por freqüências altas e baixas, o número de *bits* que um meio pode transmitir por segundo depende do número de vezes que um sinal pode mudar de uma freqüência alta para uma freqüência baixa por segundo naquele meio. Ou seja, a velocidade de transmissão de um meio depende da freqüência do sinal e essa freqüência é medida em ciclos por segundo ou hertz (Hz). Além disso, há meios de transmissão que podem transmitir em mais de uma freqüência de sinal ao mesmo tempo. A diferença entre a maior e menor freqüências que um meio pode transmitir é denominada **largura de banda**. Quanto mais alta for a largura de banda, maior será a capacidade de transmissão de um meio.

A escolha do meio de transmissão deve levar em conta a velocidade de transmissão e a largura de banda de acordo com o tipo de aplicação a ser realizada. Os meios de transmissão que permitem apenas uma freqüência de sinal são mais lentos. Esses meios operam a velocidades de 300 a 9.600 bps e são de uso freqüente para transmissão de voz. Os meios de banda média operam na ordem de 9.600 a 256.000 bps. Já os meios de banda larga oferecem velocidades acima de 256 kbps.

Componentes de um sistema de telecomunicação

Um sistema de telecomunicação apresenta como componentes essenciais:

- **Computadores.** Empregados no processamento das informações que são transmitidas e recebidas pelo sistema de telecomunicação.
- **Terminais.** São dispositivos que permitem a entrada e a saída de dados a serem transmitidos.
- **Canais de comunicação.** São as conexões estabelecidas entre emissor e receptor e que empregam como base os meios de transmissão.
- **Processadores de comunicação.** Equipamentos que dão suporte ao processo de transmissão das mensagens realizando funções diferentes de processamento, codificação, distribuição e controle. Dentre esses equipamentos, podemos citar:
    - *Modems.* Realizam o processo de modulação e demodulação de sinais, permitindo que equipamento digitais e analógicos possam trocar informações.
    - *Processadores front-end.* Computadores dedicados ao gerenciamento do processo de comunicação.
    - *Multiplexadores.* Equipamentos que permitem a transmissão de vários sinais através de um único canal.
    - *Concentradores.* Equipamentos que permitem coletar e armazenar mensagens para então proceder sua transmissão de forma agrupada.
    - *Controladores.* Computadores que supervisionam o tráfego de comunicações.
    - *Softwares de telecomunicações.* Controlam as diversas atividades que ocorrem no processo de comunicação. Dentre esses *software*s destacam-se os protocolos. Um protocolo possibilita que diferentes equipamentos possam se comunicar.

Serviços de telecomunicação

Os serviços de telecomunicação são fornecidos por inúmeras empresas denominadas concessionárias de serviços de telecomunicação. Essas empresas atuam num mercado que atualmente segue um modelo aberto e que é regulamentado por uma agência governamental. Há uma gama variada de serviços de telecomunicação que podem ser contratados por organizações interessadas em fazer uso desses recursos em seus sistemas de informação. Esses serviços incluem desde a assinatura de serviços de telefonia convencional até a utilização de canais de satélite. Além disso, a cada dia novas modalidades de serviços são criadas com o intuito de propiciar a melhoria no atendimento das necessidades de comunicação das pessoas e organizações.

Tecnologia de redes de computadores

Uma **rede de computadores** é um conjunto interligado de computadores que propicia o compartilhamento de recursos e a melhoria do processo de comunicação.

Uma das questões que surgem ao se discutir a interligação de equipamentos diferentes em uma rede é a compatibilidade. Há vários esforços por parte de empresas e organismos de padronização para criar diretrizes que possibilitem o desenvolvimento de ambientes de rede abertos e flexíveis. Uma dessas iniciativas foi realizada pela ISO (*International Standardization Organization*), que criou o modelo OSI (*Open Systems Interconnection*). Esse modelo prevê sete camadas que especificam as diretrizes para o desenvolvimento de sistemas de telecomunicação dentro da filosofia de sistemas abertos e interconectáveis.

Tipos de rede de computadores

Podemos classificar os tipos de redes de computadores de acordo com a abrangência geográfica de sua atuação:

- **Rede local (*Local Area Network* — LAN).** É uma rede que engloba sistemas de computador dentro de uma área geográfica específica e restrita. Em geral, uma rede local atende a um escritório ou fábrica prescindindo de sistemas de telecomunicação externos para a conexão entre seus componentes.
- **Rede de longa distância (*Wide Area Network* — WAN).** É uma rede que abrange sistemas de computador dentro de uma área geográfica ampla. Nesse caso, a rede usa serviços de empresas de telecomunicações para possibilitar a conexão entre seus componentes.

Topologias de rede de computadores

Uma topologia de rede define a forma como os componentes de uma rede são conectados:

- **Rede estrela.** É constituída por um computador central ao qual são conectados os demais computadores e equipamentos. O computador central (*host*) controla todas as trocas de informação entre os demais equipamentos. Essa topologia pode ser útil em situações nas quais há necessidade de algum processamento centralizado em paralelo a processamentos locais. O inconveniente dessa topologia é o fato de que a falha do computador central implica a falha das comunicações de rede como um todo.

- **Rede em barramento.** Nessa tipologia, os vários computadores que compõem a rede são conectados a um único circuito que é disposto como uma barra de comunicação. Se um dos computadores falhar, os demais poderão continuar se comunicando. Entretanto, há a necessidade de um controle para que não haja colisão de mensagens emitidas por diferentes computadores. Além disso, o barramento só é capaz de lidar com uma mensagem de cada vez.
- **Rede em anel.** É uma topologia em que os computadores estão conectados a um barramento que forma um laço. As mensagens são emitidas em um único sentido e cada computador monitora a rede para captar as mensagens a ele dirigidas. A rede em anel e a rede em barramento são amplamente utilizadas em redes locais.

Componentes de redes de computadores

Podemos considerar que uma rede de computadores é constituída por:

- **Servidores.** São computadores que prestam determinados serviços à rede, compartilhando recursos com outros computadores. Nesse sentido podemos ter:
    — *Servidores de rede.* Computadores que executam sistemas operacionais de rede. Esses sistemas realizam o gerenciamento de todas as atividades da rede.
    — *Servidores de impressão.* Computadores dedicados ao gerenciamento das impressões solicitadas pelos usuários da rede. Conectados aos servidores de impressão podem estar uma ou mais impressoras que são compartilhadas pelos usuários.
    — *Servidores de arquivos.* Computadores dedicados ao gerenciamento e à manutenção dos arquivos dos diversos usuários da rede. Esses servidores podem manter em execução sistemas gerenciadores de bancos de dados que mantêm o banco de dados corporativo e os bancos de dados específicos que sejam compartilhados por diversos usuários.
    — *Servidores de comunicação.* Computadores dedicados ao gerenciamento de recursos de comunicação como *fax* e *e-mail* e que são compartilhados na rede.
- **Estações de trabalho.** São computadores e terminais empregados pelos usuários da rede na execução de suas atividades.
- **Equipamentos de comunicação.** Equipamentos que viabilizam a conexão entre os diversos computadores que compõem a rede e entre a rede e outros sistemas de telecomunicação e outras redes. Esses equipamentos incluem *hubs*, *switches* e *gateways*.
- **Canais de comunicação.** São as conexões estabelecidas entre os diversos equipamentos que compõem a rede. Tais canais empregam diferentes meios de transmissão.
- ***Software*s de rede.** Executam os diversos processos necessários para o funcionamento e o gerenciamento de uma rede. Dentre esses *softwares*, podemos destacar os sistemas gerenciadores de rede e os protocolos.

- **Sistemas de gerenciamento de rede.** Incluem sistemas operacionais de rede, monitores de desempenho de rede e outros *softwares* utilizados para o gerenciamento do funcionamento, utilização e segurança de uma rede de computadores.
- **Protocolos.** Um protocolo é um conjunto de padrões que disciplinam a comunicação dentro de uma rede. Equipamentos de diferentes fabricantes que compartilham um mesmo protocolo podem se comunicar. Um exemplo de protocolo amplamente utilizado é o TCP/IP (*Transmission Control Protocol/Internet Protocol*).

Internet

Em 1969, a Agência de Pesquisas Avançadas do Departamento de Defesa dos EUA iniciou o desenvolvimento de uma rede única que pudesse ser empregada no compartilhamento de recursos e comunicação entre as diversas áreas daquele departamento. Desde então, o projeto evoluiu e transformou-se no que hoje conhecemos como Internet.

A Internet pode ser conceituada como uma rede global que integra diversas outras redes locais, regionais e nacionais. É uma grande "rede de redes" que é empregada para fins científicos, governamentais e comerciais. Não pertence a uma entidade ou organismo específico e é regulamentada por comitês gestores. Sua criação e disseminação foram viabilizadas a partir da integração de diversas tecnologias:

- **Tecnologia de redes.** A partir da interligação de diversas redes, uma mensagem pode circular de uma origem até um determinado destino trafegando pelos diferentes caminhos que podem ser mapeados durante a transmissão.
- **Tecnologia cliente/servidor.** Os computadores que disponibilizam informações funcionam como servidores que podem ser acessados por outro computador cliente ligado à Internet.
- **Padrões de telecomunicações.** A utilização de protocolos-padrão como o TCP/IP permite que uma mensagem transite por equipamentos de diferentes fabricantes com baixo risco de perda de dados.
- **Hipertexto e hipermídia.** O hipertexto permite que um usuário possa clicar em uma determinada frase, palavra ou imagem e acessar outro conjunto de informações. Essa tecnologia potencializou o acesso à informação, permitindo a interconexão de dados que estejam em diferentes pontos da Internet.

O uso da Internet é feito através de uma série de ferramentas, dentre as quais destacamos:

- **Ferramentas de comunicação:**
    - *Correio eletrônico (e-mail)*. Através de um endereço de *e-mail* e de um *software* de *e-mail* conectado a um servidor de *e-mail*, o usuário pode enviar e receber mensagens eletronicamente.
    - *Newsgroups usenet*. São grupos de usuários da Internet que discutem e compartilham informações e idéias sobre um tema predefinido em *sites* específicos.

- *Listserv*. São grupos organizados que discutem temas através da troca de mensagens de *e-mail*.
- *Bate-papo (chat)*. São *sites* que permitem que pessoas possam conversar de forma *on-line*.
- *Telnet*. É um recurso que permite a um usuário acessar um equipamento a partir de outro.

- **Ferramentas de recuperação de informação:**
  - *FTP (File Tranfer Protocol)*. Usado para copiar arquivos que estejam em outro computador.
  - *Archie*. Ferramenta utilizada para procurar arquivos a serem recuperados por FTP.
  - *GOPHERS*. Ferramenta usada para acessar arquivos que estejam em servidores gopher. Esse acesso é feito através de menus que hierarquizam as informações.
  - *World Wide Web*. É um sistema de armazenamento, recuperação e exibição de informações que combina recursos de texto, hipermídia, imagens e som. Fazem parte desse ambiente:
    - *Páginas e sites*. São arquivos organizados de informação disponibilizados por usuários da Web. Esses *sites* obedecem a uma linguagem-padrão denominada HTML (*Hypertext Markup Language*). Cada *site* ou página apresenta um endereço URL (*Uniform Resource Locator*) que deve ser fornecido para sua localização e apresentação. O padrão de comunicação utilizado para movimentar páginas na Web é o HTTP (*Hypertext Transport Protocol*).
    - *Mecanismos de busca*. São ferramentas que classificam os *sites* existentes na Web e permitem sua localização e consulta através de palavras chave.
    - *Navegadores*. São *softwares* que permitem navegar pela Web acessando e apresentando as páginas e *sites* mediante o fornecimento do endereço URL.
    - *Web semântica*. A necessidade de recuperação de informações armazenadas em grandes repositórios de informação disponíveis na Internet levou a um esforço para adicionar informação semântica às páginas da Web. Procura-se, dessa forma, aumentar a eficiência e a seletividade dos mecanismos de busca e de outros tipos de ferramentas de processamento automático de documentos. A Web semântica tem por objetivo enriquecer o conteúdo da WWW com metadados (dados que descrevem os dados encontrados na Web), fazendo com que esses conteúdos possam ser acessados e interpretados por máquinas. Nesse contexto, a **XML** (*eXtensible Markup Language*) é um método-padrão para se representar dados proposto pelo W3C (*World Wide Web Consortium*) a fim de atender às necessidades de comunicação entre sistemas (principalmente Web), fornecendo uma identificação flexível para todo o tipo de informação. Podemos pensar na XML como uma linguagem para descrição de dados.

O acesso à Internet e suas ferramentas é feito através de um provedor de serviços de Internet (ISP — *Internet Service Provider*). O usuário interessado em acessar a Internet deve dispor de uma configuração de *hardware* e *software* e uma assinatura de acesso em alguma organização que atue como ISP. A partir de sua configuração de *hardware* e *software*, o usuário efetua uma conexão com o provedor e, mediante fornecimento de sua identificação e senha, acessa os recursos da Internet. O acesso à Internet pode ser realizado gratuitamente ou mediante o pagamento de taxas mensais ao provedor.

A partir da abertura do acesso à Internet, as organizações passaram a visualizar a rede como uma poderosa ferramenta a ser utilizada nos sistemas de informação e nas estratégias de negócio. Além disso, os padrões e as tecnologias utilizados na Internet passaram a ser empregados na criação de redes específicas que atendem às necessidades internas da organização ou à integração da organização com seus clientes e fornecedores.

- **Intranet.** É uma rede que utiliza as tecnologias e ferramentas da Internet em um ambiente protegido do público. Essa proteção é obtida mediante a criação de *firewalls*. Um *firewall* é um sistema de segurança que visa à proteção de redes particulares da invasão de intrusos e da contaminação por vírus de computador. A Intranet passa a constituir o ambiente eletrônico de trabalho da organização. Nesse ambiente, estão em funcionamento os diversos sistemas de informação que a empresa utiliza.
- **Extranet.** É uma rede que utiliza as tecnologias e as ferramentas da Internet para facilitar a integração eletrônica entre a empresa, seus clientes e fornecedores. A extranet pode ser compreendida como uma extensão da intranet, na qual determinados usuários externos têm o acesso permitido a certas funcionalidades que permitem a melhoria dos processos de negócio.

O uso da Internet continua se disseminando. A cada dia novas formas de utilização da rede são disponibilizadas tanto para os usuários individuais quanto para os organizacionais. Em especial, as organizações podem contar com a Internet para

— reduzir custos;
— melhorar processos de negócio;
— dar suporte a novos sistemas de informação;
— propiciar a criação de novos produtos e serviços.

RESUMO

A **tecnologia da informação** (TI) é o conjunto de recursos não-humanos empregados na coleta, armazenamento, processamento e distribuição da informação. Além disso, a TI abrange os métodos, as técnicas e as ferramentas para o planejamento, desenvolvimento e suporte dos processos de utilização da informação. Assim, os sistemas de informação utilizam a TI como instrumento para melhorar sua efetividade. As tecnologias empregadas melhoram a capacidade e a velocidade das funções de coleta, armazenamento, processamento e distribuição da informação. Isso contribui para a melhoria da qualidade e da relação custo/benefício da informação disponibilizada. As principais tecnologias empregadas nos sistemas de informação são tecnologias de *hardware*, tecnologias de *software* e tecnologias de comunicação.

A palavra **hardware** designa o conjunto formado pelos equipamentos empregados em um sistema de informação. Em especial, *hardware* designa os dispositivos que compõem um sistema de computador. Um **sistema de computador** é um conjunto de unidades que realizam a entrada, o processamento, o armazenamento e a saída de dados a partir de um conjunto de instruções previamente programado. A tecnologia básica empregada pelos diversos componentes de um sistema de computador é a digital, embora existam computadores analógicos. Além disso, a indústria de computadores continua evoluindo e oferecendo produtos com capacidade de armazenamento, velocidade de processamento e facilidade de utilização cada vez maiores.

A palavra **software** designa o conjunto de programas que um equipamento e, em especial, um sistema de computador é capaz de executar. Podemos considerar que um *software* é uma solução para um determinado problema. Essa solução pode ser composta por vários programas de computador, formando um sistema de *software*. O *software* pode ser classificado em básico e aplicativo. O **software básico** abrange os *softwares* que realizam tarefas fundamentais para o funcionamento do *hardware* e a utilização dos recursos de máquina pelos *softwares* aplicativos e usuários. Nessa categoria estão incluídos os sistemas operacionais, os utilitários e as ferramentas de desenvolvimento de *software*. A categoria de **software aplicativo** abrange os produtos de *software* que permitem aplicar os recursos da Tecnologia da Informação na solução de problemas específicos nas mais diversas áreas de atividade humana. Os *software*s aplicativos genéricos compreendem os produtos de *software* disponibilizados pela indústria na forma de pacotes que atendem às necessidades comuns a uma ampla gama de usuários. Os *software*s aplicativos personalizados compreendem os produtos de *software* desenvolvidos sob demanda para atender às necessidades específicas de um cliente.

A **tecnologia de comunicação** é o conjunto de métodos, técnicas e ferramentas que possibilita a criação de sistemas de comunicação. Dentre as tecnologias de comunicação empregadas pelos sistemas de informação, podemos destacar a tecnologia de telecomunicações e a tecnologia de redes de computadores. A **tecnologia de telecomunicações** engloba o *hardware* e o *software* que propiciam a transmissão e a recepção de sinais de comunicação. Uma **rede de computadores** é um conjunto interligado de computadores que propicia o compartilhamento de recursos e a melhoria do processo de comunicação. O processo de convergência entre a informática e as telecomunicações tem propiciado o desenvolvimento de soluções tecnológicas mais velozes, seguras e com maior capacidade de armazenamento, processamento e transmissão. Os sistemas de informação têm empregado tais soluções e com isso têm proporcionado maior eficácia e eficiência às organizações em termos de controle operacional, suporte ao processo decisório e obtenção de vantagens competitivas.

LEITURAS RECOMENDADAS

Sugerimos como leitura complementar os textos de Date (2000), Murdocca e Heuring (2000), Oliveira (2003), Silberchatz (2000), Sommerville (2003) e Tanenbaum (2002).

QUESTÕES DE REVISÃO

1. O que é a tecnologia da informação? O que proporciona aos sistemas de informação? Quais as principais tecnologias utilizadas nos sistemas de informação?
2. Caracterize os componentes de um sistema de computador, explicando a finalidade de cada um deles.
3. Qual é a relação entre *hardware*, *software* e usuário?
4. Caracterize os principais tipos de *software* de sistemas ou básico.
5. Caracterize os principais tipos de *software*s aplicativos.
6. O que é um sistema de telecomunicação? Quais são suas funções e seus componentes?
7. O que é uma rede de computadores? Quais são suas funções e componentes?
8. O que torna a Internet uma tecnologia importante para os sistemas de informação?

EXERCÍCIOS

1. Em grupos de quatro a cinco pessoas, faça uma pesquisa de mercado para identificar as configurações de *hardware* e *software* para as seguintes situações:
    a) um microcomputador *desktop* para uso doméstico
    b) um microcomputador *desktop* para utilização em serviços de escritório por uma secretária executiva
    c) uma estação de trabalho para projetos de engenharia usando um *software* de CAD (*Computer Aided Engineering*)
    d) um *notebook* para uso por um profissional de vendas
    e) um servidor de rede local para o gerenciamento de 100 estações de trabalho
    f) um servidor de acesso à Internet
2. Procure artigos atuais na Internet que apresentem casos de utilização de *mainframes*. Descreva um dos casos caracterizando a tecnologia empregada.
3. Pesquise uma situação real de utilização de redes locais de computadores. Apresente a descrição dessa rede pesquisada, caracterizando a configuração de *hardware* e *software*.
4. Pesquise uma situação organizacional em que a Internet vem sendo utilizada para realizar negócios. Descreva essa situação em termos dos benefícios e dificuldades que a tecnologia tem proporcionado.

5. Quais são as tendências futuras da tecnologia da informação? Quais seus impactos sobre os sistemas de informação?

REFERÊNCIAS BIBLIOGRÁFICAS

LAUDON, C. K.; LAUDON, J. P. *Management information systems:* organization and technology in the networked enterprise. 6th ed. EUA: Prentice Hall, 2000.

McLEOD Jr., R. *Management information systems*: a study of computer-based information systems. 7th ed. New Jersey: Prentice Hall, 1998.

SILBERCHATZ, A. et al. *Sistemas operacionais*: conceitos e aplicações. Rio de Janeiro: Campus, 2000.

SOMMERVILLE, I. *Engenharia de software*. São Paulo: Addison-Wesley, 2003.

TANENBAUM, A.S. *Sistemas operacionais modernos*. Rio de Janeiro: Prentice Hall, 1995.

9

Aspectos éticos em sistemas de informação

OBJETIVOS DE APRENDIZAGEM

1. caracterizar o processo histórico que levou a informação e o conhecimento a se tornarem recursos fundamentais para os processos produtivos e para a organização social na atualidade;
2. apresentar os aspectos éticos, morais e legais do uso da informação e dos sistemas de informação;
3. caracterizar princípios de conduta ética do profissional de sistemas de informação.

A EVOLUÇÃO DOS SISTEMAS DE PRODUÇÃO E O PAPEL DA INFORMAÇÃO E DO CONHECIMENTO NA ATUALIDADE

Certamente, já ouvimos inúmeras vezes expressões como "era da informação" ou "era do conhecimento" para designar essa época em que vivemos. Da mesma forma, já ouvimos falar em "sociedade da informação" e "sociedade do conhecimento" para designar a forma como os homens têm se organizado no final do século XX e início do século XXI. Por fim, "economia da informação", "economia do conhecimento" e "nova economia" têm sido utilizadas para conceituar a organização dos sistemas produtivos nessa transição para o terceiro milênio. Talvez, no futuro, quando uma nova "época" suceder a que vivemos, os historiadores e sociólogos poderão chegar a um consenso a respeito do que efetivamente a humanidade vivenciou durante os séculos XX e XXI. Mas, antes que isso aconteça, podemos discutir alguns aspectos históricos, econômicos, políticos e sociais que permitem contextualizar a atuação profissional ética na área de sistemas de informação.

Do ponto de vista da história, a evolução da espécie humana pode ser caracterizada por uma sucessão de eras ou idades. Assim, à pré-história se sucederam a Idade Antiga, a Idade Média, a Idade Moderna e a Idade Contemporânea. Cada um desses períodos apresenta certas características para as quais correspondem formas de organização econômica, política e social. Ao longo dessa trajetória histórica, diferentes povos construíram civilizações que evoluíram e desapareceram. Algumas dessas civilizações deixaram apenas registros históricos, enquanto outras transmitiram uma herança que continua presente em outros povos e civilizações.

Compreender o sentido do momento histórico que vivemos e o papel que a informação, o conhecimento e os sistemas e tecnologias a eles relacionados desempenham, pode se beneficiar de uma abordagem que leve em conta a forma como os homens se organizaram em torno de sistemas de produção dos meios para sua sobrevivência. Nessa evolução, Toffler (2001) e outros autores consideram que estamos vivendo um terceiro grande movimento de organização da civilização humana. Partindo dessa perspectiva e levando em conta que a organização econômica é um fator de estruturação do modo de vida dos seres humanos, vamos discorrer sobre as três eras que marcaram o desenvolvimento das civilizações.

A era agrícola e a sociedade agrária

Um marco decisivo na evolução da humanidade foi o momento em que o homem deixou de viver exclusivamente da caça e da coleta para cultivar a terra e criar animais. Esse fenômeno social iniciou nos períodos pré-históricos e foi a semente das primeiras civilizações. Podemos constatar isso ao observarmos que as primeiras grandes civilizações surgiram em áreas férteis como o delta do Nilo e a Mesopotâmia.

A **agricultura e a pecuária** revolucionaram a forma como os homens se relacionavam entre si e com seu meio ambiente. A ciência, a arte, a técnica e o comércio se desenvolveram a partir desse processo civilizador. Por outro lado, na medida em que a **terra** era o recurso mais valioso do qual se extraía toda a riqueza, surgiu a primeira cisão dentro das sociedades primitivas. Nas sociedades agrárias, passam a existir duas classes: a dos **proprietários** e a dos **não-proprietários da terra**. Essa divisão moldou os sistemas de produção e a vida social.

A era industrial e a sociedade industrial

O segundo marco de transição ocorreu quando a manufatura e, posteriormente, a indústria vão caracterizar a principal forma de produção de bens para a sobrevivência humana. O desenvolvimento tecnológico contribuiu para essa transição que foi marcada pelas grandes navegações e pela invenção da máquina a vapor. O uso da máquina a vapor inaugurou um ciclo de invenções e inovações que transformou o modo de vida das pessoas e a relação que mantinham com o trabalho.

Em termos de organização da produção, a cooperação simples foi substituída no século XVII pela **manufatura**, onde se delineou uma divisão de trabalho, embora os artesãos ainda dominassem o processo de fabricação. No século XVIII, com o advento das máquinas, a **indústria** ganha forma. O **capital** composto pelo dinheiro e pela propriedade dos meios e insumos de produção passa a ser o recurso mais valioso. A cisão entre classes continua a existir, mas dessa vez em termos de **proprietários** e **não-proprietários do capital**.

Era pós-industrial e a sociedade pós-industrial

A compreensão do momento de transição em que vivemos neste início do século XXI deve buscar subsídios na história do aperfeiçoamento do regime de acumulação capitalista. Essa história abrange desde as primeiras proposições científicas para administrar o trabalho, até o parcial esgotamento do modelo de produção em massa e a conseqüente crise de um ciclo de desenvolvimento. Esse esgotamento implicou a reestruturação dos processos de produção e das formas de empregar a força de trabalho.

O pano de fundo de todas essas transformações diz respeito à necessidade das organizações de serem inovadoras e rápidas na tomada de decisão e na difusão das ações a serem executadas em um ambiente caracterizado pela competição e pela tendência à queda das taxas de lucratividade das empresas. Isso é obtido graças ao acesso à informação e ao conhecimento. Por essa razão, a **informação e o conhecimento** passam a ser vistos como os recursos mais valiosos que uma organização dispõe para produzir bens e serviços e se manter lucrativa. Por conseguinte, a TI e os sistemas de informação passam a ser ferramentas estratégicas para as organizações.

Na medida em que a forma como os seres humanos se organizam para produzir os seus meios de subsistência é um fator de estruturação de suas relações sociais, a transição para um sistema de produção em que a informação e o conhecimento são considerados fundamentais afeta a organização social mais ampla. Como dissemos anteriormente, a denominação e caracterização dessa nova configuração social ainda não foi completamente consensada por historiadores e sociólogos. As expressões **pós-industrial e pós-moderno** têm sido amplamente utilizadas desde o início do século XX. A perspectiva de análise baseada no desenvolvimento tecnológico informacional também tem oferecido contribuições. É possível considerar que algumas das mudanças mais perceptíveis na sociedade contemporânea são:

1. a globalização crescente das relações sociais, políticas e econômicas e o conseqüente aumento da interdependência global;
2. o aumento do oferecimento de produtos e serviços que fazem uso intensivo da informação e do conhecimento;
3. o aumento da participação do setor de serviços nas atividades econômicas;
4. o avanço de uma classe de trabalhadores associada à manipulação de informação e produção de conhecimento;
5. a importância dos processos de inovação e aprendizagem;
6. as mudanças políticas, econômicas e sociais se tornando mais velozes e seus impactos mais imediatos e globais;
7. a fluidez dos conceitos de tempo e espaço e de público e privado em virtude dos recursos oferecidos pelas tecnologias da informação e comunicação;
8. a diversidade de valores sociais e padrões comportamentais;
9. a desigualdade de acesso à informação e ao conhecimento, gerando diferenças sociais, políticas e econômicas.

É com base nesse quadro de referência histórica que podemos discutir os aspectos morais, legais e éticos dos sistemas de informação e da atuação dos profissionais dessa área.

ASPECTOS MORAIS, LEGAIS E ÉTICOS DOS SISTEMAS DE INFORMAÇÃO

O uso da informação e das tecnologias e sistemas a ela associados é uma característica marcante da época em que vivemos. Ao lado dos inúmeros benefícios que o acesso à informação proporciona, vemo-nos frente a uma série de situações com as quais individualmente não havíamos nos deparado anteriormente. Mais do que isso, algumas das questões suscitadas pelo uso da tecnologia e dos sistemas de informação não dispõem de respostas sancionadas pela coletividade nem do ponto de vista moral nem do ponto de vista legal. Assim, ao discutirmos nossa atuação profissional na área de sistemas de informação é necessário compreendermos o que significam aspectos morais, legais e éticos para a seguir buscarmos diretrizes de conduta no uso da informação e das tecnologias e sistemas de informação.

A moral

Constituímo-nos como seres humanos não apenas por pertencermos a uma espécie. O que nos torna humanos é o fato de nos relacionarmos com outros seres humanos e constituirmos uma identidade a partir de nossa integração a um grupo e a uma sociedade. A vida em grupo e em sociedade exige que as pessoas compartilhem certas crenças, valores e princípios. Esses aspectos compartilhados permitem que os relacionamentos se estabeleçam dentro de regras de convívio e comportamento. Essas regras de comportamento orientam o conceito de certo e errado dentro do grupo, constituindo normas sociais.

Assim, a **moral** diz respeito aos valores e princípios de julgamento do que é certo ou do que é errado em uma sociedade, povo, religião ou tradição cultural. Nesse sentido, a moral é produto de uma cultura e de uma época. Com isso, é possível encontrar diferentes valores e diferentes conceitos do que é ou não moral de acordo com as diferentes sociedades. Isso fica evidenciado ao compararmos certos aspectos das culturas ocidental e oriental. Por outro lado, a moral tem uma preocupação na busca de valores e princípios que tenham um caráter universal. Na atualidade, alguns dos valores universais são:

— o respeito à vida humana;
— o respeito à dignidade humana.

Em certo sentido, a universalização de certos valores teve um forte avanço a partir da criação da Organização das Nações Unidas (ONU). Uma das lutas da ONU é o estabelecimento de princípios que possam promover a vida e a dignidade humanas. Uma das iniciativas mais conhecidas para esse fim foi a elaboração da Declaração Universal dos Direitos Humanos.

O uso da informação, da TI e dos sistemas de informação suscita questões morais. Algumas dessas questões por certo já foram levantadas anteriormente, mas é provável que novas situações criadas pelo uso da informação e das tecnologias e sistemas associados jamais tenham ocorrido. A partir disso, podemos indagar:

- A moral de nosso tempo está se transformando?
- Quais os novos valores morais que estariam surgindo?
- Quais valores morais permaneceriam?

As leis

À medida que uma sociedade se organiza, cria leis que disciplinam as relações entre os diversos atores sociais. As **leis** são dispositivos que o Estado e a Sociedade utilizam para regulamentar algum aspecto da vida social. Esses dispositivos incluem mecanismos que prevêem a punição para os que não cumprem o que foi disposto na lei. A legislação de um país é o arcabouço que define os direitos e deveres dos diversos atores sociais. Podemos observar que, quanto mais complexa for uma sociedade, mais complexo será o conjunto de suas leis. O uso da informação, da TI e dos sistemas de informação têm criado situações complexas do ponto de vista legal. Algumas situações podem ser enquadradas nas leis atuais, mas há outras que são inteiramente novas e não podem ser julgadas com base na legislação vigente. Diante disso, podemos nos perguntar:

- As leis atuais estão se tornando obsoletas diante do uso da tecnologia da informação?
- Há necessidade de mais leis ou do aperfeiçoamento das atuais?
- Que situações realmente são inovadoras e exigem novas leis?

A ética

A **ética** existe como um campo da filosofia desde as mais antigas civilizações. Em um sentido amplo, a ética diz respeito à forma como nos relacionamos com os outros. De forma mais específica, a ética se refere aos princípios de julgamento do que é certo e do que é errado usados por um indivíduo para escolher suas formas de se comportar diante da vida e com aqueles com os quais se relaciona.

Para Bowyer (2001), podemos distinguir a teoria ética, a ética aplicada e a ética profissional:

- **Teoria ética.** É o estudo conceitual e filosófico da ética. Sua abordagem é mais genérica, não se atendo aos detalhes específicos de sua aplicação.
- **Ética aplicada.** É o estudo dos princípios aplicados pelos indivíduos no seu cotidiano. Sua abordagem mais específica discute as diretrizes de atuação individual em situações reais.
- **Ética profissional.** É o estudo dos princípios a serem adotados por alguém que atua numa profissão em particular. A abordagem leva em conta as situ-

ações relevantes para uma determinada profissão e o detalhamento das possibilidades de atuação em tais ocasiões.

Uma das preocupações da Teoria Ética é compreender as diferentes teorias que os seres humanos usam para distinguir o que é certo do que é errado. Essas teorias estão na base do comportamento ético. Além disso, essas teorias conectam a Moral e a Ética, na medida em que o discernimento entre o que é bom e o que é mal, entre o que é certo e o que é errado, é moldado pelas tradições culturais. Entretanto, do ponto de vista ético, é o indivíduo que fará as escolhas e responderá pelas conseqüências dessas escolhas. Há duas grandes vertentes que explicam a forma como os seres humanos explicam o que é certo e o que é errado:

- **Objetivismo.** Parte da idéia de que há verdades morais que definem o que é certo e o que é errado independente da nossa interpretação. Essa corrente de pensamento tem algumas versões:
  — *Naturalismo.* Uma escolha é correta do ponto de vista ético quando suas conseqüências observáveis promovem o bem-estar social, a sobrevivência da espécie ou a felicidade humana. Nesse sentido, as escolhas que põem em risco esses aspectos são erradas.
  — *Intuicionismo.* Uma escolha é correta quando percebemos suas qualidades através de nossa intuição. Em cada situação, apreendemos o que é certo e o que é errado a partir de nossa percepção do que a escolha proporcionará a nós mesmos e aos outros.
  — *Vontade divina.* Uma escolha é correta na medida em que é indicada ou aprovada por Deus.
  — *Racionalismo.* Uma escolha é correta na medida em que é aquela que racionalmente um ser humano faria. Definimos o que é bom a partir da análise racional da situação, pesando os prós e os contras das opções que temos.
  — *Relativismo.* Parte da idéia de que a definição do que é certo e do que é errado depende da situação e dos atores sociais envolvidos.
  — *Relativismo cultural.* O certo e o errado dependem do contexto cultural em que determinada situação ocorre. Nesse sentido, as escolhas de um indivíduo são definidas pela sua própria formação e pelo contexto cultural em que vive, não podendo ser julgadas por parâmetros universais. Nessa perspectiva, as escolhas do indivíduo estão subordinadas e são determinadas pelo contexto social mais amplo.
- **Subjetivismo.** O julgamento do que é certo e do que é errado não depende da aprovação da sociedade ou da cultura em que vivemos, mas da nossa própria aprovação. Isto é, as escolhas são expressão das preferências individuais e da situação vivida pelo indivíduo no momento da escolha.

Do ponto de vista da Ética Aplicada, podemos buscar alguns princípios éticos arraigados em diversas culturas. Esses princípios podem ser empregados como candidatos a diretrizes em nossa atuação cotidiana. Entretanto, é preciso levar em conta que essas regras não são absolutas, mas situações em que esses princípios não são facilmente enquadrados devem suscitar em nós algum cuidado, pois é indicativo de que podem trazer prejuízos para nós e para outros. Para Laudon e Laudon (2000), esses princípios incluem:

- **Regra de Ouro — "Faça aos outros o que desejaria que fizessem a você".** A perspectiva é que, antes de escolhermos um curso de ação, devemos nos colocar na posição daqueles que serão afetados pela nossa decisão.
- **Imperativo categórico de Kant — "Se uma ação não é correta para todos adotarem, então não é correta para ninguém".** Devemos nos perguntar se a sociedade sobreviverá se todos adotarem aquele curso de ação.
- **Regra da mudança de Descartes — "Se uma decisão não pode ser tomada repetidamente, então não é certo tomá-la em momento algum".** É preciso que nos perguntemos se, a longo prazo, aquela forma de se comportar não trará prejuízos para nós mesmos e para os outros.
- **Princípio utilitário — "A decisão a ser tomada é aquela que traz os maiores benefícios possíveis".** Entre várias possibilidades de escolha, devemos buscar aquela que terá o maior valor.
- **Princípio da aversão ao risco — "A decisão a ser tomada é aquela que traz o menor custo potencial".** Devemos evitar escolhas cuja probabilidade de falhas é alta e cujos custos dessas falhas são altos.
- **Princípio do "não existe almoço de graça" — "Devemos levar em conta que tudo pertence a alguém, a menos que haja uma declaração em contrário".** É preciso considerar que, se algo criado por alguém nos é útil, é presumível que o criador queira algum tipo de compensação pelo uso que fazemos de sua obra.

O uso da informação, da TI e dos sistemas de informação tem criado situações em que o indivíduo deve fazer escolhas do ponto de vista ético. Algumas situações podem ser enquadradas em princípios amplamente conhecidos, mas há outras que são inteiramente novas e que colocam em evidência a responsabilidade do indivíduo por suas escolhas. É levando em consideração essas lacunas éticas que devemos discutir de forma mais específica a conduta na área de sistemas de informação.

A CONDUTA ÉTICA DO PROFISSIONAL DE SISTEMAS DE INFORMAÇÃO

Inicialmente precisamos levar em conta que, do ponto de vista ético, o indivíduo, diante de uma determinada situação, é livre para fazer suas escolhas. Essas escolhas serão baseadas na concepção do indivíduo do que é certo e do que é errado e pelo contexto social em que ocorre a situação. Além disso, toda escolha traz conseqüências para quem tomou a decisão e para outras pessoas. Nesse sentido, o indivíduo é responsável pela escolha realizada. Isso significa que o indivíduo aceitou arcar com os direitos e os deveres decorrentes de sua escolha. Esses direitos e deveres podem ser tanto do ponto de vista moral quanto do ponto de vista legal. Do ponto de vista legal, o indivíduo estará sujeito a indenizar outras pessoas que tenham sofrido danos ou perdas em virtude das ações por ele executadas.

A atuação na área de sistemas de informação deve levar em conta os aspectos citados anteriormente. Isso significa que, a cada situação relacionada ao uso da informação, da TI e dos sistemas de informação, os atores sociais envolvidos devem levar em conta sua responsabilidade perante si mesmo e perante os outros diante da opção escolhida. De forma específica, algumas das situações que merecem nossa atenção dizem respeito a:

— privacidade;
— propriedade;
— liberdade;
— responsabilidade;
— qualidade de vida.

A privacidade

A **privacidade** diz respeito à necessidade de as pessoas manterem sua intimidade resguardada. Isso está relacionado a não serem importunados, não terem sua vida investigada e não terem aspectos de sua vida conhecidos e divulgados por outros. Além disso, a privacidade é um aspecto que também pode ser aplicado às organizações. Instituições e empresas também têm necessidade de resguardar alguns aspectos de sua estrutura, funcionamento e de seus processos e produtos. Em alguns casos, esses aspectos constituem segredos de negócio que proporcionam a obtenção de vantagens competitivas sobre a concorrência.

O problema suscitado por esse aspecto ético é a **invasão de privacidade**. A invasão de privacidade ocorre quando uma pessoa é importunada ou tem sua vida investigada ou conhecida e divulgada por outros sem seu consentimento ou conhecimento. Essa invasão pode ser perpetrada contra alguém não apenas por pessoas, mas também por organizações como empresas e governos. Além disso, as próprias organizações podem ser vítimas de uma invasão de privacidade.

Em uma época em que a informação é um recurso explorado por pessoas e organizações, a questão da privacidade tornou-se uma preocupação generalizada. Há diversas práticas que proporcionam a invasão de privacidade via sistemas de informação:

- O *hacking* pode ser considerado a forma mais conhecida de invasão de privacidade no campo dos sistemas de informação. Consiste em invadir um sistema de informação para obter dados sem autorização. Em alguns casos, os *hackers* não apenas se apropriam de forma indevida de dados como propositalmente danificam o sistema. Em alguns círculos, faz-se a distinção entre *hackers* e *crackers*. A palavra *hackers* designaria os peritos na área de TI que podem se especializar em atividades relacionadas à segurança de sistemas de informação. A palavra *crackers* seria usada para designar *hackers* com más intenções e que efetivamente utilizam seus conhecimentos para provocar danos em sistemas e se apropriar de forma ilícita de informações.
- O *jamming* consiste em bloquear o acesso a um sistema de informação através de rotinas de *software* específicas. Em situações de acesso via Internet, os serviços oferecidos pelo sistema atacado são indisponibilizados, podendo causar danos que extrapolam o âmbito do fornecedor do serviço e atingem uma série de outras pessoas e organizações.

- O *sniffing* é uma forma de interceptar informações que trafegam por uma rede através de rotinas de *software* específicas. As informações capturadas podem ser usadas de maneira ilícita.
- O **spoofing** consiste em obter informações passando-se por outros. No âmbito da Internet podem ser construídos *sites* falsos que enganam os usuários e obtêm dados de forma fraudulenta.
- O **spamming** é a prática de enviar e-mails para alguém sem que essa pessoa ou organização tenha autorizado. O *spam* pode ser empregado na oferta de produtos e serviços ou na divulgação de informações. Essa prática tem importunado pessoas e organizações na medida em que pode consumir recursos e causar transtornos para quem recebe.
- O **vírus de computador** consiste em um *software* que ataca sistemas com o intuito de danificar dados e *softwares* ou prejudicar a *performance* do processamento. Os vírus causam grandes transtornos a pessoas e empresas. Além dos prejuízos, o ataque por vírus tem exigido o investimento de recursos na sua prevenção. Isso é feito pela implementação de políticas de segurança e aquisição de *softwares* antivírus.

Além dessas formas explicitamente danosas de invadir a privacidade, podem existir outros recursos e situações que, embora não proporcionem prejuízos às pessoas e organizações, suscitam algumas dúvidas morais, legais e éticas. É o caso de sistemas empregados por organizações para monitorar e armazenar informações a respeito de pessoas e organizações sem que as mesmas saibam. Além disso, essas informações obtidas sem conhecimento e consentimento podem ser comercializadas e usadas para outros fins.

Diante desse quadro, é possível indicar algumas situações sobre as quais podemos debater do ponto de vista moral, legal e ético:

— o monitoramento feito pelo empregador dos *e-mails* recebidos e enviados pelos empregados;
— a captura dos dados do usuário durante uma visita que o usuário faz a um *site*;
— a manutenção de dados dos clientes e dos funcionários pelas empresas;
— a venda de bancos de dados de clientes para outras empresas;
— a manutenção de dados dos cidadãos pelos órgãos do governo;
— o acesso aos dados dos usuários de um provedor de acesso à Internet por outras empresas e por órgãos do governo;
— a divulgação de informações de pessoas e organizações que haviam sido obtidas para outros fins.

A propriedade

A **propriedade** está relacionada à reivindicação que as pessoas fazem de serem reconhecidas como autoras ou proprietárias de algo. Isso implica ter reconhecido o direito de receber alguma compensação pelo uso de sua propriedade por outros. Em virtude de uma parcela dos produtos e serviços da área de sistemas de informação serem intangíveis, pode-se empregar o conceito de propriedade intelectual.

A **propriedade intelectual** implica o reconhecimento de que uma idéia ou algo abstrato é propriedade de alguém. A propriedade intelectual pode ser enquadrada como:

- **Segredo de negócio.** O resultado de um trabalho intelectual pode ser classificado como segredo de negócio na medida em que está baseado em alguma informação que não é de domínio público.
- **Patente.** O resultado de um trabalho intelectual pode ser registrado como uma patente, implicando que seu uso é exclusivo do inventor.
- **Direito autoral.** O resultado de um trabalho intelectual pode ser registrado como propriedade de seus criadores de forma a protegê-los de cópias e utilização não-autorizada por outros.

O *software* tem sido enquadrado como propriedade intelectual e protegido por leis relativas ao direito autoral. Em geral, o *software* é de propriedade de seus criadores e seu uso é concedido por meio de **licenças de uso**. Dentre as modalidades de licenciamento comuns temos:

- **Licenciamento mediante contrato e pagamento.** Nessa modalidade, o usuário está autorizado a copiar, instalar e utilizar o produto de *software* em um determinado número de postos de trabalho definido no contrato de licenciamento. Por outro lado, o cliente não está autorizado a realizar cópias adicionais, nem a alteração, revenda e distribuição do produto de *software*.
- *Shareware.* O cliente poderá utilizar o produto de *software* gratuitamente. Entretanto, caso queira dispor de suporte e atualizações, o cliente deverá registrar-se junto ao produtor de *software* e efetuar o pagamento de alguma taxa de registro e licenciamento. Em geral, fica explícito que o cliente não poderá exigir nenhum tipo de direito junto ao fornecedor, sobretudo nas situações em que não realizou o registro.
- *Freeware.* O cliente poderá utilizar livremente o *software* sem que haja a necessidade de nenhum tipo de registro, licenciamento ou pagamento de taxas.

Adicionalmente a essas formas de licenciamento, cresce o movimento em torno do *software* de **código aberto**. Tradicionalmente, os produtos de *software* são distribuídos em sua forma executável. Isso impede que os clientes tenham acesso às especificações lógicas detalhadas do *software* e que possam personalizá-las de acordo com novas necessidades. O movimento do *software* livre propõe que os produtores de *software* possam disponibilizar seus produtos na forma de código aberto, permitindo aos usuários desenvolver modificações de acordo com suas necessidades. Esse movimento cresceu em torno da idéia de baratear os custos do processo e do produto de *software* e evitar que o mercado de *software* seja monopolizado pelas grandes corporações de produção de *software*.

Uma das questões levantadas ao discutirmos a propriedade intelectual é a **apropriação indevida**. A apropriação indevida consiste em usar algo que não é de nossa propriedade sem o prévio conhecimento e licenciamento pelo proprietário, ou sem que o mesmo seja compensado pelo uso de sua obra. A **pirataria de software** abrange a apropriação indevida de produtos de *software*. A forma de pirataria mais comum é a cópia não-autorizada do código executável e sua reprodução e instalação em mídias de armazenamento secundário para uso por outras pessoas e organizações. Entretanto, levando em conta que um produto de *software* abrange não apenas o código, mas também os manuais, os leiautes de telas e relatórios e a lógica descrita nos algoritmos, a pirataria inclui a cópia não-autorizada de quaisquer desses outros aspectos.

A **pirataria de imagens, texto e sons** é outra forma de apropriação indevida facilitada pelos recursos oferecidos pela Tecnologia da Informação. O uso de imagens, textos e sons que não são de domínio público ou a não-menção dos créditos aos autores constitui uma forma de apropriação indevida. Assim, o uso da informação, da TI e dos sistemas de informação levanta uma série de situações relacionadas à propriedade e que podem ser discutidas do ponto de vista moral, legal e ético:

— a cópia e instalação não-licenciada de *software*s comerciais para uso estritamente pessoal;
— a captura de som, imagem e textos na Internet;
— a manipulação de imagens produzidas por outros e sua posterior divulgação;
— o uso governamental de soluções de sistemas de informação baseadas em tecnologias e produtos que são propriedade de grandes corporações.

A liberdade

A **liberdade** pode ser compreendida como a possibilidade que cada um tem de decidir e agir conforme sua determinação. A liberdade é reconhecida como um direito de todo ser humano. Entretanto, consideramos que, na vida social, a liberdade individual não pode pôr em risco a integridade e a dignidade de outras pessoas e da própria sociedade. Isso é explicitado no princípio popular: "A liberdade de um termina quando começa a liberdade do outro". Dentro da perspectiva da informação, é possível falar sobre algumas liberdades relacionadas ao uso da tecnologia e dos sistemas de informação. Essas formas incluem a liberdade de expressão, de opinião, de falar, de copiar, de possuir, de ler, de interferir e de observar (Weckert e Adeney, 1997). Algumas dessas liberdades nos levam à conexão e até ao conflito com outros aspectos éticos como a propriedade e a privacidade.

A discussão a respeito da liberdade leva a uma série de controvérsias a respeito da necessidade ou não de se estabelecer limites para o exercício desse direito. Essa controvérsia aumenta quando levamos em conta a diversidade com que o tema é tratado por diferentes culturas e sistemas políticos. Em sociedades em que o poder político é autoritário e centralizador, encontramos a **censura** como um mecanismo legal que o Estado utiliza para definir os limites da liberdade individual e controlar essa liberdade para evitar o que é considerado abuso ou crime. As ditas "sociedades democráticas e livres" não aceitam a definição de mecanismos legais de censura, mas recorrem a formas de regulamentação que a sociedade pode empregar como proteção para possíveis abusos. Essa **regulamentação** pode tomar a forma de mecanismos oficiais do governo. Outras formas são criadas pela própria sociedade civil através de mecanismos de **auto-regulamentação** em determinadas áreas profissionais ou setores da atividade humana. Um ponto-chave das discussões sobre a liberdade é a necessidade de levar em conta a questão da responsabilidade. Como vimos anteriormente, a ética pressupõe que os indivíduos são livres em suas escolhas, bem como responsáveis pelas conseqüências de suas decisões.

Algumas das situações relacionadas à liberdade que podem ser discutidas do ponto de vista moral, legal e ético são:

— a veiculação de informações sobre a produção de armamentos caseiros na Internet;
— a veiculação de produtos e serviços pornográficos na Internet;
— a defesa da discriminação racial pela Internet;
— a interceptação de *e-mails* e sua triagem por outra pessoa ou organização que não seja o destinatário;
— o uso da Internet para divulgação de informações sobre outra pessoa ou organização;
— o bloqueio do acesso a determinados *sites* da Internet.

A responsabilidade

A **responsabilidade** diz respeito à obrigação de alguém responder pelas conseqüências de suas decisões e ações. Para Weckert e Adeney (1997), quando dizemos que alguém é responsável por algo, estamos afirmando que aquela pessoa é a causa do que ocorreu. Também consideramos que alguém responsável por alguma situação é a pessoa que receberá os créditos e os débitos pelo ocorrido.

Ao discutirmos a responsabilidade de alguém em relação a algum fato, estaremos envolvidos na definição da obrigatoriedade ou não de o responsável receber os resultados obtidos ou pagar pelos danos sofridos por outros. Nas relações comerciais, esses são aspectos que, em geral, aparecem nos contratos de fornecimento de produtos e prestação de serviços. Além disso, as garantias de qualidade podem ser empregadas como instrumentos para fazer valer os direitos dos consumidores que recorrem a serviços de proteção ao consumidor ou até mesmo ao poder judiciário quando se sentem lesados. Por outro lado, os contratos e garantias servem também como instrumentos de proteção para os fornecedores, na medida em que buscam especificar os limites dentro dos quais as expectativas dos clientes podem ser atendidas.

O uso da informação implica alguns aspectos relacionados à responsabilização pelos resultados obtidos pelos usuários e clientes de TI e sistemas de informação. Há pelo menos duas perspectivas sob as quais essa questão deve ser analisada (Laudon e Laudon, 2000):

- **Responsabilização pelas conseqüências de uso.** Diz respeito à discussão sobre o quanto fornecedores de produtos e serviços de informação, Tecnologia da Informação e sistemas de informação são responsáveis pelas conseqüências do uso dos produtos e serviços pelos clientes. Essa discussão leva em conta que determinados produtos e serviços podem ocasionar danos aos usuários ou podem ser empregados por eles para prejudicar outras pessoas ou realizar atividades ilícitas.

- **Responsabilização pelas conseqüências de falhas.** Diz respeito à discussão sobre o quanto os fornecedores de produtos e serviços de informação, Tecnologia da Informação e sistemas de informação são responsáveis pelas conseqüências de falhas desses produtos e serviços durante o uso. Essa questão remete diretamente à necessidade da melhoria da qualidade dos processos e produtos de *software* com o intuito de minimizar os riscos de falhas que, dependendo da situação, podem trazer prejuízos irreversíveis para indivíduos e organizações.

Entre as situações que podemos discutir em termos de aspectos éticos, morais e legais de responsabilização estão:

— a perda de dados por falhas internas nos sistemas;
— a ocorrência de acidentes em linhas férreas e linhas áreas por falhas nos sistemas de controle de tráfego;
— a ocorrência de fraudes eletrônicas;
— o uso de informações obtidas em *sites* científicos para a construção de armas de destruição em massa;
— a obtenção não-autorizada de dados de usuários existentes em provedores de acesso à Internet em função de falhas de segurança nesses provedores.

A qualidade de vida

A **qualidade de vida** diz respeito às contribuições de alguém em prol de uma vida melhor para si mesmo e para os demais. Ao fazer suas escolhas, o indivíduo por vezes se vê diante de situações que podem contribuir ou não para a construção de uma vida pessoal e social mais justa. Uma vida pessoal e social mais justa inclui o bem-estar social para as pessoas e a perspectiva de um desenvolvimento sustentável. O **desenvolvimento sustentável** consiste em pensarmos e agirmos não apenas em termos da satisfação das necessidades pessoais e da atual geração, mas na perspectiva de que as gerações futuras possam contar com um ambiente e uma sociedade melhores.

A discussão a respeito da qualidade de vida e do desenvolvimento sustentável levanta, entre outras questões, os riscos da desigualdade social, da exclusão social e da degradação ambiental. Na medida em que vivemos em uma sociedade cada vez mais globalizada, constatamos que uma ação local pode desencadear conseqüências não apenas para nós, mas para todo o mundo e para as gerações futuras. Nesse sentido, escolhas éticas levam em conta as conseqüências sociais e históricas de nossos atos.

A ênfase no uso da informação e a disseminação da TI e dos sistemas de informação têm levado a situações que colocam em risco a qualidade de vida e o desenvolvimento sustentável.

- **Transformações no mundo do trabalho.** A transição para um perfil tecnológico de base microeletrônica, o uso intensivo da TI e dos sistemas de informação e a ênfase na informação e no conhecimento como recursos estratégicos para as organizações têm afetado o sistema de produção e o trabalho. Há uma redução nos postos de trabalho do setor industrial. O perfil exigido do trabalhador se transformou, e um grande número de profissionais não tem conseguido atender a essas novas demandas. Por outro lado, observamos que as transformações no setor produtivo não são homogêneas. A realidade se mostra mais complexa na medida em que articula sistemas de produção e regiões com diferentes padrões tecnológicos e de utilização da força de trabalho e dos recursos naturais. Lado a lado convivem setores que empregam altíssima tecnologia e setores que empregam formas de trabalho familiar e artesanal.

- **Desigualdade social.** Podemos considerar que o acesso aos bens e serviços se generalizou no século XX. Um número maior de pessoas se inseriu no mercado consumidor e passou a contar com serviços que anteriormente eram restritos à pequena parcela da população mundial. Entretanto, podemos evidenciar a existência de bolsões de miséria em todos os países.
- **Exclusão digital.** As restrições de acesso a determinados bens e serviços ainda colocam uma parcela razoável da população mundial à margem dos benefícios que a Tecnologia da Informação e os sistemas de informação podem proporcionar. Isso pode acarretar o acirramento da desigualdade social.
- **Dependência tecnológica.** À medida que o uso da TI e dos sistemas de informação se dissemina, as pessoas e organizações passam a depender cada vez mais desses recursos. Isso leva a uma vulnerabilidade maior no caso de ocorrerem falhas nesses sistemas.
- **Riscos para a saúde.** O uso da TI e dos sistemas de informação tem levado a uma série de riscos para a saúde das pessoas. As lesões por esforço repetitivo e o estresse informacional têm se disseminado entre os trabalhadores e usuários domésticos. Além disso, a mobilidade proporcionada pela tecnologia tem levado a modalidades de trabalho em que as fronteiras de tempo e espaço entre ocupação profissional e vida familiar têm se tornado difusas e contribuído para um ritmo de vida mais estressante.
- **Crime e violência eletrônicos.** Organizações criminosas ligadas ao tráfico de drogas, terrorismo, fraudes financeiras e pedofilia têm utilizado a TI e os sistemas de informação para ampliar seu campo de atuação. Países e organismos internacionais têm se deparado com novas formas de atuação criminosa que não se restringem às fronteiras de um país e usam os recursos tecnológicos para acobertar seus crimes ou driblar as leis.

Diante desse panorama, podemos discutir os aspectos éticos, morais e legais de situações relacionadas à qualidade de vida:

— como minimizar os impactos da TI e dos sistemas de informação no nível de emprego?
— que ações deveriam ser tomadas para evitar que a TI e os sistemas de informação aprofundem a desigualdade social?
— que ações deveriam ser tomadas para eliminar a exclusão digital?
— como atuar para reduzir a dependência e a vulnerabilidade tecnológicas das pessoas e organizações?
— como agir de forma preventiva em relação às doenças decorrentes do uso da TI e dos sistemas de informação?

— que mecanismos deveriam ser criados para coibir o crime e a violência eletrônicos?

Códigos de ética

Um código de ética é um conjunto de diretrizes que orienta a atuação ética de um indivíduo, uma organização ou um grupo de pessoas. As organizações podem dispor de códigos de ética próprios. Esses códigos podem fazer menção a aspectos éticos ligados ao uso da informação, da TI e dos sistemas de informação. Em geral, são diretrizes de conduta que devem ser seguidas pelos colaboradores que atuam naquela organização.

No campo profissional, um código de ética é empregado com diversas finalidades (Leugenbiehl (1992) *apud* Bowyer (2001)):

1. simbolizar o caráter profissional de um grupo;
2. proteger os interesses do grupo;
3. especificar as regras de relacionamento entre os membros do grupo;
4. inspirar a boa conduta nas relações entre os membros da comunidade e entre esses e seus clientes;
5. educar os membros em relação às práticas e aos padrões aceitos pela comunidade profissional;
6. disciplinar os membros da comunidade profissional prevendo os mecanismos de punição aos que não respeitam o código;
7. orientar a forma como a comunidade profissional se relaciona com a comunidade externa;
8. enumerar princípios gerais a serem seguidos pelos membros;
9. expressar ideais que devem ser aspirados por todos os membros;
10. definir regras de conduta em relação a determinadas situações concretas;
11. definir normas que especificam detalhadamente o que pode ou não ser feito pelos membros;
12. estabelecer os direitos e os deveres dos membros.

No Brasil as profissões mais tradicionais são regulamentadas através de leis federais. Essas leis definem os requisitos e as atribuições dos profissionais. Além disso, criam Conselhos Federais e Regionais que, entre outras atribuições, instituem Códigos de Ética Profissional. A área de computação, por exemplo, não conta atualmente com regulamentação profissional. Por outro lado, a Sociedade Brasileira de Computação (SBC) vem realizando estudos para propor um Código de Ética para os profissionais da área de computação e informática.

RESUMO

A compreensão do papel que a informação, o conhecimento e os sistemas e tecnologias a eles relacionados desempenham na atualidade pode se beneficiar da compreensão da evolução da sociedade humana e de sua organização a partir dos sistemas de produção dos meios para sua subsistência. Em um primeiro momento, a agricultura e a pecuária propiciaram a organização da sociedade humana que tinha como recurso mais valioso a terra. O segundo momento histórico é marcado pelo apogeu da indústria e pela organização da sociedade em torno das fábricas, tendo como recurso mais importante o capital. A partir da segunda metade do século XX, ocorrem transformações econômicas, políticas e sociais que vão enfatizar a informação e o conhecimento como os recursos mais valiosos para a produção de bens e serviços de qualidade e a constituição de uma sociedade mais justa.

Assim, na medida em que a forma como os seres humanos se organizam para produzir seus meios de subsistência é um fator de estruturação de suas relações sociais, a transição para um sistema de produção no qual a informação e o conhecimento são considerados fundamentais afeta a organização social mais ampla. Nesse sentido, é possível considerar que algumas das mudanças mais perceptíveis na sociedade contemporânea são:

1. a globalização crescente das relações sociais, políticas e econômicas e conseqüente aumento da interdependência global;
2. o aumento do oferecimento de produtos e serviços que fazem uso intensivo da informação e do conhecimento;
3. o aumento da participação do setor de serviços nas atividades econômicas;
4. o avanço de uma classe de trabalhadores associada à manipulação de informação e produção de conhecimento;
5. a importância dos processos de inovação e aprendizagem;
6. as mudanças políticas, econômicas e sociais se tornando mais velozes e seus impactos mais imediatos e globais;
7. a fluidez dos conceitos de tempo e espaço e de público e privado em virtude dos recursos oferecidos pelas tecnologias da informação e comunicação;
8. a diversidade de valores sociais e padrões comportamentais;
9. a desigualdade de acesso à informação e conhecimento gerando profundas diferenças sociais, políticas e econômicas.

É com base nesse quadro de referência histórica que podemos discutir os aspectos morais, legais e éticos dos sistemas de informação e da atuação dos profissionais dessa área. Do ponto de vista moral, é preciso refletir sobre as transformações que vêm ocorrendo nos valores e princípios de julgamento do que é certo e do que é errado nas diversas sociedades, povos, religiões e tradições culturais. Por outro lado, é necessário estar atento à busca de valores e princípios morais que tenham um caráter universal, como o respeito à vida e à dignidade humanas.

Dentro da perspectiva legal, é necessário que tenhamos conhecimento dos dispositivos sancionados pela Sociedade e pelo Estado e que visam a regular aspectos da vida social relacionados ao uso da informação e dos sistemas e tecnologias correlatos. Por fim, dentro da perspectiva ética, precisamos ter em mente que o uso da informação e dos sistemas de informação exige que os profissionais e usuários atuem dentro de certos princípios. Esses princípios de conduta dizem respeito à privacidade, à propriedade, à liberdade, à responsabilidade e à qualidade de vida. Esses princípios podem estar formalizados em códigos de ética. Dessa forma, a conduta ética dos profissionais e usuários de sistemas de informação cresce de importância na medida em que a informação e os sistemas de informação são elementos essenciais na vida econômica, política e social contemporânea.

LEITURAS RECOMENDADAS

Sugerimos como leitura básica o livro de Masiero (2000) e complementar os textos de Bowyer (2001), Castells (1999), DeMasi (1999), Weckert e Adeney (1997).

QUESTÕES DE REVISÃO

1. Caracterize os sistemas de produção representativos de cada uma das eras:
   a) Era agrária
   b) Era industrial
   c) Era pós-industrial
2. Por que a informação é um elemento estratégico para as organizações da era pós-industrial?
3. O que é ética e qual sua importância para a atuação profissional em Sistemas de Informação?
4. Caracterize os aspectos éticos relacionados ao uso da informação, da TI e dos sistemas de informação no que diz respeito à:
   a) Privacidade
   b) Propriedade
   c) Liberdade
   d) Responsabilidade
   e) Qualidade de vida
5. O que é um código de ética? Qual é sua importância para a atuação profissional?

EXERCÍCIOS

1. Em grupos de quatro a cinco componentes, discuta as situações a seguir em termos de aspectos éticos, morais e legais. Registre em um relatório as conclusões do grupo referentes a cada uma das situações.
   a. Privacidade:
      — o monitoramento feito pelo empregador dos *e-mails* recebidos e enviados pelos empregados;
      — a captura de dados do usuário durante uma visita que o usuário faz a um *site*;
      — a manutenção de dados dos clientes e dos funcionários pelas empresas;
      — a venda de bancos de dados de clientes para outras empresas;
      — a manutenção de dados dos cidadãos pelos órgãos do governo;
      — o acesso aos dados dos usuários de um provedor de acesso à Internet por outras empresas e por órgãos do governo;
      — a divulgação de informações de pessoas e organizações que haviam sido obtidas para outros fins.

b. Propriedade:
- a cópia e a instalação não-licenciada de *softwares* comerciais para uso estritamente pessoal;
- a captura de som, imagem e textos na Internet;
- a manipulação de imagens produzidas por outros e sua posterior divulgação;
- o uso governamental de soluções de sistemas de informação baseadas em umas poucas tecnologias que são propriedade de grandes corporações.

c. Liberdade:
- a veiculação de informações sobre a produção de armamentos caseiros na Internet;
- a veiculação de produtos e serviços pornográficos na Internet;
- a defesa da discriminação racial pela Internet;
- a interceptação de *e-mails* e sua triagem por outra pessoa ou organização que não seja o destinatário;
- o uso da Internet para divulgação de informações sobre outra pessoa ou organização;
- o bloqueio do acesso a determinados *sites* da Internet.

d. Responsabilidade:
- a perda de dados por falhas internas nos sistemas;
- a ocorrência de acidentes em linhas férreas e linhas áreas por falhas nos sistemas de controle de tráfego;
- a ocorrência de fraudes eletrônicas;
- o uso de informações obtidas em *sites* científicos para a construção de armas de destruição em massa;
- a obtenção não-autorizada de dados de usuários existentes em provedores de acesso à Internet em função de falhas de segurança nesses provedores.

2. Consulte o *site* da Sociedade Brasileira de Computação (SBC) e obtenha informações a respeito da regulamentação profissional na área de computação e informática.

REFERÊNCIAS BIBLIOGRÁFICAS

BOWYER, K.W. *Ethics and computing*: living responsibly in a computerized world. 2nd ed. New York: IEEE, 2001.
CASTELLS, M. *A sociedade em rede*. São Paulo: Paz e Terra, 1999.
De MASI, D. *A sociedade pós-industrial*. São Paulo: SENAC, 1999.
GIDDENS, A. *The constitution of society*. Cambridge: Polity, 1984.
HARVEY, D. *Condição pós-moderna*. 4. ed. São Paulo: Loyola, 1994. p. 115-184.
LOJKINE, J. *A revolução informacional*. São Paulo: Cortez, 1995.
SAVIANI, D. O trabalho como princípio educativo frente às novas tecnologias. In: FERRETTI, C.J. et al. *Novas tecnologias, trabalho e educação*. Petrópolis: Vozes, 1994. p.151-168.
SCHAFF, A. *A sociedade informática*. São Paulo: Brasiliense, 1995.
TOFFLER, A. *A terceira onda*. São Paulo: Record, 2001.
TURRAINE, A. *La societe post-industrielle*. New York: John Willey & Sons, 1995.
WECKERT, J.; ADENEY, D. *Computer and information ethics*. Westport: Greenwood, 1997.